鬼才

伝説の編集人 齋藤十一

森　功

鬼才

伝説の編集人　齋藤十一

鬼才／目次

文庫版はじめに――13

はじめに――17

編集長の遺言　17
天皇の出社風景　21
スキャンダリズム批判　26

第一章　天才編集者の誕生――31

「山崎豊子と申します」　33
受験の失敗　36
新潮社を結び付けた「ひとのみち教団」　41
あてのない上京　49
一等になった佐藤橘香の投稿　54

良心に背く出版は、殺されてもせぬ事　58
佐藤家との縁　61
義亮と十一の接点　65

第二章　新潮社の終戦──71

新米編集者だった戦時下の日々　73
新潮社の初代天皇　80
GHQによる追放　84
思いがけない抜擢人事　88
小林秀雄の編集長指南　92
「トルストイを読み給え」　96
坂口安吾と太宰治の発掘　100

第三章　快進撃——109

万年没から大ヒット作家に　111
齋藤家の縁故採用　115
小林秀雄との付き合い方　120
微妙なところを嗅ぎ取る　123
芸術新潮創刊秘話　127
趣味の延長「読む芸術誌」　131

第四章　週刊誌ブームの萌芽——137

新田次郎の「怨念」　139
週刊新潮の発案者　145
谷内六郎の表紙秘話　149
モデルにした米週刊誌の限界　152
新潮ジャーナリズムの原型　160
駐車場の編集部から百四十四万部へ　167

円卓会議のメンバー 172
魔法使いのつけるタイトル 177
「戦艦武蔵」の誕生秘話 182

第五章 週刊誌ジャーナリズムの隆盛―― 185

吉田茂の手記 187
藪の中スタイルの誕生 191
ゴールデン街の無頼伝 198
ヤン・デンマンの正体 203
編集部員の連絡役 208
「これは殺人事件です」 212
闇に葬られた角福戦争の黒いウワサ 219
ネタ元は児玉誉士夫と小佐野賢治 225
フリーとプロパーの混在 231

第六章　作家と交わらない大編集者——237

大作家が畏まる理由　239
二度目の盗作事件　244
「二つの祖国はけしからん」　249
恥を書き散らかして銭をとる　253
週刊新潮の清張担当　257
松本清張へのダメ出し　262
三島の割腹と梶山の吐血　266
筒井康隆「幻の落語」　273
週刊新潮もトルストイ　277

第七章　タイトル作法——283

気をつけろ「佐川君」が歩いている　285
「日本史　血の年表」　290

「人殺しの顔を見たくないか」 295
騒然となった闇将軍の法廷写真 302
御前会議の隠し録り 306
編集者の根本は…… 310
ビートたけしの才能 315

第八章 天皇の引き際―― 321

重役会の寸鉄 323
イトマン事件と山崎豊子 326
華原朋美の正体を追え 331
「なんだ、この中見出しは」 334
池波正太郎の没原稿 339
天才の三要素 343

第九章　天才の素顔――353

葬儀に参列した〝息子〟　355
糟糠の妻　358
宗旨替え　363
愛した〝息子〟との出会い　366
スケッチを持参した東山魁夷　371
ベルリン留学「破格」の仕送り　375
離婚の理由　379

終章　天皇の死――387

低俗なマスコミ　389
〝天の法〟が見えるのか　393
昭和の滝田樗陰　398
戦友と恩人を失った　402

大誤報の後始末 406
脱齋藤に舵を切った新潮社 411
空洞化する言論界 414

おわりに 420

齋藤十一、新潮社 関連年表 431
参考文献一覧 434
解説 黒木亮 436

第九章扉写真　稲村不二雄
本文デザイン　鈴木成一デザイン室

文庫版はじめに

古く十八世紀後半に英国で起きた産業革命は、資本主義という名の市場競争を先進各国に広める。人々は欲に耽け、富を求めて東奔西走した。そして世界はグローバリズムと称されるボーダレス化時代に突入する。

そんな人間の欲望をあざ笑うかのように二〇二〇年、パンデミックの毒が国の境を越えて人々を恐怖に陥れた。突如現れた新型コロナウイルスの前に先端医療はなす術もなかった。新たな急性肺炎は中世のペストや百年前のスペイン風邪と同じように、ようやく三年経て収束の兆しを見せている。しかし、ウイルスの後遺症はいまだ消えない。

コロナが世界を変えた――。そうとらえる風潮もある。

コロナの退潮を見定めたかのように、ロシアの大統領が隣国のウクライナに侵攻し、世界を驚かせた。それまで、「ウラジミール」、「シンゾー」と呼び合ってきた日露の首脳と同じく、ロシアと懇ろにしてきた西側の国々は手のひらを返した。プーチンは独裁者呼ばわりされ、すっかり世界の嫌われ者になっている。嫌われ者同士、北の国の独裁者は中国の独裁者にすり寄り、米中対立の火に油を注いだ。

あれだけ持てはやされたグローバリズムやボーダレス化はいまや鳴りを潜め、地球全体が分断の時代に入っている。イスラエル対パレスチナの戦争は出口が見えず、世界中が複雑な思いで見守る以外にない。

「二十一世紀なんて見たくない」

そう言い残して天に昇った齋藤十一は、今の時代をどう見るだろうか。ときおりそんな思いが湧く。

第二次大戦で崩壊寸前にあった新潮社を立て直し、戦後、日本の文芸を支えてきた齋藤は、出版界における「雑誌ジャーナリズムの父」でもある。齋藤が伝えようとしてきたテーマは、小説や週刊誌の形態にとらわれない。ひと言で片づければ、人間の持つ業とでもいえばいいだろうか。生きるうえで欠かせない人間の本質であり、世界の嫌われ者たちを突き動かしているのもその業ではないか。

二十世紀に入り、メディア界には産業革命に匹敵すると謳われたインターネット技術が生まれ、さらに人間の心理まで踏み込む生成ＡＩ「チャットＧＰＴ」まで誕生した。ますますＩＴの隆盛が叫ばれている。雑誌はもとより新聞やテレビの崩壊も近い、と危機を煽るマスコミ人もしばしば見かける。たしかにマスメディアが大きな変革期であることに疑いはない。

ただし、それは媒体の技術が進歩したというだけに過ぎない。齋藤十一は今こそ訴えるのではないか。伝えるべき中身に変わりはない、と。

二〇二三年十二月

森功

はじめに

編集長の遺言

二〇一八年の暑い夏の盛りだった。

「すでに意識がなく、かなり危ない状態のようです。ひょっとすると、今日、明日かもしれません」

八月三日、「週刊新潮」編集部副部長の塩見洋から電話をもらい、東京新宿メディカルセンター（旧東京厚生年金病院）に向かった。そこには週刊新潮の四代目編集長だった松田宏が二年程前から体調を崩し、長いこと入院していた。かつての部下に弱った姿を見せたくなかったのだろう。

「何しに来たんだ。誰も来るな、と伝えておけ」

見舞いに行くと、顔をプイッと窓に向け、ベッドの上で背を向けたまま、右手を振って追い返そうとする。そんなこともあった。

松田はこの年の春先、末期の大腸癌と診断されていた。延命措置を断ってケア病棟に移っていたが、それでも見舞いは歓迎しなかった。そうしていよいよ意識が混濁し、最期を迎えようとしているという。

急いで駆け付けると、ベッドに仰向けになり、目を閉じている。本人にはもはや手を振る力は残っていなかった。

「意識を失ってから、はや一週間になります。担当の先生からは『ここまで命をつないでいるのが奇跡です』と言われています」

付き添っている長男の秀彦が病状を説明してくれた。編集長時代、九十キロ近くあった頑丈な身体は、別人のように痩せ、酸素吸入をしながら大きな鼾をかいている。年齢の割に豊かだった自慢のシルバーヘアはすっかり抜け落ち、悟りきった僧侶のようだ。

ベッドの右側に立ち、右手を握ると、ひどく冷たい。そのまま強く握って話しかけた。

「松田さん、わかりますか。森です」

なぜか、鼾がとまった。何秒かそのままでいる。すると驚いたことに、かすかな握力が伝わってきた。松田の瞼が少しずつ開き、唇を動かし始めた。ただし、何を言っているのか、うまく聞き取れない。

とっさに左側に立っている秀彦が松田の口元に耳をあてた。ウン、ウンと頷く。

「だから、安心してよ。今週号の週刊新潮にはそんな記事出てないよ。ほら」

サイドテーブルにあった週刊新潮の最新号を松田の目の前に拾い上げ、目次を見せた。耳を松田の口元に近付け、何を話しているか、通訳してくれた。

「実は、父はずっと週刊新潮のことを気にかけていましてね。このところ『食べてはいけない食品』みたいな特集記事がたくさん載っていたでしょう。『あんな記事を出していたら、雑誌がつぶれるぞ』とずっと文句を言っていまして」

私も秀彦に倣い、松田の口元に耳を近付けると、かすかな声が聞こえた。

「気がかりが二つあるんだよ。一つは週刊だ。頼む」

松田はまさに最期の言葉を喉の奥から絞り出した。かつて週刊新潮の現場で陣頭指揮を執っていた元編集長の青い息だ。

「松田さん、僕はもう新潮社にいないんですよ。だから現役の編集幹部を呼んで怒らなきゃダメですよ。なんなら僕から、松田さんが怒っていたぞ、って伝えときましょうか」

そうやりとりをしていると、不思議なことに、松田の声が次第に大きくなり、ほとんど意識を取り戻した。そして、まるで編集長時代に戻ったかのように、声に力を込めた。

「おい、齋藤さんの本は、いったいどうなったんだ？　もうずいぶん経っているぞ」

私が齋藤十一（じゅういち）の評伝に取り組むため、初めて松田に話を聞いたのが、一六年六月だった。それから二年もときが経ってしまっていた。

生涯雑誌編集者だった松田にとって、究極の目標が齋藤である。もともと文芸編集者として戦後の新潮社を築いた齋藤は、出版社系週刊誌の嚆矢（こうし）となった週刊新潮を創刊し、雑誌ジャーナリズムの形をつくったといっていい。自らがつくった週刊新潮の六十余年の長い歴史で、一度も編集長に就いたことはない。それでいて歴代編集長はもとより、古手の編集部員はみな齋藤の薫陶を受けてきた。

松田もまた、常に齋藤という出版界の巨人を意識し、敵わぬまでも背中を追い続けてきた編集者の一人である。それだけに齋藤の評伝のことが気がかりだったのだろう。

「いや、すっかり遅れてしまってすみません。頑張ってやります」

私はそう頭を掻く以外になかった。

面会した二日後の八月五日未明、週刊新潮四代目編集長は酷暑のなか、静かに旅立った。

天皇の出社風景

金曜日と月曜日の正午になると、決まってその姿があった。東京・牛込矢来町の新潮社前にシルバーのＢＭＷが横付けされ、運転手の市橋義男が素早く後ろに回って後部ドアを開ける。後部座席から杖が地面に伸び、ソフト帽の老紳士が現れる。右手を口元のパイプに添え、紫煙を吐き出しながら、玄関に向かう緩やかな坂道をゆっくりと進む。運悪く、その場に出くわした新潮社の社員は立ち止まり、深々と頭を垂れて道を開けるしかない。

それが、何度か目撃した齋藤の出社風景であった。

齋藤は新潮社の編集部門を統べ、出版界に君臨してきた。一九五六（昭和三十一）年二月、週刊新潮を創刊して以来、四十年以上ものあいだ、意のままに編集部を動かしてきた人物である。

「御前会議」——。かつて週刊新潮の編集部員がそう呼んだ編集会議がある。そのために齋藤は毎週金曜日に新潮社別館に出社した。茶を飲んで一服した頃合いを見計らい、正午過ぎに常務取締役の野平健一と取締役編集長の山田彦彌が、「二十八号」と書かれている重役室のドアを叩く。そこが二階にある齋藤の部屋だ。

御前会議と諷された編集会議では、次の号に掲載する六つの特集記事のテーマを選ぶ。といっても、議論が交わされるわけではない。常務の野平と編集長の山田が畏まって応接のソファに浅く腰かけ、山田が編集部員の書いた二十枚近い企画案を齋藤の前のテーブルに置くだけだ。すると、齋藤がそれをめくりながら、○×と印をつけていく。編集会議とは名ばかりで、企画を決めるのは齋藤一人だ。テーマの打ち合わせには、総勢六十人いる編集部員はもとより、特集記事やグラビアを束ねる四人の編集次長でさえ、参加できない。

編集長の山田以下六十人の部員が机を並べる週刊新潮編集部は、二十八号室と同じ新潮社別館の二階に広がる。会議のあと山田が編集部に戻り、部員たちに次号の特集記事やコラム記事のテーマを発表する。大方の記事のラインナップが決まり、そこから本格的な取材活動が始まるのだった。

　齋藤の興味あるテーマについて、部員たちが齋藤を満足させるために取材に駆けずり回って記事にしていく。そうして週刊新潮はピーク時百四十四万部、四十年以上にわたって五十万部を発行し続け、週刊誌業界の先頭を走ってきたのである。齋藤はその四十年間、週刊新潮誌面におけるすべての特集記事のタイトルをつけてきた。

「新潮社の天皇」「昭和の滝田樗陰（ちょいん）」「出版界の巨人」「伝説の編集者」――。

　齋藤には、たいそう仰々しい異称がある。数多くの作家を世に送り出し、戦後の新潮社を形づくってきた。斯界では知らぬ者がいないほど有名な出版人である。半面、常に著作を世に問う作家と違い、編集者はその生涯が詳らかになることは滅多にない。ことに齋藤は、新潮社の社員ともほとんど口を利かなかったからなおさらだ。私自身、新潮社に籍を置いていた頃、すれ違いざまに「こんにちは」と頭を下げた数少ない記憶があるだけである。新潮社内でさえ、謎めいた存在だった。

　戦前から新潮社に勤務してきた齋藤はもとをただせば、文芸編集者として新潮社で頭角を現し、身を立てた。太平洋戦争で休刊していた看板雑誌の「新潮」が、終戦の一九四五（昭和二十）年十一月に復刊されると、その三カ月後の四六年二月に編集長兼発行人となる。そこから実に二十年を超える長きにわたり、新潮の編集長を務めてきた。編集長の肩書はそれが最初で最後である。あとはどの編集部にも正式な役職や肩書がない。

齋藤は新潮の編集長に着任すると同時に取締役に就いた。さらに週刊新潮を創刊したあとも、文芸誌の編集長を兼務したまま、経営責任を負う立場にあった。そのため社内の呼び方は、ずっと「齋藤重役」だった。

週刊新潮の初代編集長には、副社長だった佐藤亮一が就任した。亮一は新潮社を創業した佐藤義亮（ぎりょう）の孫にあたり、戦前、齋藤はその家庭教師を務めている。

そして亮一を立てて週刊誌を生み出し、後ろから編集を指揮してきたのである。ちなみに創刊当時の御前会議は「円卓会議」と呼ばれた。文字どおり丸いテーブルの中心に座るのが齋藤十一であり、編集長の佐藤亮一と次長の野平健一、のちに出版部を率いる新田敞（ひろし）の四人で会議を開いてきた。

週刊新潮で御前会議のメンバーとして加わった野平は終戦の翌年に入社し、新潮に配属されて齋藤の部下となる。齋藤に指名されて太宰治を担当してきた。太宰は新潮で「斜陽」を書いたあと「如是我聞」を連載し、それが遺稿となる。野平は四八年六月十四日、太宰が入水自殺を遂げた東京・三鷹の玉川上水に駆け付けて当人の検視にまで立ち会った。その後、齋藤の腹心の週刊新潮の次長として創刊に携わり、佐藤のあとを継いで二代目の編集長となる。

週刊新潮を立ち上げた齋藤は、草創期に五味康祐(やすすけ)や柴田錬三郎といった新人の時代小説を起用して大ヒットさせ、雑誌を軌道に乗せる。その傍ら、出版・雑誌ジャーナリズムの礎を築き、やがて週刊誌ブームを巻き起こした。

「誰だって人殺しの顔を見たいだろ」

齋藤は八一年十月、編集幹部にそう命じて写真週刊誌「フォーカス」を創刊したと語り継がれる。二百万の発行部数に到達したフォーカスの成功を見て、講談社の「フライデー」や光文社の「フラッシュ」が続き、文藝春秋の「エンマ」や小学館の「タッチ」も創刊された。齋藤が考案した写真週刊誌は、出版ブームを超え一種の社会現象になる。

むろん手掛けた雑誌は、週刊新潮やフォーカスだけではない。新潮の編集長に就いた四年後の四九年十二月、齋藤は海外の美術評論を載せるための文化・芸術誌を立ち上げた。書籍や各種物品の輸入規制が厳しかった時代に創刊したのが「芸術新潮」である。一九五一年一月号から掲載された小林秀雄の「ゴッホの手紙」が、評判を呼んだ。齋藤と小林は生涯通じて深く交わってきた。齋藤は自分自身以上に芸術に通じた小林のいる鎌倉に移り住んだ。いわば鎌倉文化人の一人には違いないが、他の鎌倉文士たちとは異なる特異な存在だったといえる。

文学から始まり、音楽や絵画、ジャーナリズムにいたるまで、齋藤はどれもめっぽう詳しい。昭和、平成を通じ、齋藤十一を超える出版人は日本に存在しない。

スキャンダリズム批判

「新潮45」もまた、齋藤のつくった雑誌の一つだ。二〇一八（平成三十）年八月号の特集〈「LGBT」支援の度が過ぎる〉が発端となった雑誌の休刊騒動でも、齋藤の影響が取り沙汰された。自民党代議士の杉田水脈（みお）が性的少数派の人々について「『生産性』がない」と発言して物議を醸した。

この記事に対し、雑誌販売の低迷するなか、売らんかなの過激なスキャンダリズムを追い求めた帰結だ、といわんばかりの批判が巻き起こる。もとをただせばスキャンダル至上主義は、齋藤の教えであるかのようにも非難された。

雑誌の不振をはじめ、出版不況が叫ばれて久しい。そこには、娯楽の多様化やインターネットの普及など、さまざまな要因が指摘される。公益社団法人「全国出版協会」出版科学研究所の「出版指標 年報 2019年版」によれば、書籍、雑誌の販売は、一九九〇年代後半からずっと右肩下がりだ。

〈1996年をピークに長期低落傾向が続いているが、雑誌と比較すると減少幅は緩やかだ。「ハリー・ポッター」シリーズ（静山社）などベストセラー商品の有無によって年間の販売実績の変動は大きい〉

そう解説する書籍部門に対し、雑誌はより落ち込みが顕著になっている。

〈月刊誌・週刊誌ともに1997年をピークに、以降20年連続のマイナス。17年は雑誌全体で初めて二桁減を記録した。休刊点数が創刊点数を上回り、総銘柄数は11年連続で減少〉

〈インターネットやスマホの普及で情報を得るスピードが格段に速くなり、速報性を重視した週刊誌は厳しい。前年スクープを連発し好調だった綜合週刊誌も17年は大きく落ち込んだ。発行部数は各誌漸減している〉

九六年に一兆一千億円あった月刊誌の売上げは、一七年に五千億円あまりに半減し、四千億円だった週刊誌は二千億円を割っている。新潮45はそんな雑誌不況のなか、突飛な特集記事を組んだ挙句、休刊に追い込まれた。そこは間違いないところだろう。

総合月刊誌でいえば、文藝春秋の「文藝春秋」や講談社の「月刊現代」、光文社の「月刊宝石」などがあり、新潮45の創刊はいわば後発だった。齋藤はそこに敢えて挑んだ。

編集方針はスキャンダルを追いかけるものではない。日記と伝記を中核に据えたノンフィクション誌を目指した。たとえば新潮45が創刊間もなく掲載した特集記事の一つに、日本航空の御巣鷹山事故で生き残ったスチュワーデスの手記がある。齋藤が取材を指示し、編集部がものにした特ダネである。日航機墜落というテーマは、社会の大きな関心事に違いない。反面、一命をとりとめた彼女の手記はスキャンダリズムとは縁遠い。

齋藤は自らを「俗物」と表現した。これ以上ないほどの教養人でありながら、敢えて自虐的にそう語ってきた。端的にいうと、それは人間社会が俗物の視点でないと理解できないと悟ったからだろう。ジャンボ機の惨劇を体験した者にしか見えない世界がある。現場で何が起きていたのか、記事は生の真実を追い求めた。齋藤の関心はそこにあった。

「二十一世紀なんて見たくない」

齋藤は、そう言いながら二〇〇〇年十二月まで生きた。亡くなる少し前から、あれほど嫌っていた雑誌やテレビのインタビューに応じるようになる。最後が十二月二十三日夜十時に放送されたTBSのブロードキャスターだ。自宅で番組を見た齋藤はつぶやいた。

「老醜だ、もう死ぬべきだ」

明くる二十四日、齋藤はいつものように朝起きて椅子に腰を下ろし、日本茶を一服した。そのまま意識を失い、年の瀬も押し迫った二十八日に息絶えた。

仮に齋藤が生きていて編集の指揮を執っていれば、LGBTを巡るこんな浅薄な特集記事は世に出なかった。古くから齋藤に接してきた新潮社のOBや現役幹部たちは、そろってそう信じて疑わない。果たしてそれが正しいのか。一九九六年七月、実父亮一のあとを継いで新潮社の四代目の社長に就いた佐藤隆信は言った。

「齋藤さんは取締役会でもほとんど発言をしませんでした。物事が決まらないときだけ『それはこうじゃないかい』とひと言発する。問題が発生すると、それで方向性が定まるのです。有名な五味康祐さんとのやりとりを見たことがあります。それは巷間言われてきたような手紙ではなく、葉書でした。『貴作拝見、没』とだけ書いてある。そんな齋藤さんでも、お辞めになるとき『週刊新潮では毎週白ページが出るんじゃないか、という恐怖と闘ってきたよ』と言っていました。仮に齋藤さんがいなければ、新潮社はすでになくなっていたのでないか、今ではそう感謝する以外にありません」

日本の出版界でいち時代を築いた鬼才の足跡を追った。

第一章
天才編集者の誕生

十七歳の齋藤十一
（昭和五年）

「山崎豊子と申します」

東京都内を東西に横切る東京メトロ東西線の中野行き先頭車両に乗り、神楽坂駅の出口から表に出ると、目の前に洒落た木板の階段が広がる。階段の先には、「ｌａｋａｇū」と書かれた入り口が見える。建築家の隈研吾が設計したラカグ、そこはかつて新潮社の書庫だった。カフェや店舗につくり変えられた建物は、その古くさいスレートの外壁がむしろ新しく感じる。

これも出版不況のなせる業なのだろう。単なる本の倉庫として使うのはもったいない、という発想から、新潮社が計画したと聞く。ラカグは、新潮社が大家となり、バッグやアクセサリーの販売会社「サザビーリーグ」に運営を任せた。グループの銀座の厨房雑貨販売「アコメヤ」がカフェを開き、衣類や家具、生活雑貨を販売、作家のトークショーなどに使うイベントスペースもある。

新潮社の本館はそのラカグ脇の坂をのぼる牛込中央通りに面している。通りの向かい側が、週刊新潮や芸術新潮など雑誌編集部のある別館だ。

山崎豊子は生前、大阪から上京すると、秘書の野上孝子を伴い、真っ先に東京駅から新潮社に向かった。まずは齋藤十一に挨拶をする。それが決まりになっていた。

山崎たちは齋藤のいる別館ではなく、いつも本館を訪ねた。受付のカウンターで来意を告げてエレベータで二階に上がると、応接室に案内される。大きなテーブルとステレオがあるその部屋では、野平や山田、新田、菅原國隆が山崎を出迎えた。週刊新潮の次長だった野平は二代目の編集長に就き、その次の編集長となる山田が山崎の担当者となる。新田は出版担当の取締役となり、菅原は齋藤に代わって新潮の編集を任されていた。いずれも齋藤の下で新潮社の屋台骨となり、会社を支えてきた中枢幹部たちである。

山崎は一九五八（昭和三十三）年、吉本興業創業者の吉本せいをモデルにした「花のれん」で第三十九回直木賞をとり、毎日新聞を退社して本格的に小説家として活動を始める。その決断に手を貸したのが齋藤だった。齋藤は山崎に週刊新潮で「ぼんち」を連載させ、以来、「華麗なる一族」「二つの祖国」といったヒット作を新潮社から出版した。そうして山崎は押しも押されもせぬ国民的な作家となる。

新潮社にとっては大事な作家だけに、幹部がそろって出迎えるのは当然である。応接室に通された山崎は野平たちと簡単な時候の挨拶を交わす。だが、齋藤はそこにはいない。姿を現すのは十分くらい経ってからだ。

「やあ、久しぶり」

右手をあげ、そう言いながら遅れて応接室に入ってくる。山崎はまるで待ち焦がれていたかのように、齋藤の姿を見ると、慌てて立ちあがる。

「私は、山崎豊子と申します」

腰を折り、深々と頭を下げてそう挨拶する。むろん二人は初対面であるはずがない。秘書の野上は、あたかも初めて会ったかのように振る舞うその光景が、長年不思議でたまらなかったという。

「広い応接室で、新潮社の錚々たる方々と山崎先生がいっしょに齋藤さんを待っているんです。そのあいだはみな、緊張して会話もほとんどありません」

こう思い起こす。

「それで、まるで初めてお目にかかったときの挨拶のような『山崎豊子と申します』でしょ。それがとてもおかしく、印象深くて、今でもよく覚えています。でも、先生は新潮社に行くたび、いつもそうやって齋藤さんに挨拶していました。なぜ、あんな挨拶を毎回繰り返していたのか、今でもぜんぜんわかりません」

山崎は齋藤の前に出ると、新潮社の幹部社員たちと同じように緊張していたという。

「野平さんなんかはとても穏やかな方でした。なのに齋藤さんはなぜあんなに偉そうにしているんだろ、と妙な気がしていました。もちろん私などは相手にされませんでしたけど、山崎先生とは言葉を交わしていました。齋藤さんはソファにどっかと座って、パイプを吹かしながら『華麗なる一族はタイトルがいいねぇ』なんておっしゃる。先生は齋藤さんに畏まって『はぁ』『はい』と返事をして頷くだけでした」

受験の失敗

十一という一風変わった名は、日本書紀にある神武天皇の即位を祝して定められた紀元節に由来する。齋藤十一は一九一四（大正三）年二月十一日、北海道忍路（おしょろ）郡塩谷（しおや）村（現・小樽市）に生まれた。父は清之助、母は志希といった。齋藤家は代々東京・多摩地域の鶴川村（現・町田市）で造り酒屋「油屋」を営んできたというから、比較的裕福だったのだろう。

父清之助は日本大学の夜学専門部を卒業し、家業を継ぐことなく、東京瓦斯（ガス）（現・東京ガス）に技師として就職した。やがて東京ガスから設立されたばかりの北海道瓦斯（現・北海道ガス）に技術指導員として出向し、一九一一（明治四十四）年、長姉の初江が生まれ、続いて三歳違いの十一が誕生する。

齋藤一家の北海道暮らしはそう長くはなく、十一が生まれて三年後の一九一七年、父清之助の東京ガスの大森事業所復帰を機に、家族はそろって大森区（現・大田区）に住むようになる。そこから清之助の勤務が浅草の下谷事務所や神田に近い八丁堀事務所に移り、一家は何度か転居したが、東京を離れることはなかった。

東京に戻ると、一家には新たに五人の妹弟が生まれた。女四人男三人のきょうだいは、初江と十一の次が次女の后尾、三女の尚子、次男の栄二、四女の美佐尾、三男の昭三という順だ。七人きょうだいの長男である齋藤は、将来の家長として育った。戦前の七人きょうだいはさほど珍しくはないが、三女の尚子は幼児の頃に命を落とし、次女の后尾も十二歳五カ月で夭折している。七人のうち初江と十一以外はみな東京で生まれており、齋藤自身にも北海道時代の記憶はない。

六歳の誕生日を迎えたばかりの一九二〇年四月、齋藤は大森の尋常小学校に入学した。尋常小学校は一九〇七年の改正小学校令により、四年制から現在と同じ六年制になり、本人も十二歳まで通った。

大正から昭和初期に育った齋藤家の子供たちは、家庭的に恵まれていたといえる。

尋常小学生の頃の齋藤は、痩せていて喘息持ちであった。そのため、両親が心配して水泳教室に通わせていたという。この頃、公立の小学校にプールはなく、小学生は海や川で泳ぐのが普通だ。今でいうところのスイミングスクールに通う児童などは滅多にいなかった。

本人が小学四年生になったときのことだ。たまたま学校帰りにピアノの音を聞いたという。夫人の美和が二〇〇一年六月号の「芸術新潮」に齋藤本人から聞いた話として、この頃の話を書いている。

〈「通学路の途中にあった大きなお屋敷から、『何か』が聞こえてきた。その瞬間、足が動かなくなって、身体がブルブル震え出した。曲目や演奏家のことはもちろん、それがピアノの音であることすら最初はわからなかった。けれど、この時にぼくは、心の底からその音に魅せられてしまった……」〉（「伝説の編集者・齋藤十一　音のある生活」より）

齋藤はこれ以後、通学路にあるその屋敷の前で耳をそばだてるようになった。ピアノの音がしなければ、聞こえるまで屋敷の前でじっと待ったという。

子供たちは尋常小学校を卒業すると、高等小学校や旧制中学に入学する進学組と職に就く者にわかれる。多くの十二歳は丁稚奉公に出され、家計を助けた。そんな昭和の初めの一九二七年四月に尋常小学校を卒業した齋藤は、名門私立の旧制麻布中学に入学する。

中学校令に定められた旧制中学は五年制で、そこを卒業すると、旧制高校や大学予科に進学できる。旧制高校は今の大学の教養課程に相当する高等教育に位置付けられていたが、海軍兵学校や陸軍士官学校といった日本軍の将校養成機関はさらに難関である。開成や灘に並ぶ進学校として知られる麻布中学には、その海軍兵学校を目指す生徒が多かった。

齋藤もひといちばい才気煥発な少年だった。だが、必ずしも学業成績の優秀な中学生ではなかったようだ。麻布中学の教室では、成績の順に席が決まる。劣等生が教壇の前に座らされ、優秀な生徒ほど席が後ろになる。齋藤はちょうど中間ぐらいの席、つまり成績も中くらいだった。

小学生のときからピアノの音色に惹かれ、音楽に目覚めた齋藤は、暇さえあれば銀座に繰り出した。銀座四丁目の交差点に楽器店のショールームがあり、そこに飾ってある蓄音機をウィンドウ越しにうっとり眺めた。また中学三年生の頃には、スイミングスクールでいっしょだった東大生の下宿でレコードを聴くようになり、やがて銀座の名曲喫茶に足を延ばした。「芸術新潮」の特別エッセイ「伝説の編集者・齋藤十一 音のある生活」で、夫人の美和は齋藤から聞いた言葉としてこう書く。

〈「(レコードを) 聴きたくて聴きたくてたまらない。だから、開店前に押しかけて、何も言われないのに勝手にテーブルを拭いたり床を掃除したりして『その分聴かせてください』と頼みこんだ。そうやって、お客さんがリクエストする曲を傍らでしばらく聴いていたんだ」〉

中学校の授業より、音楽に興味を抱いた。それは齋藤にとって生涯の趣味となる。もっとも中学時代はそんな具合だったから、進学には苦労したようだ。麻布中学を卒業すると、他の多くの麻布の生徒と同じように、まず海軍兵学校を受験した。しかし当然のごとく合格できなかった。受験失敗の原因は喘息持ちという体力面のひ弱さがたたったという説もある。事実、長じた齋藤は徴兵検査で肺浸潤が見つかり、丙種合格となって兵役を免れている。丙種合格とはその名称どおり、甲乙丙にランク分けされた最下位の合格だ。戦地に赴く現役兵でなく、後方支援を務めるパターンが多い。

名曲喫茶に通い詰めるほど奔放に育った齋藤は、受験に身が入らなかったのかもしれない。海軍兵学校に落ちたあと、旧制の一高や松本高校も受けたが、うまくいかなかった。海軍兵学校ほどではないにしろ、東京大学教養学部や千葉大学医学部の前身である旧制一高や信州大学となる長野県の旧制松本高校は、のちの政財界のエリートが輩出してきた。入学するには相当高いレベルの学力が欠かせない。そこを受験した齋藤はいずれも不合格に終わっている。

「旧制一高は肝試し、松本高校は寮の食事が気に入ったから受験しただけなんだ」

齋藤はのちに美和に冗談めかしてこう語っている。

「前の日、学校に下見に行ったら、在校生たちに捕まってしまってね、話しているうちに仲良くなって、いつの間にか芸者の置屋に連れていかれたんだ。生まれて初めての芸者だからボーッとしちゃって、試験場でもボーッとしたままだったんだよ」

強がりに聞こえなくもないが、社会を斜めから斬るといわれた週刊新潮のシニカルなタイトルの名手は、受験に失敗して素直に落ち込んだわけでもない。やがて文学に対する興味が芽生えていく。

新潮社を結び付けた「ひとのみち教団」

名門高校の受験に失敗した齋藤は早稲田第一高等学院に入り、さらに一九三二（昭和七）年四月、早大理工学部へと進んだ。文学部や法学部ではなく、理系を選んだのはガス会社の技師として勤務していた父親の影響だろうか。美和が編集した「編集者　齋藤十一」（冬花社）には、齋藤が文学に目覚めたきっかけについて、こう記している。

〈大学で仲良くなった同級生に、白井重誠さんという方がいました。月刊少女雑誌「ひまわり」の編集部を経て、「芸術新潮」の嘱託になられた方ですが、その白井さんが、授業中に隣の席で文庫本を読みふけっていて、余りに夢中になっている姿を見て、齋藤が声をかけたのだそうです。

この白井さんがいらっしゃらなければ、齋藤は文学に触れることがなかったかもしれません〉

それまで音楽関係の書籍以外に関心のなかった齋藤は、白井に感化され文芸の世界に引きずり込まれた。

〈そのうちに、大学生活よりも本を読む方が楽しくなってきた齋藤は、どこか空気のいいところで本をじっくりと読みたくなったそうです。何かやりたくなると居てもたってもいられなくなるのは、性分なのですね。早速本をいっぱい行李に詰め込んで、お父さんの月給袋をちょっと拝借して、家出をしてしまいました〉

早大時代のこの家出が、齋藤にとって編集者となるスタート地点といえる。齋藤家では、夏休みになると父親の清之助が千葉県の漁村に家族を連れていく旅行が恒例だった。行く先は、今のＪＲ内房線を館山方面に向かった保田駅に近いところだ。そこで農家の離れを借り、一家そろって休暇を過ごしてきた。

齋藤は麻布中学の夏休みのとき、そこから房総半島を下駄で横断し、外房の鴨川まで歩いたことがあったという。途中の吉尾村（現・鴨川市吉尾平塚）の美しい景色が忘れられず、家出したときそこを目指した。そして、およそ一年ものあいだ、村の寺に厄介になったそうだ。先の「編集者　齋藤十一」（カッコ内は筆者注。以下同）に、美和がこう書いている。

〈昼間（齋藤）は近所のお百姓の畑仕事を手伝い、夜は好きなだけ本を読んで過ごしました。そのころには文学作品だけでなく、歴史書や哲学書に興味を持つようになっていたようです〉

齋藤は、生涯に読んだ膨大な本のほとんどを捨ててきたというが、この頃に読んだと思われるものだけは、自宅の書棚に残しておいた。美和が先の「編集者　齋藤十一」に思い入れのある本として、それらを紹介している。

〈『プラトン　対話篇』
『ヘーゲル全集　歴史哲学』
『カント著作集　一般歴史考』
『パスカル　瞑想録』
『モンテーニュ　随想録』
『マキアベリ選集　ローマ史論』
『三木清著作集』
『西田幾多郎全集』
内藤湖南『支那論』『支那絵画史』
『詩学序説』ヴァレリー（河盛好蔵訳）
『古代オリエント文明の誕生』アンリ・フランクフォート〉

大学を休学した一年の寺暮らしのあと、齋藤は父清之助から東京に連れ戻された。だが、それから本格的に早大に復学するわけではなかった。

この頃、齋藤にとって編集者への道を運命づけた大きな転機が訪れる。「ひとのみち教団」への入団である。

「新聞やテレビと違い、週刊は権力に屈することはない。しかし、タブーはある。それがＰＬ（パーフェクトリバティー）教だ」

新潮社の関係者は、文芸誌の新潮や小説新潮などと区別するため、週刊新潮のことを「週刊」と呼ぶ。事実上の編集長として週刊新潮の記事の掲載テーマを決めてきた齋藤は、政治家や財界人との付き合いが皆無だった。そのため齋藤がいったんゴーを出した記事は、外部からの圧力によって掲載を止められる恐れがなかった。

だが唯一の例外として、編集部内でまことしやかに語られてきたタブーもあった。それがＰＬ教だった。かつて齋藤の帰依していたひとのみち教団が改組したＰＬ教団には触れてはいけない、という話だ。

ひとのみち教団は、四国愛媛県松山市の安楽寺住職だった御木徳一（みきとくはる）が一九二四年、大阪の金田徳光と出会い、その教えを受けて立ち上げたとされる。御木は国家神道に対する金光教（こんこう）や天理教など新興の教派神道十三派の一つ「御嶽教（おんたけ）」に属し、のちに同じ十三派の「扶桑教（ふそう）」に移ってひとのみち教団を広めたとされる。他の多くの宗派と同じく、戦中の三七（昭和十二）年に軍部に弾圧され、不敬罪に問われて解散に追い込まれた。戦後、徳一の息子である御木徳近が教団を再興し、「人生は芸術である」

という教えを広め、高校野球などで一躍有名になった現在のＰＬ教団にいたっている。

現実には、甲子園で活躍したＰＬ学園出身の桑田真澄や清原和博をはじめ、ＰＬ関係者に関するスキャンダル記事はけっこう週刊新潮の誌面を飾っている。したがってさしたる影響はなかったのだが、週刊新潮の編集部内では、教団そのものに関する記事ではないからＯＫだ、といい加減なタブー話に落ち着いていた。

このひとのみち教団については、創業者の佐藤義亮も深くかかわっている。義亮は佐藤家の身内だけでなく、新潮社の社員や印刷会社、製本会社といった取引業者にいたるまで、教団への入信を強要したという説まである。なにしろ新潮社員のほとんどが踏み入れたことがない奥の院の秘事だけに、おもしろ半分に編集部員の人口に膾炙（かいしゃ）してきたわけだ。ただし齋藤と新潮社を結び付けたきっかけが、ひとのみち教団なのは間違いない。

齋藤は戦前、初代教祖の御木徳一が開いたひとのみち教団に入団した。教団そのものの本部は現在の大阪に置かれていたが、この頃は東京のインテリ層にその教えが広まり、多くの信者がいた。

齋藤自身の入団理由については諸説ある。齋藤を知る新潮関係者のあいだではもっぱら、父清之助が家出した息子を千葉の寺から連れ戻すにあたり、更生させようとして教団に入れたと伝えられている。すると、まずは父親である齋藤清之助が教団に帰依していたことになる。だがそうではない。齋藤の甥の一人である章に聞いた。

「齋藤家で最初にひとのみちのことを知ったのは、じいさん（清之助）ではありません。僕の親父、栄二です」

章は齋藤の弟である栄二の次男であり、甥にあたる。この頃の齋藤家は、大森から中野に転居していた。齋藤の入団は、栄二の進学が関係している。

「うちの親父は小学校を卒業し、東京府立第二中学を受験しました。しかし入学試験に落ち、家の近所に新しくできた中野中学に入学しました。中野中は戦後、明大に吸収され、いまの明大中野になっていますが、当時の経営母体はひとのみち教団だったのです。そうして親父が入学したあと、学校でひとのみちの教えを習い、家でじいさんに話した。それで、じいさんが『なかなかいいことを言っているじゃないか、いっぺん教会に行ってみよう』となったのです」

東京府立第二中は戦後、都立のナンバースクールとなり、東京都立立川高校と改称されている。一九二〇（大正九）年生まれの栄二は齋藤の六歳下だ。府立中学の試験にすべり、三三（昭和八）年四月、旧制中野中学に入学した。そこはひとのみち教団教祖の御木が一九二九（昭和四）年、「徳光育英会」を組織して開校した教団系の学校で、中野中学の開校式にはときの首相田中義一や東京市長の堀切善次郎が祝辞を述べた公認宗派の中学校でもあった。

栄二入学のとき齋藤自身は十九歳、ちょうど早大を休学して放浪の旅をし、千葉県吉尾村の寺に住みついていた時期と重なる。このとき折悪く、齋藤家を不幸が襲った。長男の十一と次男の栄二のあいだの次女后尾が急逝したのである。生後、間もない幼児のときに命を落とした三女の尚子に続く齋藤家の悲劇だった。清之助がひとのみち教団に帰依するようになったのは、二人の女の子を亡くした影響があったのだろう。章が言葉をつなぐ。

「そのあたりの事情はどうかわかりませんが、一ついえるのは、うちの親父が第一志望の府立二中に入学していたら、ひとのみちとの縁はなかったということです。中野中学に入ったから、じいさんが長女や長男を連れ、ひとのみちの教会に行くようになった。そこで伯父の十一が佐藤義亮さんと出会ったのです」

外房の寺で読書三昧の日々を送っていた齋藤は、一年で家に連れ戻され、実弟の栄二が中野中学に進んだ翌三四年、父清之助に連れられてひとのみち教団に加わった。改めて紹介するまでもなく、そこで出会った佐藤義亮は新潮社の創業者である。齋藤はひとのみち教団で義亮に見込まれて孫の家庭教師まで任される。それが新潮社へ入る端緒となったのは間違いない。齋藤は新潮社に入った翌三六（昭和十一）年、二十二歳のときに最初の結婚をしている。相手はひとのみち教団で知り合った小川富士枝だ。ここから出版人としての歩みを始める。

あてのない上京

二〇二〇年の明けた一月、新潮社創業家の一人である佐藤陽太郎に会うことができた。大勢いる義亮の孫の一人だ。こう話してくれた。

「秋田から東京に出てきた義亮お祖父ちゃんは一人きりになって途方に暮れ、今の大日本印刷に拾われたそうです。そこで印刷機械の職工としての働き口を見つけ、真っ黒になって働いた。仕事の合間、暇を見つけては本屋に寄って立ち読みしていたらしい。そうやって苦労を重ねながら、書いたものを雑誌に投稿していたんですね。それが大日本印刷の幹部の目に留まってインキの樽洗いから抜け出せた。校正係になり、食えるようになった。恩があるから、新潮社は大日本を大事にし、今も昔もずっと取引しているんです」

陽太郎は創業家の一員ではあるが、本人は新潮社には入らず、広告代理店「博報堂」に長年勤め、専務にまでなった。二〇二〇年春先に新型コロナウイルス肺炎に罹り、四月四日、八十四歳で不帰の客となってしまった。一月に会ったときはすこぶる元気にこう話していた。

「校正係として大日本の正社員になったお祖父ちゃんの佐藤義亮は、そのあと新声社をやりだし、爆発的な評判を呼んだ。ただ、この頃に会社の金を盗まれ、ひどい目に遭って自殺まで考えたらしい。お祖父ちゃんはすごい人で、それでも再起し、新潮社を興したんです」

自明のことだが、佐藤義亮との邂逅がなければ、出版界の鬼才は誕生しなかった。東北の片田舎から家出同然で上京し、新潮社を興した佐藤と齋藤はどことなく似ている。齋藤はなぜ、日本の出版文化に歴史を刻んだ功労者に見出されたのか。改めて佐藤家と齋藤との不思議な歴史をさかのぼる。

義亮はもとの名を儀助といった。一八七八（明治十一）年二月十八日、秋田県仙北郡角館町（現・仙北市角館町）に生まれた。父親は為吉といい、佐藤荒物店を営んでいた。為吉は雑貨屋で生計を立てる一方、町では学問好きの読書家として知られていた。

日刊の一般紙をとる家など滅多にない雪深い田舎町にあって、為吉の荒物屋にだけは毎日、新聞が届いた。為吉は新聞で社会情勢を知り、月三回発行される仏教新聞「明教新誌」まで定期購読していた。明治初年の廃仏毀釈運動のあおりで、神仏分離や耶蘇（キリスト）教の排斥が進むなか、仏教を篤信していた。佐藤家の宗派は代々禅宗だったが、為吉は親鸞に傾倒して浄土真宗大谷派に宗旨替えをする。信心深い為吉は、キリスト教排斥を謳って東京から角館にやって来る仏教界の運動家たちのために、宿舎として佐藤荒物店を提供した。

佐藤儀助はそんな地元で評判の荒物店主の四男だった。幼い頃から父親に訓育され、父親に倣って家に届く新聞や仏教紙を読みふけった。父もまた、四男坊がことのほか可愛かったのだろう。跡取りの長男ならいざ知らず、ふつう四男坊の進学は尋常小学校どまりで、たいていは丁稚奉公に出される。だが、為吉は儀助を高等小学校に進ませた。

為吉は一八八六（明治十九）年四月、儀助を他の児童より一年早く高等小学校に入学させると、東京から儒学者頼山陽の「日本外史」十二冊を取り寄せた。それを題材にし、懇意の真宗大谷派本明寺の住職に頼んで儀助に漢文を学ばせる。儀助はそれを喜び、兄弟たちに交じって急いで夕餉を済ませたあと、毎日、蓑を羽織って寺に急いだ。まだ雪の残る春先、儀助は住職の講義を受けるため、嬉々として本明寺に通った。そうして四年後に高等小学校を卒業すると、秋田市内の師範学校を目指すようになる。

もっとも佐藤家の他の子供たちにとってこれは、四男坊だけを特別扱いしているように受け取れる。母親をはじめ一家そろって反対したが、為吉はそれを押し切った。

「大学なら学費がかかるが、官費で賄ってもらえる師範学校ならなんとかなる」

そう言い、四男の希望を叶えてやろうとした。そのため元秋田藩士、神沢繁（かんざわしげる）の興した私塾「積善学舎」にまで通わせた。

インテリの父親の見込んだとおり儀助は、日本社会の激動を敏感にとらえ、文学に心を奪われていく。父親の愛情と理解を肥やしにし、ひとかどの文学青年に成長した。折しも、日本が維新後の混乱を抜け出し、日清戦争へ舵を切っていた時代である。

一八九四年八月一日の宣戦布告から始まった日清戦争は、台湾の平定を終えた九五年十一月まで続いた。

儀助は戦争前夜の変化とともに、尾崎紅葉や幸田露伴に代表される新たな文学の芽生えを鋭く感じとった。やがて自らのコラムや論評を文芸誌に投稿するようになる。投稿先は、当時、絶大な人気を誇った博文館発行の「筆戦場」だ。筆戦場には、大正デモクラシーの指導者となる吉野作造をはじめ、のちの著名文士による投稿が殺到していた。文学熱にとりつかれた儀助は、いつしか彼らと誌面の掲載を競うようになる。

こうなると、もはや秋田の師範学校を目指すだけではおさまらなくなる。儀助は十八歳にならなければ入学できない師範学校の入学試験まで待てず、思い切って東京に出ようとした。しかしさすがに父親の理解も限界であり、許されるわけもない。やむなく本人は家を出る決心を固めた。まさに日清戦争が勃発したばかりの九五（明治二十八）年三月、儀助は積善学舎の学友二人とともに東京の上野を目指す。当時の東北には、むろん現在の新幹線のような高速の鉄道や道路などない。東北本線が開通したところだった。

儀助たち積善学舎の三人組は、まず秋田から奥羽山脈の険しい雪山をまる三日間もかけ、百五十キロも歩いて岩手県中南部の黒沢尻へ出た。そこからは東北本線の夜行列車に乗りつがなければならない。そのため一人は上野行きの汽車に乗ったとたんに心細くなり、途中の駅で降りてしまった。

十七歳になったばかりの頃だ。儀助ともう一人の学友は命からがら上野に着いた。だが、東京の知り合いなど誰一人としていないので、行くあてもない。まずは職を探そうとしたが、誰が見ても秋田弁丸出しの田舎者だ。あるとき近づいて来たヤクザまがいの口入れ屋に唆（そそのか）されそうになったこともある。蒸気船の火夫として売り飛ばされる寸前、船から逃げ出した。そうこうしているうち、怖くなったもう一人の学友もひと月後、秋田に戻ってしまう。残ったのは儀助一人きりだ。

一等になった佐藤橘香の投稿

新聞や牛乳配達をしながらたどり着いた儀助の勤め先は、牛込区（現・新宿区）市谷加賀町の「秀英舎」だった。職工の募集を見て秀英舎に応募し、たまさか採用されたという。ここが孫の陽太郎が話した現在の大日本印刷で、正確にはその前身である。

儀助は人との出会いに恵まれていたといえるかもしれない。秀英舎の印刷部長だった萩原鶴吉の計らいで、会社に近い牛込区左内坂町二十八番地の萩原宅の六畳を間借りでき、そこから印刷工として通った。当時の印刷は人力で輪車を回しながらインキを紙に写していく作業の繰り返しだ。仕事は決して楽ではない。そこで儀助に与えられたのは、輪車を回す作業とインキの樽洗いだった。

陽太郎の言うように、爪の先まで全身を真っ黒にしながら、朝七時から夕方五時まで働き、日給はわずか十五銭にしかならない。掛け蕎麦一杯と銭湯の入浴料が一銭五厘だった時代である。同じ肉体労働でも、他の工場人足は三十四銭、道路人足は三十六銭、人力車などの車力人足の平均日給にいたっては平均五十銭もあったと記録にあるから、印刷工はかなりの薄給だ。神楽坂付近では、陸軍士官学校や幼年学校で生徒に支給される残飯が売りに出されており、儀助はそれを買って糊口をしのいだ。

儀助は憧れてきた本づくりの一環を担っていると自らに言い聞かせた。それゆえへこたれることはなかった。一日の重労働のあと、神楽坂の書店「盛文堂」で立ち読みするのがなによりの楽しみであった。

この時代、地方から上京し、辛酸を舐めながら文学への志を貫こうとした青年は、ほかにも大勢いる。儀助の一歳下で岡山県和気郡穂浪村（現・備前市）出身の正宗白鳥もまた、その一人だった。新潮社の社史「新潮社一〇〇年」は、同じ書店の立ち読み仲間であったという白鳥と儀助の奇縁について、こう記している。

〈正宗白鳥も明治二十九年の二月下旬、数え年十八歳のとき、はじめて上京しているが、「私は、新橋に迎へて呉れた知友につれられて、万世橋まで鉄道馬車に乗つて、それから歩いて、牛込の横寺町の下宿屋に着いた。今覚えてゐるのは、朧月に照らされた牛込見附が、この世のものとは見えないほど美しかつたことと、神楽坂の盛文堂で『国民之友』を買つたこととである。田舎では雑誌でも書籍でも郵便で取寄せてゐたのに、それを東京の書店で直接買ふやうになつたことは、私の若い心を躍らせた」と『文学修業』のなかで書いている〉

この「新潮社一〇〇年」によれば、儀助は「国民之友」に掲載された「頼山陽論」の次の一説にいたく感銘を受けたという。

〈我を才子と謂ふは我を悉くさざる者也　我を能く刻苦すと謂ふは真に我を知る者也〉

頼山陽の〈能く刻苦す〉という生き方に、暮らしの困窮を苦にせず文学修業をしている自らの境遇を重ね合わせたのかもしれない。儀助の胸中には、高等小学校時代に角館の本明寺で学んだ日本外史が蘇った。

儀助は佐藤橘香のペンネームで、日本外史以来、山陽を学んできた経緯を綴り、文芸誌「青年文」に一文を草した。青年文は、儀助が秋田から東京に出てくるひと月前の九五（明治二十八）年二月に自由民権運動弁士の中国文学者、田岡嶺雲が創刊したばかりの文芸誌であり、ここから樋口一葉や泉鏡花といった文士が発掘されていく。

秋田時代にもたびたび文芸誌への投稿をしてきたので、儀助本人にはさほど特別なことをした感覚などなかった。だが、その結果には、当人も驚いた。無名の佐藤橘香の評論が、投書欄の首位に輝いたのである。

そして驚いたのは儀助自身だけではなかった。儀助の投稿した評論が、印刷工として働いていた秀英舎の支配人の目に留まる。支配人は、投稿者が日頃から山陽論を語る儀助ではないかと、察しをつけた。

「ひょっとすると、佐藤橘香とはキミのことではないのかね？」

支配人室でそう尋ねられた儀助は喜ぶより、ドキリとした。印刷工としての仕事をさぼって文学にうつつをぬかしていると咎められるのではないか、と。だが、正直に頷く以外ない。すると、支配人は儀助の肩をたたきながら、笑った。

「キミはこんなすごい文章を書けるのか」

儀助はほどなくして校正部に配属された。

良心に背く出版は、殺されてもせぬ事

のちに大日本印刷と社名を変え、業界最大手の印刷会社となる秀英舎はこの頃、国内の出版物の多くを手掛けていた。わけても文芸分野の書籍や雑誌のほとんどが、秀英舎で製作された。秀英舎は輪転機を使う印刷だけではなく、編集作業や製本までの本づくりの製作を担っていた。つい最近まで出版各社の編集者が、大日本印刷社内の校正部門に出かけて校正刷りの手直しをしてきた。それは出張校正と呼ばれ、古参の編集者にはたいていその経験がある。

校正部に異動になった儀助は、秀英舎で印刷だけでなく、編集・校正、製版や製本という出版物のすべての製作工程を学んだ。そしてここから独立に向け、目まぐるしく動きだした。

まずは、下宿先の家主だった秀英舎印刷部長萩原の妻、雪の資金援助を得て一八九六年七月、雑誌の発行にこぎつける。間借りしていた左内坂町の六畳間で産声をあげたのがミニコミ誌「新声」だ。さらにその明くる九七年二月、儀助は秀英舎を辞め、

当時日本にあった出版二十社のうちの一つ「明治書院」に移籍した。その社の一角を使い新声の編集所とした。それから四カ月のちの六月に明治書院を退社し、七月には神田一ツ橋の路地裏の陋屋（ろうおく）の一軒家を家賃四円で借り、会社組織として新たに新声社の看板を掲げた。秀英舎時代の同僚の妹、中根龍子と結婚し、夫婦で出版社を始める。

〈新声は次代国民の声なり、満天下同志の投書を歓迎す〉

儀助は正式に投稿雑誌「新声」の創刊を果たし、表紙にそう謳った。いわば広く国民生活の問題を拾いあげ、ジャーナリズムを取り入れた雑誌を標榜したのだ。もっとも投稿雑誌と謳いながら、当初はほとんどの記事を儀助一人で書いていた。それでも記事を読んだ者が感激して新声社に酒や牛肉を差し入れ、会社は夜ごと宴会の席と化して賑わったという。

だが、むろんそれでは出版物としての広がりはない。儀助はもっと広く売れる企画を求め、青年文を主宰した中国文学者の田岡嶺雲や歌人の大町桂月（けいげつ）といった花形筆者を起用することにした。結果、それらをまとめて刊行した「文章講義録」が大ヒットする。こうして秋田から東京に上った文学青年は、曲がりなりにも出版事業を興すまでになった。

儀助はある意味、他の多くの文学青年と異なる道を選んだといえる。文筆家ではなく、著作を世に送り出す編集者、出版人という生き方である。そして儀助の創刊した新声は田山花袋（かたい）をはじめ、歴史に残る数々の文士が輩出した。新声社は軌道に乗っていったかのように見えた。

しかし、それもそう長続きはしなかった。原因は経営の未熟さに尽きる。雑誌が飛ぶように売れても、肝心の代金を払わない書店が続出した。儀助は資金繰りに困って借金を重ねた挙句、一九〇三（明治三十六）年に新声の出版権を手放す羽目に陥る。

おまけに災いはまだまだ続いた。新声を手放した儀助は、日露戦争の開戦を挟んで、戦時下の文学の必要性を痛感した。もう一度、出版社を興そうとしたその矢先、会社の幹部に創業資金を持ち逃げされてしまう。一時は自殺を図ろうとしたが、なんとか思いとどまったという。

そうして最後に賭けた雑誌が「新潮」だった。儀助は新声を手放した翌一九〇四年五月、借家の敷金を元手に牛込区新小川町のボロ家に越した。そこで新たな文芸誌を創刊する。それが新潮社の起こりである。

したがって厳密にいえば、新潮社の創業はこの〇四年だ。だが、儀助は会社の創立日を七年前に新声社を設立した一八九六（明治二十九）年七月とした。そして苦しんだ新声の編集と経営を顧みて、三カ条の社訓を定めた。

〈一、良心に背く出版は、殺されてもせぬ事。
一、どんな場合でも借金をしない事。
一、決して約束手形を書かぬ事。〉

儀助は新潮社の創業を機に義亮と名を改める。そして国木田独歩と縁の深い作家「二十八人集」をはじめ、「世界文学全集」などの翻訳文学、夏目漱石や森鷗外、永井荷風といった文豪たちの作品を次々と世に送り出していったのである。

佐藤家との縁

新潮社の隆盛とともに、創業家の佐藤一族は繁栄した。佐藤家の当主である義亮は、義夫、俊夫、道夫、雪子、高子、邦子、哲夫、和子、京子という九人の子供をもうけた。雪子と和子は早くに逝去したが、義亮は戦前から息子たちを新潮社に入れ、それぞれに役職を与えてきた。やがて子や孫、ひ孫たちが戦後の新潮社の経営を担っていく。戦後すぐに長男の義夫が二代目として社長を継ぎ、そのあと義夫の長男である亮一が三代目社長となって新潮社を率いた。亮一の長男が現社長の隆信である。新潮社では、佐藤家の総領息子たちがずっと経営の舵を握ってきたといえる。

その佐藤一族のなかにあって義亮の孫の一人、陽太郎は義亮の四男哲夫の長男として生まれた。三代目社長亮一の従弟にあたる。取材したときはすでに八十代の半ばに差し掛かっていたが、いたって元気だった。

「義亮お祖父ちゃんは秋田から上京し、新潮社をつくって佐藤家に連なる一族郎党を面倒見てきました。お祖父ちゃんは、息子たちを新潮社のある矢来町のこのあたりに住まわせ、それぞれが家庭を持って孫ができていきました。お祖父ちゃんには孫だけで三十六人もいて、それで佐藤家は戦前よりずっと大勢になりました。かなり前ですが、義亮お祖父ちゃんの奥さんであるお祖母ちゃんの佐藤龍子が一〇八歳で亡くなったあと、『佐藤家の親戚全員集合』と声がかかり、ホテルオークラで大パーティをやったことがあります。そのときは顔すら知らない人も少なくありませんでした」

陽太郎は明るく話した。

「義亮お祖父ちゃんの孫のなかにも、序列がありましてね。一の一が亮一、二の一が俊一、次女の高子が養子をもらって長男が生まれ、その息子の浩太郎が三の一。そして四の一が僕という順番になります」

繰り返すまでもなく、一の一とは義亮から見て、長男の長男、二の一とは次男の長男という意味だ。明治生まれの義亮は家長制度の下、長男を重んじてきた。義亮は新潮社内でも長男をそれぞれの家の長として位置付け、ポジションを与えてきた。

「だから僕は新潮社に入ったって、そんなに偉くはなれやしねえんです。それに他の従兄弟のように静かな優等生じゃなくて、暴れん坊だった。それで新潮社は嫌だって言って、博報堂へ入ったんです」

〝四の一〟の陽太郎は冗談めかしてそう話した。大手広告代理店の博報堂に入社し、専務まで務めたのは、前に書いたとおりだ。

「お祖父ちゃんは親族をみな新潮に入れちゃった。でも、僕は博報堂でよかった。うちの親父なんかは、『おまえを広告部長にするから早く博報堂を辞めて新潮社に戻ってこい』と言っていたけど、広告代理店の仕事がおもしろくなりましてね。博報堂へ入った昭和三十三年頃は、ちょうど民放のテレビが開局する前後で、こっちのほうがいいや、と戻る理由がなくなったんです。その頃の博報堂は社員四百人、一年の売上げは四十一億円で電通の六分の一しかなかったけど、僕が博報堂を卒業するときは八千億を売り上げていました。僕は営業の最前線の親分でしたから、楽しかった」

陽太郎は入社したこともないのに新潮社への転職を「戻る」と表現した。佐藤一族にとって新潮社の出版事業は、それだけ家業という意識が強い。実際、現在の四代目社長である隆信は電通から新潮社の社長になるべくして〝戻って〟きている。陽太郎が齋藤のことに話題を戻した。

「昔は佐藤家のほとんどが新潮社で仕事をしていましたけど、大勢になりすぎて出版とはまったくかかわりのない親戚も少なくありません。だから齋藤さんを身近で知っているのは、僕と三の一の浩太郎さんくらいじゃないですかね」

齋藤本人は、最初から文芸作品や雑誌の編集を志していたわけではない。新潮社に入ったきっかけそのものが、偶然の産物だったといえる。義亮は齋藤のどこを気に入ったのだろうか。義亮の孫陽太郎は、幼かった終戦間もない頃から、齋藤と接してきた数少ない佐藤家の一人でもある。

「佐藤家ではお祖父ちゃんと二代目社長の義夫伯父さん、その兄弟家族たちがみなひとのみちを信心していました。僕は昭和十一年生まれだから、齋藤さんがひとのみちに入信した頃、まだ生まれていません。ただ、親父の哲夫が齋藤さんと兄弟のように親しくしていましてね。父が語ってくれた話をおぼろげながらに思い出すと、『ひとのみちで、亮一兄さんの家庭教師だった人と会って親しくなったんだよ』と言っていました。それが齋藤さんだった。親父が義夫伯父や亮一兄さんから齋藤さんを紹介されたかどうか、そこはわかりませんけど、齋藤さんとお祖父ちゃんとの縁がひとのみちなのは、間違いありません」

創業者の義亮が齋藤を佐藤家の〝一の一〟にあたる孫の家庭教師に抜擢したのはなぜだろうか。

義亮と十一の接点

佐藤義亮が秋田の角館から東京に上がり、百年を刻む出版社の歴史を長々と書いたが、それはなぜ義亮が齋藤を見込んだのか、そこを顧みたかったからだ。義亮と齋藤との巡り合わせについて、陽太郎は次のように語る。

「二人の出会いはおもしろい。実は義亮お祖父さんがひとのみちを信じるようになったのは、和子叔母さんの不幸があったからなんです。佐藤家では親父（義亮の四男の哲夫）のあとに和子という娘が生まれ、盲腸炎を患った。綺麗な人でした。お祖父さんは『和子が早く元気になるよう』と願い、ひとのみちに入信したのだと聞いています。和子叔母さんは結局、若くして亡くなってしまいましたけど、ひとのみちとのつながりはそれ以来なんです。僕の親父が結婚するときなどは、教団幹部が媒酌人になったほどでした。それぐらい、お祖父ちゃん、佐藤家はひとのみちの活動に熱心でした」

一方、齋藤がひとのみち教に入信したきっかけもまた、齋藤家で次女の后尾と三女の尚子という二人の妹を相次いで亡くしたことによる。佐藤家の状況と似通っている。

「身の回りに起こる災難や病気などすべての苦痛や苦難は、自分自身の心得違い、心の傾き（心癖）を知らせるために、神が発してくれる警告と考える」

根底にあるその教義ゆえ、娘たちに降りかかった災いに苦しんだ佐藤義亮や齋藤清之助が信教した。教団では、個々の苦痛を心得違いとし、教祖の肉体がそれを引き受けるとも教えている。

東京ガス勤めの父親に育てられ、少年時代に音楽に関心を抱いた齋藤は、早大に入ると家出をして千葉県の寺で本を読みあさった。片田舎の雪国でインテリの父親の愛情を感じながら、文学に憧れて秋田から出奔した義亮と似ているところがある。義亮が見初め、孫の家庭教師まで任せたのは、齋藤にかつての自分自身の臭いを嗅ぎ取ったからではないだろうか。

齋藤が東京ガスのエンジニアだった父清之助の薦めで早稲田大学理工学部に入学したのは、就職先を考えたうえの進学だったのだろう。理系の早大生がたまたま同級生の文学青年に感化され、大学を放り出して本をむさぼり読むようになる。そこで新潮社の創業社長が文学や哲学に傾倒し始めていた大学生を見込んだ。

「うちの孫の勉強を見てもらえないかな」

義亮がそう齋藤に頼んだ孫の亮一は戦後、新潮社を飛躍させた出版人として知られる。大正三年生まれの齋藤とちょうど十歳離れている。二人の出会ったこのとき齋藤は二十歳、亮一が十歳だった。

千葉県の寺から戻った齋藤は、早大に復学することはしなかった。創業者のひと言で家庭教師のアルバイトを引き受け、一年後の一九三五（昭和十）年九月、義亮に薦められるまま、大学を中退して新潮社に入った。

「三代目社長となる亮一兄さんは、僕の従兄にあたり、同じ世代なので子供の頃から仲もよかった。齋藤さんを初めて見た記憶があるのは僕が五つの頃、まだ小学校の入学前だったでしょうか。お袋と親父、それから齋藤夫妻といっしょに、ときどき都内の植物園や豊島園に連れて行ってもらいました。齋藤さんの前の奥さんはいつも着物でね。いっしょにおさまっている写真もありました」

陽太郎が、太平洋戦争の始まる少し前の子供の頃の思い出をこう語った。

「齋藤さんとうちの親父はいっしょに酒を飲んだり、うちに飯を食いに来たりする間柄でしたから、よく覚えています。終戦間もない頃、齋藤さんはすでに新潮社にとって特別な存在になっていましたね。あの頃の新潮社は、お祖父ちゃんが矢来町に会社のビルを建て、僕ら佐藤家の人間はみなその裏に住んでいました。昔の大名みたいに子供たちを周りに住まわしていたんです。まだ社員食堂なんかなかったから、昼になると、新潮社の社員たちがしょっちゅううちへやって来ていました。齋藤さんは必ず僕の親父といっしょで、一週間のうち三回は昼飯を食べていましたよ。その頃、新潮社には紺色のジャンパーの制服があって齋藤さんがそれを着ていたのを覚えています。齋藤さんはけっこう図々しくてね、『奥さん、今日もおかずは鮭だけですか』なんて平気で言うので、帰ったあと、お袋が親父に、『ご馳走しているのに、あの人何よ』と愚痴っていました。僕は子供心に、『なんておもしろい人なんだろう』と思いながら、そばで齋藤さんを見ていました」

齋藤は、すっかり佐藤一族に溶け込み、やがて新潮社内でも頭角を現していく。だが、創業者の孫の家庭教師だからといって、はじめから優遇されていたわけではない。

第二章　新潮社の終戦

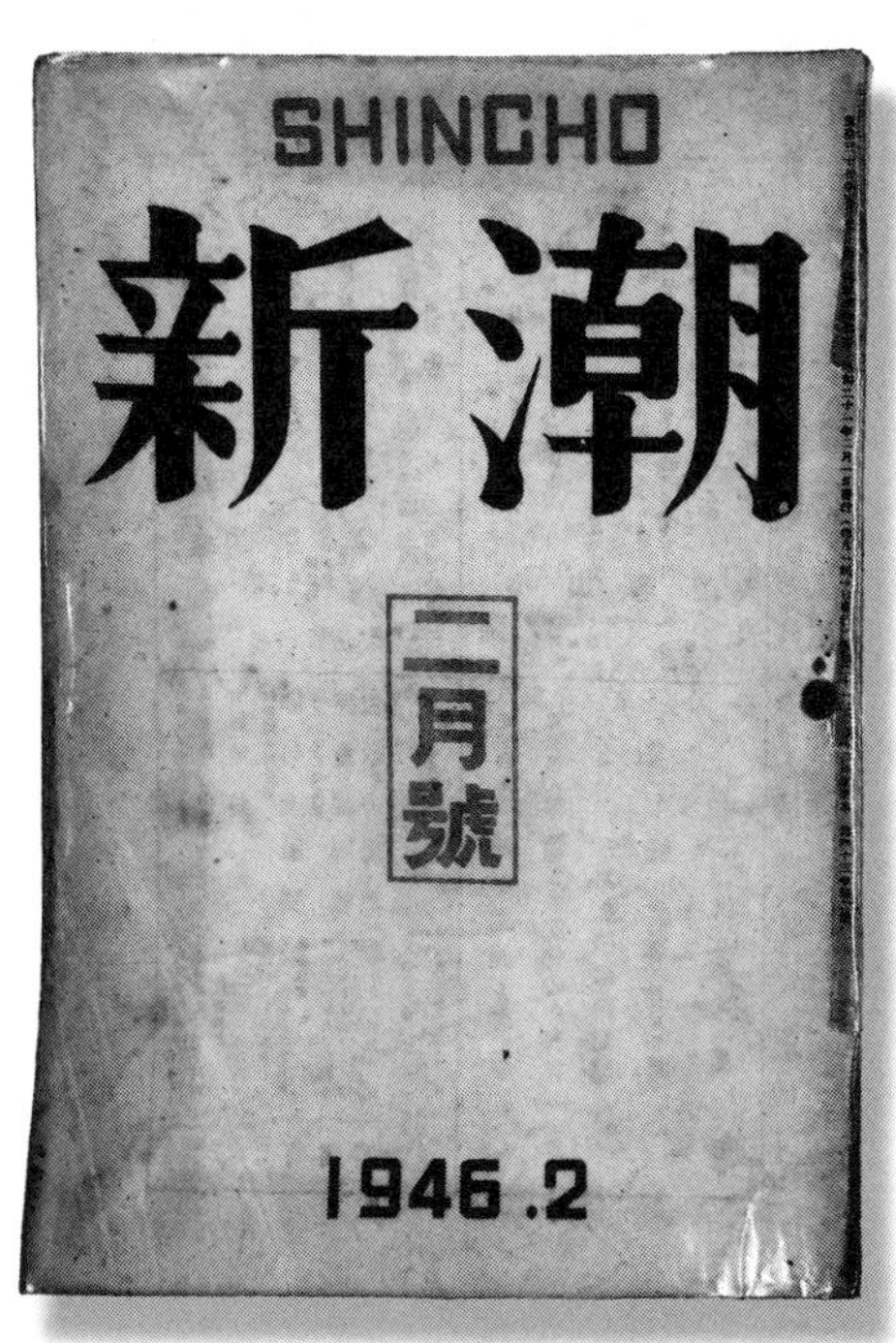

（表）齋藤が編集長に就任した
1946年2月号の「新潮」
（裏）小林秀雄。齋藤が「新潮」編
集長に就くにあたり助言を
仰いだ

新米編集者だった戦時下の日々

新潮社内には、神話めいたある伝承があった。

「齋藤さんは亮一社長の家庭教師だったから、ヒラ社員の経験はないんだ。新入社員のときからすでに重役だったそうだよ」

私自身、似たような話に触れてきた。齋藤十一は一九三五（昭和十）年九月、早大理工学部を中退して新潮社に入った。むろん創業社長の佐藤義亮が認めたからだが、加えて義亮の長男である義夫の推薦があったようだ。

「お父さんに紹介してもらった齋藤君、あれはただ者じゃありませんね。亮一の家庭教師だけで終わらせるのはもったいない。うちに入れてはどうでしょうか」

新潮社の副社長だった義夫がそう父親に薦め、齋藤は二十一歳で入社した。

齋藤が新潮社入りした三五年は、文芸出版が飛躍した年でもある。この年の一月、文藝春秋が「芥川龍之介賞」と「直木三十五賞」を創設した。折しも齋藤の入社する前後の八月に発売された月刊「文藝春秋」九月号で第一回の両賞を発表し、文壇を賑わせた。また島崎藤村の「夜明け前」が「中央公論」十月号で完結する。そして当の「新潮」では、川端康成や宇野千代、武田麟太郎、井伏鱒二といった脂の乗った作家たちが誌面を飾り、その存在感を見せつけていた。文学に目覚めた齋藤が新潮社に心を惹かれたのも無理はない。

一方、跡取り息子に定めていた義夫に薦められるまでもなく、義亮は齋藤の才能を買い、新潮社に欲しかったのだろう。だが、齋藤は新潮社に入社するにあたり、重役の椅子を約束されていたわけではない。実用書やPR誌を売り物にする会社は別として、新潮社のような文芸出版社では、書籍や雑誌の編集部門にいる幹部が会社組織の中枢を担う。それは今も変わらない。

佐藤義亮は大学を中退させてまで齋藤を新潮社に入れたが、最初に齋藤を配属した先は、編集部門ではなかった。

〈入社当初の齋藤は編集以外の雑用をこなしていて、昭和十七年（一九四二年）ごろから単行本の編集をやるようになったようです〉

夫人の齋藤美和は自ら編集した「編集者　齋藤十一」の中でそう記している。入社して七年ものあいだ、齋藤は何をやっていたのか。週刊新潮の四代目編集長だった松田宏に尋ねてみた。

「実は齋藤さんが着任した最初の仕事は、倉庫の管理だったんだよ。今のラカグがあるところだな。倉庫係として一日中、あそこにいたらしい。それで暇だったもんだから、世界文学全集を全部読んだんだそうだ。アメリカ文学はあまり読んでないって言ってたけど、トルストイやドストエフスキー、モーパッサンやポーなど、新潮社が創業して以来、得意としてきた翻訳文学を読破していったんだ。齋藤さんに教養があったのは間違いない。だけど、根っこからの文学青年だったわけではないんだよ」

松田はこうも言った。

「ある意味、そうでないと雑誌はつくれなかったと思うんだね。齋藤さんは、ひとみち教団で、人間の生き死ににについて考えた。雑誌はあの人の頭のなかの文学であって、だから出来たんだよ。そこに通俗性がある。これは、菅原(國隆、新潮・週刊新潮の編集次長)さんという齋藤さんの弟子から直接聞いた話なんだ。『心配するな、最初は倉庫係だったんだから、キミだって齋藤十一になれるかもしれないぞ』って……」

大学時代に文学や哲学に目覚めた齋藤は新潮社に入ったあとも、その延長で書庫の在庫を読み耽ったのであろう。それが入社当時の暮らしぶりだった。

齋藤が書庫係をしているそのあいだ、日本は歴史の転換期を迎える。第二次世界大戦という有史以来の激しい渦が人々を飲み込み、出版界が揺れ動いた。日本が国際連盟を脱退したのは、齋藤が新潮社に入社する二年前の一九三三（昭和八）年のことだ。日本は四年後の三七年の盧溝橋事件を機に、日中戦争に踏み切る。さらにその二年後の三九年、政府は国内の出版業者に出版物の取り扱いに厳重な注意を払うよう警告を発し、新聞と同じように検閲がなされるようになる。新聞社と同じく、出版社も軍部批判をいっさい禁じられた。

そうして欧州で第二次大戦の狼煙があがる。日本政府は対中戦の短期収拾という思惑が外れて戦況が泥沼の様相を呈し、軍部の号令下、国民総動員の戦時体制を敷いていった。政府がドイツ・ベルリン五輪の次に開催の決まっていた東京五輪を返上したのもこの時期である。

日本陸軍が中国大陸で戦線を広げるにつれ、齋藤と同じ二十歳過ぎの男子の多くが戦場に送り込まれていった。むろん新潮社の社員たちも例外ではない。次々と徴兵され、社員もずいぶん減っていった。

社史「新潮社一〇〇年」で数えると、齋藤が入社した一九三五年、新潮社には義亮以下重役を除く社員たちが百五十四人いたと記す。それが終戦を迎えた四五年八月十五日当時には、わずか三十一人しか残っていない。うち三人は終戦時にあってなお

「出征中」「徴用中」と記されている。つまり戦中に実質会社に残って働いてきたのは三十人を割っていた。むろん義亮たちは高齢なので徴兵義務がなく、残った社員の多くも年配者だった。

そうした戦時下にあって二十歳過ぎの血気盛んな齋藤青年は、時代の蚊帳の外に置かれた。相変わらず、新潮社の書庫で膨大な在庫を管理する日々が続いた。

麻布中学時代、海軍兵学校の受験に失敗したように病弱のせいもあったのだろう、長じたあとの陸軍の徴兵検査でも丙種合格という烙印を押されている。中学生のときと比べ物にならないほど、世の事態は切迫していたが、齋藤自身は中国大陸や東南アジアの前線に赴くことはただの一度もなかった。新潮社の書庫で悶々としていた本人の思いは、想像に難くない。

齋藤と新潮社を結び付けたひとのみち教団もまた、戦渦に飲み込まれた。もとをただせば、明治維新で認められた教派神道十三派に属した大阪の新興宗教ではあるが、一時は多くの知識層が帰依し、東京でも認知された。教祖の御木徳一が息子の徳近にその地位を譲った一九三六（昭和十一）年九月、徳一自身が教団盛岡支部長の娘を強姦した疑いで逮捕されるという事件が起きる。ことの真相は不明で、ひょっとすると、政府や軍部のでっち上げの可能性もある。それほど教団は軍部に睨まれていた。

実際、強姦事件を機に、ひとのみち教団は内務省に弾圧されていく。三七年には、教義が教育勅語に背き、皇室に不敬である、と糾弾された。のちにこれら政府の動きは、教派神道のなかでも都市部に浸透して広まっていった新興宗教に対する軍部の圧力だった、という見方が定着する。事実、この年に教団は解散させられてしまう。

七年間の書庫係を経て齋藤が新潮社内で編集を担当するようになったのは、まさに日本国中が軍国主義一色に染められていったそんな頃だった。一九四一（昭和十六）年十二月八日、英領のマレー半島上陸とハワイ真珠湾の米軍基地奇襲により、日本軍が中国大陸から太平洋に戦線を拡大する端緒を開いた。夫人の美和に齋藤自身が語ったとおり、その明くる四二年、齋藤は単行本の編集に携わるようになる。二十八歳だった。美和はこう書き残している。

〈（担当した作家の）数はそんなに多くはなかったが、それでも（原稿取りに）あちこち飛び回ったと言っていました。新潟に會津八一さんを訪ね、執筆の承諾をもらって、喜び勇んで会社に戻ってくると、ご本人の會津さんから「やめた」と速達が届いていてガックリした、なんて新米編集者らしい苦労もあったようです〉（「編集者　齋藤十

一」より抜粋。カッコ内は筆者注）

早大教授だった歌人の會津は戦火が激しくなり、郷里の新潟に戻っていた。新米の齋藤にとって、ベテラン編集者たちが戦地に動員され、編集の人手が足りなくなっていた社内事情も幸いしたに違いない。齋藤はこの頃三好達治の担当になり、疎開先の小田原に詩歌論「諷詠十二月」の原稿を受け取りにいったという。本人は担当作家の数が少ないと謙遜しているが、そのほか三浦朱門の実父でイタリア文学研究の三浦逸雄やフランス文学研究の佐藤輝夫、佐藤朔、河盛好蔵、英文学の伊藤整、哲学者の和辻哲郎たちのもとへ通い、それぞれと親しくなった。

わけても伊藤、河盛、和辻との付き合いはのちのちまで続いた。伊藤は終戦一年半前の一九四四年一月に新潮社の文化部企画部長となり、河盛は終戦後、齋藤が「新潮」を復刊させるにあたり、編集顧問に迎えた。

〈成長を欲する者はまず根を確かにおろさなくてはならない……〉

という箴言で知られる和辻は、齋藤が一九五〇年に創刊した「芸術新潮」の顧問となり、編集部にアドバイスし、執筆陣にも加わっている。

新潮社の初代天皇

新潮社はすでに日本の出版文化を支える会社の一つに成長していた。夏目漱石や森鷗外、国木田独歩や田山花袋といった文豪たちの名著はもとより、世界文学全集をはじめとする名立たる翻訳文学を次々と刊行し、出版界を牽引してきた。新潮社の礎が会社を興した佐藤義亮によって築かれたのは間違いない。義亮は妻龍子の実兄である中根駒十郎などとともに親族経営をしてきた。半面、優秀な編集者を見出すことも忘れなかった。その編集幹部たちが世に埋もれている作家を発掘し、雑誌づくりを担ってきたといえる。

優に百年を超える新潮社の歴史上、飛び抜けた編集者が齋藤のほかにもう一人存在する。それが、中村武羅夫(むらお)である。親族が要職を占める個人商店に近い新潮社にあって、中村だけは別格だった。

中村の入社は一九〇七(明治四十)年にさかのぼる。この年、新潮社では看板文芸誌の「新潮」が大ブレークした。一月、新年号で漱石や徳冨蘆花、島崎藤村ら二十六人の作家を紹介し、さらに五月には創刊三周年記念号特集「処女作物語」と称し、幸田露伴や泉鏡花らが作家になりたての頃の苦心談を寄稿する。それらが大ヒットし、さらに別立ての付録小説として真山青果の「南小泉村」を載せると、自然主義文学の新潮流と脚光を浴びた。

中村はその真山青果の知遇を得て、暑い夏の盛り、いち読者として新潮社に出向いた。社長の佐藤と直接会い、一時間ほど文学論を交わしたという。堂々と文学論を展開する中村に、佐藤義亮は心を惹かれた。義亮はすぐさま青果の推薦という形をとり、新潮社に中村を迎え入れた。このときの中村は、齋藤の入社したときと同じ二十一歳という若さだ。

〈僕は初め、訪問記事を書いたり、匿名で雑文を書くのが仕事で、編輯の仕事には自から佐藤（義亮のこと）氏自身で当つてゐた。多い月には二十人くらゐの文学者を訪問して、その談話を得て、匿名や無名の雑文などを合せると、二百枚から三百枚近くの原稿を、一ケ月に一人で書いたこともあった〉

一九三八（昭和十三）年一月の新潮四百号記念号に、中村自ら入社当時の経験をそう書き留めている。看板文芸誌である新潮は創刊号で義亮が自ら書いた「甘言苦語」欄が評判を呼び、新潮社は飛躍した。

新潮でのちにそれを「不同調」と衣替えし、若き編集者の中村が手掛けた。それが中村の認められる端緒となる。青果と並び称される自然主義文学の大家、正宗白鳥は、「『新潮』と私」（「正宗白鳥全集　第十二巻　回想」所収）の中で、入社当時の中村についてこう描く。

〈あの頃の新潮で我々の目を惹くものは、合評会と、それから、不同調とか題する欄内で、文壇人の作品私行などについて、無遠慮な悪罵毒舌を弄する事であった。……私などは殊にひどく罵られてゐた。ある時若い記者がやって来て、或問題について、私に話せよと云ふ。私がにべもなく断ると、『ページを空けてあるから、そこに嵌るだけのものを話して貰はないと困る』と云ふ〉

白鳥の言う〈若い記者〉が中村にほかならない。小説「銀貨」で一九一六年十月号の新潮にデビューした漱石の門弟、久米正雄もまた、中村についてこう書く。

〈当時は白樺派の武者、有島、里見や、スバル等の諸作家も華々しく世に出てゐたし、新進作家のグングン擡頭しはじめた、誠に文運興隆時代だつたが、その中にあって、中村君は例の『不同調』で、独り威張ってゐた。『不同調』は今の月評とゴシップと匿名評論とを一丸としたやうなもので、新進作家を守り立てるには力も入れ、意味もあつたが、僕や菊池、芥川らには、どうもあまり好意的だったとは思へなかった〉

（新潮四百号記念号より）

中村の考案した「不同調」は作家のゴシップを載せ、人気を呼んだ。これと並んで注目された新潮のコーナーが、「創作合評会」だった。これもまたその欄名どおり、座談会形式で作品を論評する企画で、第一回は中村が司会を務め、徳田秋声や久保田万太郎、田中純、菊池寛、そして久米正雄も参加した。合評会をやろうと言い出したのは、菊池寛だとも中村自身だともいわれているが、中村が企画し、菊池が賛同したというのが真相のようだ。週刊新潮のスキャンダルやゴシップ記事の源流がここにあるのかもしれない。

「不同調」と「創作合評会」の成功を見た創業社長の佐藤義亮は一九一〇（明治四十三）年三月、入社三年目の中村を看板雑誌「新潮」の編集主任に抜擢した。二十四歳の中村が今でいう編集長である。大胆にもここから義亮は中村に雑誌編集を任せ、自分自身は他の出版事業や会社経営に専念するようになる。

中村は義亮の期待に応え、黎明期の新潮社の飛躍に欠かせない編集者となる。中村を世に知らしめた企画の一つが、一〇年の新潮七月号からはじめた「人物月旦」という特集だ。中村はそこで「夏目漱石論」や「島崎藤村論」「田山花袋論」「早稲田派論」「森鷗外論」「真山青果論」といったテーマを次々と打ち立て、文芸雑誌としての新潮の地位を盤石にする。主流文学の論評を展開し、文豪たちは中村のセンスに舌を巻いた。

義亮の推察どおり看板雑誌「新潮」の編集を任された中村は、瞬く間に世の文豪たちに仰ぎみられるような大編集者となっていく。そして新潮社を出版界におけるトップランナーとして不動の地位に押し上げ、「新潮の天皇」と異名をとるようになるのである。

もとより中村の活躍した明治から大正、昭和初期の頃、齋藤十一はまだ入社していない。中村は齋藤がその遠い背中を追い続けてきた伝説の編集者だった。

GHQによる追放

義亮に見出された中村は戦中、新潮社で生き残った三十一人の幹部社員の一人である。しかし、終戦を迎えると間もなく、会社を去った。その先達に代わり、齋藤十一が二代目の「新潮の天皇」として戦後の大作家たちから恐れられる編集者となっていく。

「現在の日本出版界には、戦争中超国家主義的な出版物を刊行して国民を誤り導いたり、戦争熱を煽ったりした出版業者がなお存在している。また今度のマ司令部（占領軍マッカーサー司令部）の指令で公職を追われた人々が出版界に入って再び活動をはじめることも容易に想像できる。これは重大な問題で、マ司令部としても緊急に解決すべき問題の一つとして目下調査を進めているから近く適当な措置がとられる。その結果は戦争中日本国民を戦争にかりたてたような出版者はことごとく出版界から払拭一掃されることになろう」

一九四六（昭和二十一）年が明けたばかりの一月九日、米占領軍（ＧＨＱ）のスポークスマンが日本人記者団を前にそう会見した。戦中、朝毎読をはじめとした新聞各紙が、日本軍の大本営発表を垂れ流してきたことは知られているが、出版界でも似たような状況があった。反面、軍部の検閲により、多くの著作が発禁の憂き目を見てきた。たとえば石川達三は中央公論社の特派記者として、一九三八（昭和十三）年に中国大陸で陸軍第十六師団三十三連隊の南京事件を取材し、「中央公論」三月号に「生きてゐる兵隊」として発表した。それが後に、新聞紙法の安寧秩序紊乱の罪に問われ、禁固四カ月執行猶予三年という刑を受けた。

とりわけ齋藤が新潮社で書庫係として働き始めた六年目の一九四〇（昭和十五）年末以降、軍部や政府による出版統制が厳しくなる。十二月十九日、軍部の意向により内閣情報局が日本出版文化協会を設立し、翌四一年七月十日から出版企画届が出版各社に義務付けられた。出版物の事前審査、いわゆる検閲が始まり、ここから出版社は統制下の規制業と位置付けられたのである。戦中、各社を締め付ける役割を担ったのが出版文化協会だ。文化協会は四三年三月二十六日、特殊法人日本出版会と改められ、各社に原稿や校正刷りの提出を要求するようになる。軍部は「不要不急」の出版物を認めず、多くの作家が自らの著作の戦時色を強めていった。

社史「新潮社一〇〇年」にはこうある。

〈昭和十三年以降、文部省で推薦された新潮社発行の図書は、高須芳次郎『乃木将軍詩歌物語』、長与善郎『少年満洲読本』、厚生省保険院編『結核は必ず癒る』、石森延男『咲きだす少年群』、永田秀次郎『日本の前進』等であり、また日本出版文化協会の推薦図書に、和田伝『船津伝次平』、飛田多喜雄『国の子の家庭教育』、戦時中の推薦図書に、三好達治『諷詠十二月』、吉川英治『新書太閤記』、坪田譲治『虎彦龍彦』、木村毅『大本営』がある〉

そんな戦時下にあって軍部の言いなりになることを嫌い、戦記物を避けた作家として、エロチシズムを求めた永井荷風や谷崎潤一郎が知られる。だが、それ以外の作家や編集者は多かれ少なかれ戦争に翻弄された。まさに出版界にとって暗黒の時代だ。新潮と並ぶ人気の総合月刊誌「文藝春秋」を創刊し、社主となった菊池寛もまた、苦い経験を持つ一人といえる。内閣情報局に指示されるまま、作家仲間や親しい編集者に声をかけ、中国大陸の日本軍を慰問し、国策映画までつくった。

軍部に寄り添ったのはむろん菊池だけではない。新潮社も講談社も中央公論も同じだ。軍部の方針に従った出版物を発行して莫大な利益を得てきた。

新潮社では戦中、大きな変化もあった。創業者の義亮が四二年十二月、入浴中に倒れたのである。それ以降、脳軟化症に苦しみ、太平洋戦争のさなかに副社長だった長男の義夫や専務の中根駒十郎らに経営を任せようとした。戦火が激しくなった四四年三月には神楽坂から練馬区東大泉町に越し、さらに東京大空襲のあった翌月の四五年四月に、郷里の秋田県に住む甥のもとに疎開した。義亮は看板雑誌の新潮を休刊し、なかば社業から離れたまま、終戦を迎えることになった。

そして戦争が終わると、そこに加担した分、出版界は反動に襲われた。出版各社の幹部に対する米占領軍による洗い出しである。

思いがけない抜擢人事

終戦からわずかひと月後の四五年九月、ＧＨＱは戦時下で出版物の事前検閲をしてきた旧日本出版会を解散させ、新たに日本出版協会が発足した。ここから出版社は言論の自由の認められた企業となるのだが、むろんその変化には大きな副作用を伴った。それが戦犯出版人の粛清である。

新生日本出版協会の中に粛清を旗印に掲げた民主主義出版同盟という組織が立ちあがり、そこが出版社の戦犯審査をしていった。この頃、日本政府は出版協会に出版社に対する紙の割り当てを委ね、各社は協会に加盟しなければ紙の給付を受けられない。その一方で出版同盟は戦犯と認定した会社に対し、除名処分を下した。

終戦の翌年に開かれた出版協会の全国大会で最初に除名処分を受けたのが、講談社、主婦之友社、旺文社、第一公論社など七社だ。続いて粛清の第二弾として、新潮社など十一社がやり玉に挙げられる。戦犯粛清の嵐が出版界に吹き荒れ、病に伏せっていた佐藤義亮はその動きを恐れた。

終戦から二年目の四七年には、ついに文藝春秋社長の菊池寛が公職追放される。菊池は自ら創設した文藝春秋を追われる羽目になり、やる気をなくして廃業を決めた。

この間、新潮社の佐藤義亮は大衆雑誌「日の出」を廃刊し、役員人事で先手を打った。終戦の翌四六年二月、正式に長男の義夫に社長の座を譲り、自らは引退を発表する。義弟の中根駒十郎も専務の任を解き、経営陣を一新した。義亮は長男の義夫を社長、次男の俊夫を専務として会社に残し、将来の社長にすべく孫の亮一を副社長に据えた。その代わり、三男の道夫と四男の哲夫が新潮社から離れた。三男の道夫は実用書と児童図書出版の「大泉書店」、四男の哲夫は児童文学の「三十書房」を設立し、新潮社から独立する。

大胆な人事は、むろんGHQによる出版界の粛清から会社を守るためだ。そしてこのとき、新潮の編集部門を取り仕切ってきた中村もまた新潮社を追われた。実は、戦中菊池が声をかけて結成した中国慰問団の二十二人の中に新潮社の中村も加わっていた。そのせいで中村は新潮社を去ることになる。出版界全体が戦争の後遺症に苦しんだ時代である。佐藤陽太郎がこう振り返った。

「義亮お祖父ちゃんの四男である私の父、哲夫がしばらく新潮の編集長を務めていた時期もあったのですが、ＧＨＱとの関係で会社を去りました。と同時に、天皇と呼ばれた中村武羅夫もいなくなり、齋藤さんがその後釜に座ったのです」

齋藤が中村の後継者として復刊された新潮二月号の編集長兼発行人となった経緯について、夫人の美和は短くこう述べている。

〈佐藤義亮さんは戦後、昭和二十年（一九四五年）三月号から、半年ほど休刊していた月刊誌「新潮」を復刊させましたが、復刊して三カ月後、その編集長に齋藤を任命しました。当時三十一歳でしたから、思いもかけない抜擢人事だったのでしょう〉（「編集者　齋藤十一」より）

齋藤の編集長就任は、太平洋戦争で休刊していた新潮を復刊させるにあたり、二代目社長になった義夫が齋藤に任せた形になっている。軍国主義が席巻する戦争の渦中、書庫係の齋藤は新潮社における編集部門の中心にいなかった。それが幸いしたともいえる。義亮から人事の提案を受けた長男の義夫は、齋藤にこう伝えた。

「僕は社長として営業をしっかりやる。だから、キミはこれから好きなように編集をやってくれ」

終戦からさかのぼること三年前、新米編集者として原稿取りを始めた齋藤は、ここから看板雑誌新潮の編集長と取締役を兼ねるようになる。

新潮を復刊した新潮社は四六年五月十日、創業五十周年を迎えた。このとき二代目社長に就任した佐藤義夫は、次のようなやや時代がかった挨拶文を取引先に寄せている。

〈「出版報国に生涯を捧ぐ、亦男子の本懐」とは、前社長佐藤義亮の信念であり、また常々社員を激励した言葉でありますが、我々一同は、今日新日本の文化建設を担ふ末席の一員として、力を傾けて自己の責務を果さうと決心してゐるものであります。

本来ならば五十周年を記念して小宴を設け、平素の御厚意の万分の一をも御礼申上げたいところでありますが、目下の情勢ではかかることは到底望めませんので、甚だ簡略ながら書面をもちまして御挨拶申上げます〉（「新潮社一〇〇年」より抜粋）

第二次大戦が終わりを告げると、日本社会は大きく変貌した。こうした戦後の変化は新潮社にとどまらず、出版界全体に起きる。新たな時代の幕開けでもあった。

新潮社もまた戦後体制に一新され、伝説の編集者中村武羅夫に代わり、齋藤十一が新時代の主役として躍り出る。齋藤は新潮の編集長として、新社長の義夫や副社長の亮一を支える役割を担った。

小林秀雄の編集長指南

戦後間もなく新潮の編集長に就任するにあたり、齋藤本人に大きな影響を与えた人物がいる。小林秀雄である。一九七〇年四月に入社した池田雅延は、新潮社における小林担当として出版界で知られた編集者だ。

「幸い入社二年目の七一年八月から、出版部で小林先生の担当を仰せつかりましてね。前任者が亡くなったため、大学の卒論で小林先生をテーマにさせていただいていたので、使い走りにはちょうどいいだろう、という程度のワンポイントリリーフのような扱いだったと思います。のちに新潮の編集長となる坂本忠雄先輩に連れていかれ、鎌倉の山の上にある小林先生のお宅にお邪魔しました。それで、小林先生が『こいつは使える』と齋藤さんにおっしゃっていただいたようで、齋藤さんも私のことを知り、私が担当になれたみたいです」

同じ会社の重役と編集部員という関係にありながら、作家を通じて齋藤を知ったというのも妙に感じるだろう。だが、若い池田にとって齋藤はそれほど遠い存在であり、多くの新潮社の社員が似たような接し方をしてきた。

　齋藤は戦前、高円寺に家を構えたが、終戦からしばらく経つと佐藤義亮のいる練馬区大泉町に越し、さらに鎌倉に移り住んだ。それは小林が鎌倉に住んでいたからにほかならない。池田は夫人の美和からもしばしば齋藤の話を聞いている。

「どこに書かれているわけじゃなく、小林先生や美和夫人からお話をうかがい、私が調べた限りにおいてのことですけれど、早稲田の理工学部の齋藤さんが文学の手ほどきを受けた同級生で親友の白井重誠さんは、のちに新潮社に入りました。齋藤さんが新潮社に引っ張ってきて、戦後、創刊した芸術新潮の顧問として新潮社に籍を置いておられました。私もよく白井さんをお見かけしました。小柄で白髪、端整な顔立ちをされていて寡黙な印象でした」

　看板雑誌新潮の編集長に抜擢された頃の齋藤の様子について、池田は次のように話した。

「ここからは夫人である美和さんの話ですけど、新潮の編集長を命じられた齋藤さんは、ずいぶん当惑したそうです。あれほどの才人ですから、それまでも新潮社の編集者として人並み以上の仕事をやってきた。でも、伝統ある新潮の中村武羅夫という歴史的な大編集者のあとを受け、編集長を命ぜられるのは、それまでとはわけが違う。

それは大変なプレッシャーがあったようです。どうしたものか、と思案し、震え上がったらしい。そこで思いついたのが、小林秀雄の存在でした。齋藤さんは小林先生に頼ろうとしたんです」

小林秀雄は一九〇二(明治三十五)年四月十一日、東京市神田区(現・東京都千代田区)猿楽町に生まれた。父親の豊造はベルギーのアントワープでダイヤモンド加工研磨の技術を学び、日本で最初の蓄音機用のルビー針を開発した技術者として音楽界に名を残している。実父の影響を受け、当人は音楽や芸術に関心を抱くようになる。

小林は文学や美術の評論はもとより、出版人としての功績も際立っている。東京帝大文学部仏蘭西文学科の同級生に今日出海や中島健蔵、三好達治らがおり、志賀直哉に師事して文学評論や出版、作家活動を始めた。一九三三(昭和八)年十月、宇野浩二、武田麟太郎、林房雄、川端康成らとともに文化公論社で「文學界」を創刊して編集長に就く。そこで「ドストエフスキイの生活」などの連載企画をヒットさせた。一九五一年の日本芸術院賞をはじめ、数多くの文芸賞を受けている日本の大家の一人だ。池田は新潮社入社二年目からずっと小林の担当編集者を務めてきただけに、さすがに詳しい。

「たとえば昭和十一年頃、小林先生は（仏思想家）アランの『精神と情熱に関する八十一章』を翻訳し、創元社から出版しました。創元社は現在、ミステリー出版の東京創元社で知られていますが、昭和十年代は岩波書店のような教養分野を得意とする出版社だったんです。といっても教養学術ガチガチではなく、それを大衆的にかみ砕いて提供するような出版社として、存在していました。アランの翻訳がきっかけとなり、小林先生はそこの小林茂社長に招かれ、顧問として迎えられました。そうして創元選書を企画し、名作を連発するんです。柳田國男を発掘し、今日のビッグネームにしたのが、編集者小林秀雄の業績です」

小林は干支でいうところの齋藤のひとまわり上だ。出版界における小林の業績は、自らの評論や著作にとどまらない。すでに戦前から数々の文豪たちを世に送り出すなど、まるでのちの齋藤十一を彷彿させるような名編集者ぶりを発揮してきたといえる。

もっとも、戦前、戦中の小林は新潮社との縁が薄く、お抱え文士というわけではなかったようだ。

「戦前、新潮にも書いてはいるんですけど、小林先生の年譜を見ますと、五～六編しかありません。大きな仕事は何もしてない。文学者の思い出とか、追悼とか、その手のものを書いている程度でした。いわゆる小林秀雄の世界を形づくった若き日の重要な論文を発表してきたわけではありませんので、新潮社とはさほどの付き合いがなかったのです」

先の池田はこう話した。

「だから齋藤さんに戦前の付き合いがあったとしても、原稿をもらおうと門前払いを食らったか、その程度の付き合いだったに違いないんです。しかし、出版人としての小林先生の手腕は鳴り響いていたから、耳に入ります。それで、新潮社とほとんど縁がなかったにもかかわらず、齋藤さんは伝統雑誌の新潮を預かるにあたり、いちばんに頼るべきはこの人だと思ったというのです。それも齋藤さんの天才的な直感がなせるところでしょう」

「トルストイを読み給え」

小林は満州事変の勃発した一九三一（昭和六）年から鎌倉に住むようになる。「山の上の家」と呼ばれ、今も保存されている北鎌倉の小林秀雄旧宅ではなく、戦時中は寿福寺境内に住んでいた親友、中原中也の近所の扇谷に家があった。終戦を迎えて新潮を復刊させるにあたり、齋藤は鎌倉に日参した。

「小林先生が三十年住んだ『山の上の家』へ引っ越したのが昭和二十三年ですから、齋藤さんが訪ねたのはその前（の扇谷の家）だと思います。小林先生は日頃とても寡黙で、それに耐えられなくて出入りできなくなった編集者は数え切れません。でも、本当は話がうまくて、酒を飲んだら独演会がとまらない。その独演会で聞いた話ですが、訪ねてきた齋藤さんに言った小林先生のアドバイスは、『トルストイを読め』というたったひと言。トルストイ全集はもちろん、作品だけじゃなく、日記からメモ書きにいたるまで、とにかくトルストイが書き残したものは全部読め、と齋藤さんに言ったんだそうです。先生はたしかに滔々と諭すような話し方はしませんから、それだけだと思います」

小林は初対面の頃の齋藤とのやり取りを池田に再現してみせたという。

「そのほかに、どのようにすればよろしいでしょうか」

そう問いかける齋藤に対し、小林は短く伝えた。

「そのほかには何も読む必要はないっ。トルストイだけを読めばいいんだよ」

齋藤はそれ以上の雑談をせず、小林邸をあとにした。事実、小林は齋藤に薦めたときと似たような話を「小林秀雄全作品」の第十九集に描き残している。

〈若い人々から、何を読んだらいいかと訊ねられると、僕はいつもトルストイを読み給えと答える。すると必ずその他には何を読んだらいいかと言われる。他に何にも読む必要はない、だまされたと思って「戦争と平和」を読み給えと僕は答える。だが嘗て僕の忠告を実行してくれた人がない。実に悲しむべきことである。あんまり本が多過ぎる、だからこそトルストイを、トルストイだけを読み給え。文学に於いて、これだけは心得て置くべし、というようなことはない、文学入門書というようなものを信じてはいけない。途方もなく偉い一人の人間の体験の全体性、恒常性というものに先ず触れて充分に驚くことだけが大事である〉

齋藤と小林の邂逅について改めて池田に聞いた。

「さしもの齋藤さんも、鎌倉の家を初めて訪ね、ほぼ初対面ですから、余裕がなかったんだと思います。小林先生に言われるがまま、『わかりました』とだけ返事をして席を立ったそうです」

さらに池田がこう言葉を補う。

「小林先生がトルストイを薦めたのは齋藤さんだけではなく、他にもいます。しかし先生は、『それを本当に実行したのは齋藤さんだけだった』とおっしゃっていました。齋藤さんは先生の教えどおり、とにかく必死にトルストイを読んだ。小林先生のひと言を実行し、新潮という雑誌の大本をつくった。そして戦後の新潮が大爆発して、名作を連発していくわけです」

ここから齋藤と小林という出版界の巨人同士の長く、深い交友が始まる。小林の教えを実践して新潮の編集長になった齋藤は二十年ものあいだ、その座に君臨した。事業の所属長としての肩書は、これが最初で最後である。佐藤義亮の孫、陽太郎は次のような話をした。

「今の新潮社のあたりは、戦争ですっかり焼け野原になってしまいましてね。戦後は人通りもまばらで、たまにボンネットバスが会社の前の牛込中央通りを通るぐらいでした。やがて会社を復興した新潮社は、その焼け野原で野球をやり出しました。隣が赤尾一族の旺文社で、出版界ではなぜか野球が盛んになりましてね。朝日新聞など新聞社も参加し、リーグ戦をやるようになりました」

陽太郎の父哲夫は新潮社から去ったが、親族のあいだで仲たがいしたわけではない。戦後、義亮のあとを継いで新潮社二代目社長に就いた義夫は自ら陣頭指揮を執り、佐藤家と新生新潮社の幹部社員で野球チームを結成した。むろん齋藤もチームの中心メンバーとして加わっている。

「義夫伯父さんが終戦間もないリーグ戦の始球式でピッチャーとして登場しました。今でも覚えていますよ。義夫伯父さんはものすごい快速球のストライクを入れて、みながびっくりしたのを。『オーッ』とすごい歓声があがったものです。キャッチャーが永田（卓）で、ファーストが専務になった俊夫伯父さん、ショートがうちの親父で、サードが齋藤さんでした。外野は亮一兄さんがレフト、センターが野平（健二）さん、ライトが野原（一夫）さんでした。近くの若松町の成城中学グラウンドや都営グラウンドで試合をするので、僕たちも応援に駆け付けました」

永田、野平、野原はいずれも終戦間もなく新潮社に入社した新入社員だ。齋藤はさほど得意ではなかったようだが、佐藤義夫の野球好きが嵩じ、新潮社はのちに社会人野球に力を入れて全日本軟式野球大会で準優勝まで果たした。むろんその頃になると、齋藤は応援にまわった。

坂口安吾と太宰治の発掘

終戦を迎えた日本の出版界では、配給制となった紙だけではなく、インキや輸送物資などあらゆる資材が枯渇し、事業が困窮を極めた。齋藤はそんな難しい時代に看板雑誌の復活を託されたことになる。まだ三十一歳、相当なプレッシャーを感じたに相違ない。

ところが、結果を見るとそんなプレッシャーを感じさせない。齋藤は着任早々から辣腕ぶりを発揮し、新潮社の新たな伝説を築いていった。

復刊から三カ月後に新潮の編集長に就いた齋藤は一九四六年三月、高見順による連載「わが胸の底のここには」を始めた。その次の四月には坂口安吾を起用する。

安吾の文壇デビューは戦前の一九三一年、同人誌「青い馬」に発表した「風博士」にさかのぼる。その次の「黒谷村」が島崎藤村らに認められ、小林秀雄や井伏鱒二らが寄稿していた同人誌「文科」に誘われた。もっともその後は鳴かず飛ばずだった。福田恆存（つねあり）でさえ「坂口安吾選集」（銀座出版社）の解説にこう書いているほどである。

〈ぼくなども「白痴」の発表によってはじめて彼の存在を知った。それまではかれの名まへは一部のひとたちには古くから知られてゐても、ジャーナリズムや一般の読者には親しまれてゐなかった〉

その「坂口安吾に書かせてみたらどうか」と齋藤に薦めたのが、新潮の編集顧問を頼んだ仏文学の河盛好蔵だった。そして齋藤は河盛の助言にしたがい、「堕落論」や「白痴」を掘りだした。

安吾は新潮の「堕落論」で、特攻隊の生き残りが闇屋に成り下がるさまや戦争に打ちのめされた日本人の境遇を描き、ジャーナリズムのセンスを見せつけた。続く六月には「白痴」を発表、おかげで新潮は一挙に部数を伸ばした。この月に新潮の編集主幹だった中村武羅夫が正式に退社し、新潮社の出版部門は名実ともに齋藤の手に委ねられる。それを助けた大番頭が野平健一だった。

終戦とともに経営陣を一新した新潮社では、齋藤が中心になり、編集体制をつくりなおした。この年の八月、野平が新潮社に入社する。東京府立第六中学校（現・都立新宿高校）から第三高等学校（現・京都大学）、京都帝大に進んだ野平は、海軍の飛行科予備学生を経て静岡県の大井海軍航空隊に入り、中尉として終戦を迎える。京都帝大に復学したのち、新潮社の入社試験に合格した。七百人の入社試験応募者のうち、二名しか採用されなかった狭き門を突破したという。入社試験のもう一人の合格者が、東京帝大独文科から入社した野原一夫だ。

齋藤はこの二人の新入社員を使い、新たに太宰治を新潮に引きこんだ。太宰もまた、安吾と同じく、作家デビューは戦前だが、なかなか日の目を見ずに燻っていた逸材だった。

一九〇九（明治四十二）年六月青森県北津軽郡金木村（現・五所川原市）生まれの太宰は、齋藤より五歳上だ。旧制弘前高校時代にプロレタリア文学に目覚めて左翼活動に没頭するが、東京帝大仏文科に進み、昭和初期に敬愛する井伏鱒二へ小説の原稿を持ち込み、指導を仰いだ。この頃から作風を変えていく。

太宰は無名ながら三五年に創設されたばかりの芥川賞に「逆行」でノミネートされた。齋藤にとっては新潮社に入社した前後のことであり、以来、当人の作風に関心を抱いてきた。半面、太宰自身はまだまだ文壇で認められてはいない。

〈芥川賞をもらえば、私は人の情に泣くでしょう。そうして、どんな苦しみとも戦って、生きてゆけます。（中略）佐藤さんは私を助けることができます〉（野原一夫著「太宰治　生涯と文学」より）

太宰は芥川賞選考委員の佐藤春夫に手紙でそう懇願した。鎮痛剤のパビナール中毒になっていた当人は薬を買うためにあちこちに借金し、その相手に〈アクタガハシャウ八分ドオリ確実〉とまで書いた。芥川賞の賞金五百円を借金返済の当てにしていたのである。

だが、太宰は落選した。この頃、新潮の編集者だった楢崎勤が太宰を励ましていたという。齋藤の先輩編集者だ。

そして編集長として新潮の復刊を託された齋藤は、この太宰を起用した。太宰を薦めたのは、またも河盛だった。戯曲「冬の花火」を書いたあと、太宰は河盛宛に次のような書簡を出している。

〈『冬の花火』は、ひどく悪く言うひとがあるようで残念でした。お説の如く、数枝という女性に魅力を感じてもらえたら、それで大半私は満足なのです〉（四六年八月二十二日付）

そして太宰は、一九四七年の新潮七月号から連載を始めた「斜陽」で大ブレークする。

もとはといえば、新入社員の野原が太宰と親交があり、齋藤は新潮に「斜陽」の原稿を載せた。ところが敢えて担当編集を野原ではなく、野平を原稿のやり取りの窓口にした。おかげで野平は太宰が心中したとき警視庁三鷹署の検視に立ち会ったほど信用されてきた担当編集者として知られるようになる。一方、野原は二年で新潮社を辞めて角川書店や筑摩書房と転籍したのち、評論家、文筆家として独立する。

「斜陽」は、戦前に栄えた華族が終戦を迎えて没落していくさまを描き、太宰ブームに火がついた。「斜陽族」という流行語まで生み、太宰は五味康祐らとともに「三鷹の三奇人」と呼ばれて、無頼派のスター作家となる。佐藤陽太郎は父親の哲夫から、そのあたりの話を聞かされている。

「斜陽の執筆を依頼した頃、編集責任者（出版部長）として僕の親父の佐藤哲夫がまだ新潮社に残っていました。入社したばかりの野平さんが太宰を新潮社に連れて来て、父と齋藤さんが出迎えたらしい。それで太宰は歓待をされた気分になって、すごく喜んだそうです。太宰だけではないでしょうけど、あの頃の若い作家はカストリ作家と呼ばれ、ろくに原稿も書かず新宿あたりで酒びたりの暮らしを繰り返していました。で、その日も、帰りに野平さんと太宰が新宿へ飲みに行ったそうです」

陽太郎はこうも言った。

「太宰が死んだ日、僕の親父が『俺も現場に行こうか』と野平さんに言ったら、『そこまでやる必要はない』と言われたそうです。父は酒を飲むと、『あのときは、俺も行ってみたかったんだけどなあ』とよく話していました」

その後、太宰は「人間失格」を発表し、新潮に書き始めて三年目の四八年三月号より、仏教の経典から題名をつけた評論「如是我聞」の連載を開始した。そこにこうある。

〈他人を攻撃したって、つまらない。攻撃すべきは、あの者たちの神だ。敵の神をこそ撃つべきだ。でも、撃つには先ず、敵の神を発見しなければならぬ。ひとは、自分の真の神をよく隠す〉

太宰は志賀直哉と激しくぶつかり、そう宣言して連載を始めたという。

〈自分は、この十年間、腹が立っても、抑へに抑へてゐたことを、これから毎月、この雑誌に、どんなに人からそのために、不愉快がられても、書いて行かなければならぬ〉

そして、「如是我聞」が遺稿となる。この年の六月十三日、山崎富栄といっしょに下駄をそろえ、玉川上水に入水自殺した。編集長の齋藤はその死のひと月後、絶筆となった「如是我聞」を新潮の七月号に掲載した。

齋藤は文芸編集者としては珍しく、時代を敏感にとらえてきた坂口安吾や太宰治に目をかけ、大切に扱ってきた。そんな齋藤の好が、新潮ジャーナリズムと形を変え、花開く。

新潮の編集長というポストを得た齋藤は瞬く間に天才編集者として、斯界にその名を刻んでいった。それができたのはなぜだろうか。その編集現場には二人の相談相手がいた。一人が小林秀雄、そしてもう一人が河盛好蔵である。

齋藤は新潮の編集長でありながら、やがて文芸誌とはまったく異なる雑誌を発案し、成功させていく。新潮の復刊から四年後の一九五〇年には「芸術新潮」、その六年後の五六年に「週刊新潮」、さらに写真誌の「フォーカス」と総合月刊誌の「新潮45」……。それらはすべて齋藤が始めた雑誌だ。

第三章 快進撃

（表）「芸術新潮」創刊号（1950年1月号）
（裏）齋藤が見出した一人である岡本太郎。「芸術新潮」創刊直後から誌面に登場した

万年没から大ヒット作家に

齋藤はどんなに著名な人気作家であろうと、依頼した原稿が気に入らなければ容赦なく切り捨ててきた。それゆえ作家からたいそう恐ろしい編集者のように見られてきた。

貴作拝見、没――

出版界で語り草になってきた依頼原稿に対する齋藤の返答が、これだ。とりわけ五味康祐は、新潮編集長になったばかりの若い齋藤の冷たい仕打ちの犠牲になった作家といえる。このひと言だけを書いた葉書が届くたび、五味は落胆し、途方に暮れた。のちに週刊新潮で「柳生武芸帳」を連載して国民作家となる五味は、終戦間もない東京の神田で齋藤と出会った。

一九二一（大正十）年十二月、大阪・南区に生まれた五味は、日本の伝統回帰を目指した日本浪曼派の保田與重郎（やすだよじゅうろう）に師事した。齋藤より七歳下だから、終戦時はまだ二十代のなかばだ。大阪から中国大陸に学徒出陣し、戦地から引き揚げてきたばかりだった。

引き揚げ後、いったん大阪に戻った五味は、保田と同じ浪曼派の亀井勝一郎を頼って上京し、三鷹市に住んだ。太宰治や大相撲の元横綱・男女ノ川登三（本名・坂田供次郎）とともに「三鷹の三奇人」の一人として文壇で注目されるが、職もなく、食うや食わずなのに、クラシック好きで神田のレコード屋をふらついていた。

一方、麻布中学時代にクラシックに夢中になった齋藤は、新潮社に入ったあとも暇さえあれば音楽店をのぞき、LPやSPレコードを買いあさっていた。やがて神田の「レコード社」社長の松井譲の知遇を得て、そこに出入りするようになる。

松井は終戦後、五味を知り、音楽好きの齋藤に引き合わせた。それが二人の出会いだった。クラシックマニア同士、意気投合した齋藤は、職のない五味を新潮社の校正係として雇った。校正作業のかたわら、小説修業をするよう勧めたのである。

齋藤がそこまで肩入れしたのは、五味の文才を見抜いたからだけではないかもしれない。新潮社で文芸編集に携わり始めたばかりの頃、齋藤は保田與重郎に傾倒した。亀井とともに「日本浪曼派」を創刊した保田は、齋藤が新潮社に入社した明くる一九三六年、「日本の橋」でデビューし、すぐさま第一回池谷信三郎賞を受賞。四二年には新潮社から「日本語録」を刊行している。太平洋戦争中に中国に渡り、文芸・社会評論家として実績を残していった。中国大陸への戦線拡大に利用された国家神道を危ぶんだ保田は、その一方でアジア文明の熟成を望んだ。

　ところが、終戦を迎え中国から引き揚げると太平洋戦争を正当化したと批判されるようになる。他の多くの言論文化人と同じく、戦争協力者として公職追放され、書く場を奪われた。

　この保田を再び言論の表舞台に立たせようとしたのが、ほかならぬ齋藤だった。齋藤は終戦の翌四六年十月、保田に手紙を書いた。谷崎潤一郎の甥の文芸評論家、谷崎昭男が「編集者　齋藤十一」の中でその全文を紹介しているので、一部抜粋する。

〈御無事でお帰りになつた事仄聞いたしました。先づ御無事であつた事を心から喜び申上ます。ずい分世の中は変りましたが、一向に僕は変りません。恐らく保田さんも変らないでせう。僕は今は「新潮」の編輯をやつてゐます。去年の十一月号からですから丁度間もなく満一年になります。空襲中も終戦後も、奥様やお子様はどうしてゐらつしやるかと心配はして居りましたが、自分のことにとりまぎれてお見舞も出来ませんでした。お詫び致します。色々な事、お目にかかつてお話したいと思ふ気持はしきりですが、今日はとりあへず原稿を書いていたゞくお願ひだけに止めておきます。保田さんは恐らくお書きになる気持は無いか、と思ひますが、若しも何か書いて見よ

う、といふお気持が出たら、新潮に是非書いて下さい〉

新潮の編集長になりたてだった三十過ぎの齋藤が綴った素朴な原稿依頼である。飾り気がなく真摯な書簡だ。こうも書いている。

〈どんなものでも良いから近いうちに書いて下さいませんか〉

齋藤の後押しで、保田は文壇に復帰し、六〇年代以降本格的に活動を始めた。

この保田に師事して浪曼派で文筆活動を始めた五味を知った齋藤が、保田との関係を意識しないはずはない。齋藤は、暮らし向きもままならない五味に新潮社の校正係として職を与えただけでなく、弟のように可愛がり、自宅に招いてはいっしょにレコードを聴いた。

もっともいざ小説のことになると、齋藤は厳しい。五味は「文学地帯」という同人誌を主宰し、そこで「天の宴」や「問ひし君はも」などの短編小説を描いてきた。しかし、同じ三鷹の三奇人でも太宰治と異なり、齋藤は五味の純文学を認めなかった。五味は新潮に掲載してもらおうと、齋藤に数え切れないほどの作品を渡したが、すべて突き返された。そのとき決まって添えた短いメッセージが「貴稿拝見、没」あるいは「貴作拝見、没」である。拝読や熟読、精読ではなく、拝見としたのは、ひと目見て駄目だと判断したという意味だろう。

そうして五味が苦労を重ね、たどり着いた著作が剣豪小説であり、そこへ導いたのが齋藤なのは言うまでもない。浪曼派の五味は大衆小説を描いたことがなかったが、一九五二（昭和二十七）年十二月、新潮十二月号に小説「喪神」を掲載する。「喪神」は翌五三年一月の第二十八回芥川賞に選ばれ、選考委員の一人だった佐藤春夫はこう絶賛した。

「受賞作は五味康祐の『喪神』か、松本清張の『或る「小倉日記」伝』以外にはないと確信した。その練達な筆致が群を抜いてあたかも幻雲斎の剣を思わせるものがある」

五味の芥川賞受賞からまる四年後の五六年二月、齋藤は週刊新潮を創刊した。そこで五味の連載小説「柳生武芸帳」が大ヒットする。

齋藤家の縁故採用

「伯父は戦前に小川富士枝さんと結婚し、僕の記憶の範囲では、戦後はずっと練馬区の大泉に住んでいました。大泉の家は祖父の清之助と祖母の志希夫婦、伯父夫婦、それに私の親父、父の弟妹たちまでいっしょに住んでいる大所帯でした。僕の両親などは昭和二十六（一九五一）年一月に結婚し、大泉の家の敷地内に建てた別棟で新婚生活をスタートさせています。齋藤家の人間は戦後、そうしてずっと伯父夫婦に面倒をみてもらってきました。だから富士枝伯母さんには、齋藤家のみなが感謝しています」

戦後の齋藤家の暮らしぶりについて齋藤章はそう説明してくれた。齋藤家の七人きょうだいのうち、十一の次に生まれた弟栄二の次男である。戦後の齋藤家は夭折した次女の后尾と尚子をのぞき、新潮社の重役になった十一が父清之助に代わる家長として、一族を支えるようになる。

たとえば章の父栄二は中野中学を卒業したあと、戦中の国策会社「南洋拓殖」（通称・南拓）に勤めた。中国東北部の南満州鉄道と同じく、南拓は日本の統治領だった南洋のパラオ諸島コロール島に設立されたが、終戦を迎えて会社が解体され、栄二は職を失ってしまう。そこで兄の十一が新潮社に誘った。章が言葉を加える。

「終戦で仕事がなくなった父を見て、祖父の清之助が伯父に『おまえのところで何とかならないか』と話をして新潮社に入ったんだと聞きました。それで父が新潮社に勤め始め、矢来町に新潮社の社宅ができると、一家でそこに移り僕が生まれました。十一伯父は富士枝伯母さんとそのまま広い大泉の家に住んでいました。ゴルフが好きで家の庭にネットを張って練習していたそうです」

章は一九五九年生まれだ。すでに還暦を過ぎているから、栄二夫妻が新潮社の社宅に住みはじめたのは六十年以上前のことになる。

「親父は兄であり、上司でもある伯父に対し、いつも畏まっていました。言葉遣いはいつも敬語。父はただひたすら堅実に仕事をこなすタイプで、融通が利かない。そのあたりが伯父に見込まれたのだと思います。新潮社では、業者さんとの癒着が心配される総務のポジションを任されていました。会社や上司に尽くすタイプで、たとえば休日でも社長のお宅で水道が詰まったと聞くと、出かけていって修理の手配をする。総務課長としてずっと真面目に勤めてきました」

新潮社の佐藤家ほどではないにしろ、齋藤家も家長制度が徹底されていた。家長である十一はきょうだいの職の面倒までみてきた。次男の栄二だけでなく、四女の美佐尾の夫滝澤文雄も新潮社に入れている。齋藤は社内でそれだけ影響力を行使できる存在だったということだろうが、齋藤家の弟たちはやはり兄には頭が上がらない。栄二の次男、章が思いを巡らす。

「僕には七つ上の兄がいますが、伯父さんの思い出といっても、ただ怖かっただけだよな、と笑っています。伯父は僕らにとっても怖い存在でした。僕や兄が伯父を恐れていたのは、父と伯父の距離感をそのまま引き継いでいるような気がします。新潮社の裏で遊んでいてたまに伯父の姿を見ると体が固まっちゃう。恐々と頭を下げるだけ。そのあと、二、三日はまたあの怖い伯父に遭遇するんじゃないか、と黒々とした不安でいっぱいになるんです。あの頃の重役というのは、今と比べ物にならないくらい威厳がありました」

前章で紹介したように、のちの週刊新潮編集長となる野平や作家に転身する野原が七百分の二という難関を突破したように、新潮社の入社試験は厳しかった。齋藤は新潮社で弟を特別扱いしたわけではない。

「父は三十年あまり新潮社に勤めましたが、結局、課長どまりでした。最後の三年ほどは嘱託社員として残っていましたが、伯父は弟だからといって、特段優遇することはありませんでした」

章は齋藤が縁故採用したもう一人の滝澤についてもこう言う。

「滝澤さんは父の少し前に入社していたそうです。やはり滝澤さんにとっても伯父は会社の上司ですから、扱いは同じ。伯父は甥や姪をすごく可愛がっていたので、齋藤家の集まりがあると、けっこう打ち解けて話をしていました。ですが、父と滝澤さんだけは伯父の前に出ると、ひたすら畏まって黙っていました。滝澤さんは新潮社で営業を任され、かなり貢献しています。全国の書店でもけっこうな有名人で、『滝澤天皇』と呼ばれていたほどでしたから」

終戦間もなく、看板雑誌をみごとに復刊させた齋藤は、新潮社の創業一族から絶大な信頼を得た。夏になると、佐藤家とともに逗子の別荘で休暇をとるようになる。義亮の孫である佐藤陽太郎は、子供の頃、齋藤といっしょに過ごした覚えがあるという。

「佐藤家では七月、八月の夏だけ、葉山の市長から家を借りていました。市長はその賃料を使って軽井沢で静養する。あの頃、そんな休暇の過ごし方が一種のブームになっていました。それで僕らはよく葉山市長の家でひと夏を過ごしていました。家が広いから、亮一兄さんは齋藤さんだけじゃなく、新田敞さんや沼田六平太さんとか、幹部社員も何人か呼んでいました。そんなあるとき大田美和さんがいらした。葉山には海がありますから若くて美人でスタイルのいい美和さんが水着姿になってね。その若い女子社員が齋藤さんの二番目の奥さんになるとは、当時は思ってもいませんでしたけど」

新潮を軌道に乗せた齋藤は、次に芸術雑誌の企画を思い立った。週刊新潮を創刊する六年前のことだ。齋藤は芸術新潮を創刊する。

小林秀雄との付き合い方

学校の行き帰りにピアノの音色に惹かれた中学生は、クラシック音楽にはまった。齋藤十一にとって音楽や美術といった芸術が、編集者として欠かせない要素となったのは、単なる偶然ではないのだろう。齋藤の生涯に大きな影響を与え続けてきた小林秀雄は、音楽の師でもあった。

「文学だけではありません。小林先生と齋藤さんとのもう一つの接点が音楽でした」

小林の担当編集者池田雅延によれば、小林は齋藤が音楽や美術に関する広く深い知見に脱帽して心酔し、最も親しくしてきた文士の一人だ。池田は小林の担当編集者としての心得をこう話した。

「出版社の編集者はみなそうですが、大事な著者のもとへは少なくとも月に一度、いわゆる『ご機嫌うかがい』に行きます。私も小林先生のお宅へ最初にうかがった1カ月後、ご自宅に電話しました。お手伝いさんにつないでもらうと、『僕はいま（本居）宣長さんと話すので忙しいんだ。だからキミと話している時間はないんだよ』と電話を切られる。それで、新潮社で先生を担当してきた先輩の菅原さんに相談しました。すると、『電話口に出てくれるだけましだよ、俺なんかだと出もしない。だから直に訪ねるしかないんだよ』とアドバイスしてくれました」

菅原國隆は齋藤の話を語る上で何度も出てくる。新潮編集部で齋藤の下、次長を務めてきた側近の一人であり、その前は小林の担当編集者として、原稿を受け取ってきた。小林の最も信頼する編集者だった。週刊新潮の創刊後、齋藤がそちらにかかりきりになると、新潮の次長として編集を取り仕切ってきた。池田は、小林と菅原との長い付き合いを思い出しながら苦笑した。

「僕なんかが見ていても、小林先生と菅原さんの関係は本当に羨ましかった。たとえば毎年六月にある新潮社の創立記念パーティでは、小林先生は菅原さんの肩を抱いてにこやかにおしゃべりしている。先生にあそこまで可愛がられていた編集者は、ほかに知りません。菅原さんが激務のために心筋梗塞で倒れて、やっと復帰したときは、小林先生から『この大馬鹿野郎、お前の身体が持たねぇっていうことは、身体がお前に教えてたはずだろ』と怒鳴られたそうです。心から心配していたのでしょう」

鎌倉には小林をはじめ、永井龍男や林房雄、川端康成など錚々たる文士が住んだ。みなそれぞれ個性が強いだけに編集者は付き合いに苦労してきたのだろう。さらに池田が言葉を足す。

「小林先生を担当するにあたり、私は菅原さんの稀有な体験談をうかがいました。若い菅原さんが、直接小林先生の住む鎌倉のお宅へ行って玄関のチャイムを鳴らしました。小林先生がいらっしゃるのはわかっています。だから五回、六回としつこくピンポンすると、奥のほうからドタドタと大きな足音が聞こえてくる。そして玄関の扉がガラーッと開いた。そこに立っていたのは、お手伝いさんではなく、先生本人でした。『いま小林はいませんっ』と言う。『本人がいないというのだから、こんなに確かなことはない、そのまま会社へ帰ったよ』と笑っていました」

それが小林流の原稿催促の断り方なのだろうか。池田は「本居宣長」をはじめとする小林作品を編集し、八三年の小林の死まで謦咳(けいがい)に接し続けた。池田は今も命日の墓参りを欠かさない。原稿取りにせっせと足を運んできた新潮社の池田や菅原と小林秀雄との交誼は、むろん齋藤の存在抜きには語れない。

「小林先生と話をしていると、齋藤さんにもそういう接し方をしていたのだろうと、推測できます。庭に面した鎌倉のお宅の応接間に通されると、小林先生は何も言わず、窓の外ばかり見ている。『菅原がよろしくお伝えくださいと申しておりました』と言うと『ああ、そうかい』とポツリと返事をするだけ。庭を見ていたそんな先生があるときいきなり僕のほうを向いて言いました。『キミねっ、文学は読まなきゃダメだよ。だけどね、文学だけじゃダメなんだ。それでは、微妙ということがわからない』と。そして『齋藤は、その微妙がよくわかっているんだよ』とおっしゃりました」

微妙なところを嗅ぎ取る

小林の言った「微妙」とは、著作に秘められた言い表せない真意とでもいえばいいのか。ただし、行間を読め、などという単純な示唆ではなく、もっと難解な問いかけのように聞こえる。池田が続けた。

「その微妙について、『音楽を聴いてりゃわかる、あるいは絵を見てりゃわかるよ』と小林先生はおっしゃっていました。『だから齋藤はわかるんだ』とそう言ったきり、またじっと庭を眺めていました」

いくら文字を読んでも、理解できないものがあるのだという。

「いったいどういうことだろうか、と先生の言葉の含みを自分なりに反芻しました。まさにそこに思いいたるまで、ずいぶん時間がかかりました。先生の言った微妙は、まさに週刊新潮のタッチなのです。齋藤さんが週刊新潮で文学をやっているんだと言っていたのは有名ですが、それとともに齋藤さんは、人間のパノラマをつくっているんだ、とも言ってました」

業には人間の本能が潜む。その人間の業を細大漏らさず描き出し、週刊誌でその実景を再現する。齋藤は週刊新潮でそこを目指したのだろう。池田は言った。

「人間の業は目の前にはあらわれていない。現実から立ちあがる微妙なところをいかに素早く嗅ぎ取るか、あるいは抜き取るか。齋藤さんはそれをつかみとって記事にしようとしたのだと思います。まさにそれが週刊新潮の微妙なタイトルにあらわれている。私はいつしかそう確信を持つようになりました」

小林は誰よりも早く、正しく、雑誌づくりにおける齋藤の資質を見抜いていたのだろう。それができたのは、文学や音楽に向かう二人のスタンスが共通していたからではないだろうか。

池田は小林の死後、新潮社で刊行した「小林秀雄全作品」を編集した。実に二十八集におよぶさまざまなテーマを収めている全集の第十八集に「年齢」という四十八歳のときの随想がある。そこで孔子の「論語」に触れ、六十歳を指す「耳順」の意味を説いている。小林は孔子が音楽家でもあった経歴に着目し、そこにこう書いている。

〈自分（孔子のこと）は長年の間、思索の上で苦労して来たが、それと同時に感覚の修練にも努めて来た、六十になってやっと両者が全く応和するのを覚えた、自分のように耳の鍛錬を重ねて来た者には、人間は、その音声によって判断できる、またそれが一番確かだ、誰もが同じ意味の言葉を喋るが、喋る声の調子の差違は如何ともし難く、そこだけがその人の人格に関係して、本当の意味を現す……〉

耳の鍛錬の場が音楽を聴くことであり、孔子は楽器に熱を入れるあまり、大好物の肉を三カ月も食べ忘れたという。ここにはそんなエピソードも披露している。

小林や齋藤は孔子に通ずるものがあったのだろう、と池田は推察した。たとえば齋藤のクラシックレコード収集は知られたところで、日本に三台しか輸入されなかった英デッカ社製の「デコラ」というプレイヤーで、毎朝欠かさずクラシック音楽を聴いていた。池田が続ける。

「齋藤さんは、朝必ず一時間から二時間、鎌倉の自宅でパイプをくゆらしながら、レコードを聴いていたそうです。気に入ったレコードを一枚ずつカードに書きとめ、齋藤さんの亡くなったあと、それが百枚ぐらい残っていました。美和夫人から、曲名と作曲者、版元のデータが青鉛筆でメモ書きされたカードの束を見せてもらいました。レコードはその何百倍も持っていらしたのでしょうが、とくに気に入ったものだけを残し、何度も何度も繰り返し聴いていたそうです」

齋藤は膨大な読書をしてきたが、読めば人に譲り、書棚に蔵書を飾って悦に入るタイプではなかった。数多くのレコードも同じように処分してきたため、死後、カードとともに残っていたレコードは百枚を少し超える程度だ。

新潮で快進撃を続けた齋藤のところには、やがて作家のみならず政財界のさまざまな人間が面会を申し出るようになる。その打診を受けると、齋藤は決まってこう断った。

「僕は忙しいんだ、毎日音楽を聴かなくちゃならないから」

音楽に没頭した齋藤は一九五〇（昭和二十五）年一月、新潮の編集長でありながら月刊「芸術新潮」を創刊した。

芸術新潮創刊秘話

終戦時から続いた日本のハイパーインフレは、一九四九年にデトロイト銀行頭取の米特使ドッジが断行した金融引き締めで抑え込んだ。だが、壊滅した製造業は立ち直れず、生活物資が欠乏してますます国民の暮らし向きは苦しくなっていった。そんな折の五〇年六月二十五日に勃発したのが朝鮮戦争だ。いわゆる朝鮮特需が日本経済立ち直りのきっかけとなったことはよく知られている。

芸術新潮の創刊された五〇年の初めは、印刷向けの資材不足がひどく、出版界が困窮を極めた時期にあたる。印刷資材が枯渇したせいで雑誌の休刊が相次ぎ、耐え切れずに廃業した出版社も少なくなかった。五〇年六月時点で休刊百四十四、廃刊は三百六十七にのぼり、年の後半には雑誌を発行してきた多くの出版社が廃業の憂き目に遭う。戦後、復刊したばかりの「文藝春秋」が休刊したのもこの頃だ。

しかし、齋藤が復刊した新潮だけはページ数を減らしながらも部数を伸ばしていき、さらに新たな雑誌をつくろうとまでした。新潮社では戦前の大衆雑誌「日の出」を廃刊した代わり新潮復刊から約二年後の一九四七年九月、新たに「小説新潮」を創刊。そこから齋藤は「芸術新潮」の創刊準備に入った。それは齋藤にとって欠かせない雑誌だった。

奇しくも朝鮮特需が訪れて戦後の不況が嘘のように、活気を取り戻した。と同時に、GHQによる新聞やラジオ関係者のレッドパージが吹き荒れ、それまでの戦犯追及の空気が一変していく。むろん齋藤が朝鮮戦争を予測していたわけではあるまいが、芸術新潮はまさにそんな端境期に創刊された。

当初の編集・発行人は社長の佐藤義夫となっている。事実上の編集長として齋藤が指揮を執ったのは、いうまでもない。新雑誌はそれまでの見る芸術誌ではなく、読む芸術誌という編集方針を掲げ、重厚な芸術評論を誌面の中心に据えた。アンドレ・マルローによる連載「東西美術論」を開始した五〇年八月号には、岡本太郎の「ピカソの顔」を掲載する。岡本を見いだしたのも齋藤だ。また小林秀雄も創刊時から執筆陣に名を連ね、翌五一年一月号から「ゴッホの手紙」の連載を始めて評判を呼ぶ。

その芸術新潮編集部に迎えられたのが、早大理工学部の同級生であり、齋藤を文学に導いた白井重誠である。本人は芸術新潮編集部の顧問という肩書で、新潮編集長の齋藤に代わり、文字どおり編集長役を代行した。のちの週刊新潮においてもそうだが、齋藤は芸術新潮の編集会議にも参加しなかった。

「当時、芸新（新潮社の社員は芸術新潮をそう呼んだ）には、松本清張さんのお嬢さんが勤めていらして、外交官の方と結婚されて辞めてしまいました。その欠員補充があり、私が新潮社の入社試験を受けたのです。たまたま知り合いだった旺文社の赤尾社長の奥様を通じて亮一社長の奥様に紹介していただきました。完全な縁故採用です」

一九六二年に早大文学部から入社し、ほどなくして芸術新潮に配属された木下靖枝が、およそ六十年前の雑誌草創期のことを思い起こしてくれた。

「齋藤さんは編集長ではありませんでしたが、編集部の白井さんの席の横にお座りになり、いつもお二人で打ち合わせをしていました。私はそのそばに座っていたので、打ち合わせが全部聞こえるのです。芸新は齋藤さんの肝いりでつくった雑誌なので、思い入れは格別でした。音楽はもちろん、美術や建築、演劇にいたるすべての芸術ジャンルを網羅していました。ビジュアルではなく文字を主体にしたそれまでにない芸術誌でした。林芙美子さんの連載もある、芸術をテーマにした文芸雑誌でした。売り出すためにじゃぶじゃぶお金を使い、発売日の広告は朝日新聞の全五段というぜいたくさ。今考えると信じられません」

芸術新潮のために毎月朝日新聞の全五段広告を出したというから、当時で百万円以上、今の金額にすると、ひと月一千万円の広告費に相当する。それでも芸術新潮は創刊以来黒字を続けた。木下が在籍していた一九六〇年代の新潮社では、社屋の四階に新潮と芸術新潮の編集部があり、隣り合わせになっており、齋藤は事実上、その二つの編集長を掛け持ちしていた。ただし、さすがに細かいところまでは目を配れない。木下が言葉を加える。

「私たちが毎月編集会議に集まります。そこで決まったテーマをメモ書きにし、いったん白井さんが預かり、白井さんが齋藤さんに伝える。そうしてお二人で打ち合わせをされてラインナップが決まるシステムでした。ときに齋藤さんが『こんなのつまんないよ』と会議のテーマに文句を言う。すると、編集会議をやり直す。そういう感じでした」

四六年二月から六七年六月に酒井健次郎に代わるまで、新潮の編集長だった二十一年を含め、およそ半世紀にわたり齋藤は〝編集人〟として新潮社のさまざまな雑誌に目を配ってきた。木下が破顔する。

「齋藤さんと打ち合わせる相手は、新潮が菅原さん、芸新は白井さん。それだけです。齋藤さんの命を受けたお二人がそれぞれの編集現場を取り仕切っていました。どちらの編集部も四階にあるので、その様子が手にとるようにわかる。菅原さんに対する齋藤さんの怒鳴り声が、隣の芸新にまでよく聞こえてきました。たとえばちょうど瀬戸内晴美（寂聴）さんがデビューなさった頃でしたか。齋藤さんが瀬戸内さんの書き方にクレームをおっしゃっていました。菅原さんに書き直しを指示していたのだと思いますけど、そのあと担当の田邉（孝治）さんが本当に困って、電話で瀬戸内さんにずいぶん謝っていました。そんなやりとりがしょっちゅう聞こえてくるんです」

趣味の延長「読む芸術誌」

むろん芸術新潮編集部においても齋藤が最高権力者であることに変わりはない。したがって編集部員たちは齋藤の顔色をうかがい、ピリピリしていた。だが、その一方で、芸術新潮ではのんびりした面もあった、と木下が言葉を足した。

「私が担当させていただいた方のなかに、前川佐美雄さんという奈良・大和の歌人がいらっしゃいました。緑さんというご夫人も歌人で、齋藤さんはその前川ご夫妻をお好きでした。緑さんにご自分で原稿を頼んでいたほどです。そして原稿が届きますと、まずいちばんにご自分でご覧になる。そのあと『キミ、これを割り付けてくれ』と齋藤さんから編集作業を指示されるのです。また、鎌倉のご近所に尾崎喜八さんとおっしゃる詩人がいらして、この方も齋藤さんが直接クラシック音楽の連載をお願いされました。近所だからご自分で受け取ればいいのに、原稿はいつも封書で届く。それで、ご自分で読まれて『よしいいだろう』と納得していました」

齋藤にとって芸術に触れる作業は自らの五感を鍛えるためであり、それを実践する舞台として芸術新潮を創刊したようにも感じる。また当人にとっては、芸術に関する書き物を読む趣味の延長でもあったのだろう。木下は京都や奈良をモチーフにした随筆で名を成した岡部伊都子の担当編集者だった。

「齋藤さんは美しい女性がお好きなのでしょうね。この方もはんなりとした京美人で、齋藤さんがとても可愛がっていらした。岡部さんが東京にお出になられると聞くと、たいてい『キミ、一席もうけてくれ』と指示されました。見た目はか細くて頼りない方ですが、書くものはとてもしっかりしていらした。『観光バスの行かない……』という連載をし、私たちがそこを社内旅行で辿りました」

木下がこう笑う。

「齋藤さんはオペラもお好きで、外国のものをご覧になったり、クラシックのオーケストラによくお出かけになりました。伊藤京子さんというふくよかな美人のソプラノ歌手のリサイタルがあると、必ず『キミ、切符を買っておいてくれないか』と指示されました。それで、リサイタルの記事を載せてあげていました。ただし、そういう細かい記事づくりは齋藤さんからの指示ではなく、今流行りの忖度の世界ですね。齋藤さんは好き嫌いがはっきりしていて、やはり美しい女性には弱かったかも」

編集現場の細かいところにはあまり口を出さなかったという齋藤のエピソードについて、「そういえば、びっくりしたことがあります」と、木下が思いあたったかのように、こう話した。

「一度、掲載したミロのレリーフの写真を取り違えたことがあったのです。写真が（天地左右がさかさまになる）逆版になっていて、本になったあとにそれに気づいた。で、担当編集者が真っ青になり、辞表を書いて齋藤さんのデスクのところにお持ちになりました。ところが齋藤さんは『キミ、そんなものは大した問題ではないんだよ』って一笑に付される。私たち現場の編集者は写真の取り違えに気がついて、『どうしようか』と慌ててしまったのですが、齋藤さんはまったく気になさらない。『上でも下でもいいじゃないか、ピカソなんかもよくわからないじゃないか』という調子なんです。あれにはびっくりしました」

それまで芸術分野の雑誌といえば、どこも写真や絵のビジュアル誌面をメインに据えてきた。芸術を文章で伝えるという齋藤の新たな試みは、「読む芸術雑誌」と呼ばれ、斯界から白樺派的教養主義とも評された。

ところが齋藤は一九六〇年代に入り、当初の芸術新潮の編集方針を転換した。カラー図版を数多くつかい、他にはないこれまで以上の見せる芸術誌の誌面づくりをするようになる。その方針転換は時代の変化を敏感に読み取った結果ともいえた。

日米安保闘争のあと、高度経済成長を迎えた日本社会は、大きくその姿を変えていく。絵画や彫刻では、前衛的な作品が流行し、演劇や音楽の世界にもそれが浸透していった。

そんな六〇年代後半、齋藤はとりわけ岡本太郎を重用した。かねて美術界の異端児扱いされていた岡本に対し、齋藤は早くからその才能を認め、芸術新潮に登場させてきたのである。創刊した年の随筆「ピカソの顔」は先に書いたが、五五年六月号には加藤周一や三島由紀夫とともに「芸術運動について」という鼎談を掲載した。そこから六八年六月号で、「岡本太郎・万国博のヴィジョン」と題した「太陽の塔」構想を紹介する。繰り返すまでもなく、太陽の塔は二年後の「一九七〇年大阪万国博覧会」に向けて考案された岡本の代表作だ。

フランスで修業した岡本は、日本人が西洋にない「根源的な生命感、美術感」を備えていると考えてきた。そして太陽の塔で「洒落たり気どった風情よりも、根源によびかけ、生命の神秘を凝集した神像」を描いた。齋藤は芸術新潮でその岡本のために大きな誌面を割いた。結果としてそれが評判を呼んだ。

「キミたちは、僕が読みたい本をつくればいいんだよ」

編集現場で陣頭指揮を執った生前の齋藤は、どの雑誌でもそう語ってきた。そして、齋藤と接したことのある編集幹部たちはその齋藤の言葉を実践しようとしてきた。

つまるところ齋藤にとっては、新潮も芸術新潮も、生涯追い続けてきた趣味の雑誌にほかならない。「女、カネ、権力」のスキャンダルを追い続けてきたとされる週刊新潮も、根っこは同じだ。

実は齋藤のクラシック音楽に対する姿勢に多大な影響を受けた人物が出版界以外に

もいる。ひとのみち教団で知り合った前妻富士枝の〝息子〟だ。齋藤の息子が音楽家になった事実は、新潮社内でもほとんど知られていない。

第四章 週刊誌ブームの萌芽

週刊新潮
2月19日創刊号
上總の町は
貨車の列
火の見の高さに
海がある
鴨東綺譚 谷崎潤一郎
30円
ROKU

（表）「週刊新潮」創刊号（1956年2月19日号）
（裏）新田次郎。気象庁に勤務しながら連作短編「冷える」を「週刊新潮」に連載

新田次郎の「怨念」

週刊新潮が創刊して四年目に入った一九五九（昭和三十四）年三月半ばのことである。編集部員が連載小説を依頼するため、気象庁に勤めていた藤原寛人のもとを訪ねた。

「この本に書いてあるような傾向を持った小説を書いていただきたい。いわばサスペンス小説のようなものであり、また推理小説としても通り、しかも恐怖的要素を含んだもの……」

無線電信講習所（現・電気通信大学）を経て中央気象台に勤めた藤原は、終戦後に改組された気象庁に復帰し、五一年に毎日新聞の懸賞小説に応募した。「サンデー毎日」が創刊三十周年を記念して企画したイベントだ。その小説がみごと一等賞をとる。当人はそれを機に本格的な作家活動を始めた。サンデー毎日に応募した著作は「強力（ごうりき）伝」といった。妻女のていも小説家として知られ、次男の正彦はのちに数学者、評論家となる。改めて念を押すまでもなく藤原寛人とは、新田次郎のことだ。

新田は丹羽文雄主宰の「文学者」の同人となり、強力伝が五六年に直木三十五賞を受け、文壇で奇才と注目された。七一年には新潮社から「八甲田山死の彷徨」を刊行し、大ヒットする。

だが、齋藤十一にとって、このときの新田は、単なる新人作家の一人でしかなかったのかもしれない。というより、他の多くの著名作家と同じ接し方をしたといったほうがいい。

四九年八月に入社して週刊新潮編集部に配属された新田敞が、齋藤の命を受け、直木賞作家の勤める気象庁を訪ねたときのことだ。奇しくも同じ姓だが、新潮社の新田に本人と血縁関係はない。新田はのちに新潮社で出版部長や常務を歴任し、もっぱら文芸出版部門を支えてきた。新田次郎自身が新潮文庫「小説に書けなかった自伝」のなかに、この週刊新潮および新潮社との出会いについて書き留めている。

〈むずかしい話のようなので、すぐ隣りの労働省の食堂でコーヒーを飲みながら話を聞いた。彼はロワルド・ダール著田村隆一訳『あなたに似た人』（早川書房刊）の本を持って来て、その内容をざっと説明した〉

週刊新潮の新田が持参した「あなたに似た人」は、刺青をした無名の画家が死後に有名になり、画商に背中の皮をはぎ取られるといった猟奇的な内容の短編小説集だ。新田次郎にはホラー小説の趣味はない。そんなものを見せられても、その申し出には気が進まなかった。それでも齋藤の選んだ作家だけに、依頼をするほうは熱が入る。

新田は編集者の熱意に押され、執筆を引き受けて作業にとりかかったという。

連載小説のタイトルは、すぐに「冷える」と決まった。一回あたりに掲載する分量が四百字詰め原稿用紙で二十枚、それを十二回掲載する。毎週の読み切りの短編推理小説連載である。読み切りなので週に一度毎回異なるストーリーを考え、書かなければならない。厄介な依頼だが、評判の週刊新潮に掲載できると心が惹かれたのかもしれない。新田はこのときの苦労について「小説に書けなかった自伝」に次のように綴っている。

〈これからの三カ月（十二週）間が私にとって作家生活全体を通じてもっとも苦しい時期であった。そうなることも知らずに、うっかり引受けたのが運のつきだった〉

週刊新潮では南政範が原稿のやりとりをする担当編集者となり、新田はまず三週分を書いて南に渡した。ところが、そのすべてが没となってしまう。

〈神田の喫茶店で南さんにくわしく聞いてみると、この小説を「週刊新潮」に載せるかどうかは編集担当重役の斎藤十一さんが決定することになっているので、われわれとしてはどうにもならないということだった〉

新田の「自伝」はさらにこう続く。

〈とにかく、人の意表を衝くような小説で、恐怖と適度なサスペンスを盛りこんだものということを頭に置いた上で、筋だけを一生懸命に考えた。三日間に五つほどの筋ができ上った〉

新田は五編分となる原稿を書き上げて南に渡した。一編あたりの原稿は二十枚だから実に百枚分の原稿である。

しかし、そのうち齋藤が採用したのはわずか一編だけ、百枚分のうちの二十枚、五分の一しか掲載されなかった。とすると、その確率で週刊誌の連載を毎週続けるには、週に百枚として、ひと月あたり四百枚のハイペースで原稿を書かねばならない。新田は当時の追い詰められた心情をこう吐露している。

〈苦しい日が続いた。自分自身の才能について疑問を持った。もの書きとしての自信がぐらついた〉（「小説に書けなかった自伝」より）

新田は苦悩しながら、齋藤の推理小説に対する考えを探った。結果、作家の頭で物語の舞台をでっちあげるのではなく、社会に実在するテーマを題材に創作しなければならない、という結論にいたった。そうして、当初の予定どおり三カ月間、何とか十二回の短編小説連載を乗り切った。

新田次郎ほどの作家ですら、気に入るまで書き直させる。それが齋藤流だ。

「作家の名前なんかいらない。中身がおもしろければいいんだ」

齋藤は新潮社の幹部たちを前に、口癖のようにそう言い放ってきた。そんな作家に対する齋藤の接し方が、なかば社内で伝説化していった。半面それは事実でもある。出版部に所属してきた先の池田雅延も、新田とのやりとりを仄聞してきたという。

「新田次郎さんはあまりに悔しくて、作家として大成してからも、没にされて送り返された原稿をずっと残しておいたそうなんです。六畳一間に没原稿を保管し、堆く積んであったという話でした。いつか齋藤十一を見返してやる、という怨念めいた執念を感じますね。あるいは悔しさを忘れないようにしていたのかもしれません。そうして大作家になるのです。新田次郎さんのその根性も大したものですけど、それが文章修業になったのも間違いないでしょうね」

新田次郎の怨念は「小説に書けなかった自伝」のなかにも見え隠れする。

〈これまでには、どんな小説を書くにしても、苦しみの中に創作の喜びがあった。しかし、この「冷える」に関する限り、苦しみだけがあって喜びなど全然なかった。（担当編集者の）南さんからパスしましたという電話を貰ったときはほっとするだけで、一作を書き上げたときの、あのふわりと身体が持ち上るような、愉悦感はなかった。「冷える」に関する限り、文学などというものとはほど遠いもので、それまで私が抱いていた、小説についての私なりの定義とかけ離れたものだった〉

短編連載「冷える」は、新田が文字どおり身を削りながら書き上げた作品だ。その自著について、作者本人が文学とほど遠いと卑下する。むろん齋藤に対して露骨に反発はしないが、そのあたりにもかえって新田の悔しさが滲む。

〈斎藤さんのしごきのつらさは心の底までこたえたが斎藤さんに感謝こそすれ彼を恨む気は毛頭なかった。小説を商品として買う立場と売る立場をはっきり教えられ、直木賞作家だなどといい気になっていたらたいへんなことになるぞと警告されたような気がした。「冷える」を通して見た斎藤さんは怖い存在だったが編集者として実に立派であったと考えられる〉

週刊新潮の連載小説「冷える」は「黒い顔の男」と題名を変え、単行本化された。だが、新田次郎は最もつらかったという労作について、〈もう一度読んでみたいとは思わない〉と嫌悪し、「新田次郎全集」のラインナップからも外している。

新田は面と向かって齋藤と話したことすらなかった。そのあとの新潮社での執筆活動においても「齋藤さんはどう考えているのか」と奥の院からの声を担当編集者に尋ね、それを聞いてきただけだ。齋藤もまた敢えて作家との交流を避けてきた。それはなぜだろうか。

奇しくも新田次郎の「冷える」の連載が開始された五九年三月には、「週刊現代」と「週刊文春」が創刊された。爆発的に売れ始めた週刊新潮のあとを追うべく、出版界は週刊誌の創刊ラッシュが起きる。

週刊新潮の発案者

齋藤十一といえば、出版界で初めて週刊誌を発案した編集者というイメージが強いかもしれない。一九四五年の「新潮」の復刊、五〇年の「芸術新潮」の創刊、そして三番目に齋藤が取り組んだ大仕事が、五六年の「週刊新潮」の発刊である。

「そのあとの『フォーカス』を含め、齋藤さんの手掛けた雑誌はことごとく当たる。それで、出版界における齋藤十一像がますます神格化していったんだね。僕らはたしかに齋藤さんに畏れ慄いていた。寡黙で、あんまり無駄口をたたく人じゃなかったから、たいていの社員が齋藤さんと口をきいたことすらないんじゃないかな。といっても『天皇』という表現は社外の人が使っていただけで、社内でそう呼ぶ人はいなかったんじゃないかね」

生前の印象をそう振り返ったのは、週刊新潮四代目の編集長となった松田宏だ。前述したように一九四〇年十二月生まれの松田もまた二〇一八年八月、七十七歳で鬼籍に入ってしまった。

日本の週刊誌の歴史は、一九二二（大正十一）年四月に創刊された新聞社系の「週刊朝日」と「サンデー毎日」を嚆矢とする。まず週刊朝日が月三回の「旬刊朝日」をB5判サイズの週刊誌に衣替えし、毎日新聞の社長だった本山彦一が朝日に対抗し、週刊サンデー毎日をタブロイド判で創刊した。戦後、飛躍的に部数を伸ばしたこの二つの新聞社系週刊誌の成功を見た齋藤が、「わが手にかかればもっと売れる雑誌をつくれる」と見込んで週刊新潮を創刊した、と伝えられる。

事実、週刊新潮が出版界初の週刊誌なのは間違いない。しかし、実は週刊新潮の発案者は齋藤ではない。雑誌の企画は副社長だった佐藤亮一が提案したものだ。創業家の宗子として新潮社の三代目社長を約束されていた亮一は一九四六（昭和二十一）年二月、早大文学部独文科を中退して新潮社に入り、副社長と出版部長を兼ねるようになる。創業者の義亮が経営刷新を図り、新潮の編集長に抜擢された齋藤が取締役に就いたときだ。そして亮一は入社十年目の五五年、新たな出版事業を思い立つ。それが週刊誌の発刊だった。

亮一は手始めに齋藤をはじめ四、五人の幹部を自宅に呼んで週刊誌づくりを検討していった。そこからこの年の八月、自ら編集長となって「新潮」や「小説新潮」の編集部、出版部の部員二十人をかき集め、創刊準備のために週刊新潮編集部を立ち上げる。半年後、週刊新潮の創刊号が一九五六（昭和三十一）年二月六日、二月十九日号として発売された。

五六年が出版社系週刊誌元年なのはたしかだ。だが、実はこの年に生まれた出版社系週刊誌は週刊新潮だけではない。もう一つが徳間書店の「週刊アサヒ芸能」である。そこに佐藤亮一自身がかかわっていた事実は、あまり知られていない。

通称、アサ芸は、読売新聞出身の竹井博友が終戦間もなく売り出したタブロイド紙の「アサヒ芸能新聞」が前身だ。竹井はそれを読売時代の同僚だった徳間康快に譲り、自らは不動産会社「地産」を経営するようになる。

かたや出版事業に乗り出した徳間は、売れないゴシップ新聞をどうにかしようと腐心した。このとき徳間にアドバイスしたのが、新潮社で週刊新潮の創刊準備を始めていた亮一だ。新聞から冊子に改め、ともに週刊誌をつくろうと提案したとされる。結果、週刊新潮に遅れること八カ月後の十月、徳間は芸能スキャンダルに加え、風俗情報やエロス、暴力団事情を売り物にしたアサ芸を世に送り出した。

そして週刊新潮とアサヒ芸能という、似ても似つかない路線の異なった二つの出版社系週刊誌が誕生するのである。いわば亮一は、その両方の発案者といえる。

もっとも亮一自身は、雑誌編集の経験がない。新雑誌の発刊については、かなり不安があったようである。その不安の理由について、戦前に講談社の「キング」に対抗して新潮社が刊行した大衆雑誌「日の出」の失敗を間近に見てきたからだ、とのちに亮一本人がベトナム戦争にたとえて次のように語っている。

〈「あのとき僕はまだ小学生でしたけどね、毎月ものすごい返品の山だろ、子供心に会社が大ピンチだっていうことを痛感した。そういう『日の出』体験を持っていますからね。雑誌っていうのは泥沼にはいりこんだら、もうどうにもならない、つまりベトナム化ですよ。そいつは承知の助だったから、週刊誌だしてみて、雲行きがあやしくなったら、すぐ引き返そう、もう恥も外聞もなく撤退しようと思ってたんですよ」〉

（月刊誌「噂」七二年八月号の江國滋インタビューより）

そんな空気を察知した新潮社内の受け止め方は、もっと深刻だった。

「赤字が三カ月続けば会社が倒産する」

出版界初の週刊誌づくりは、そう社内で囁かれたほど、社運を賭けた一大事業だった。

谷内六郎の表紙秘話

齋藤は出版界の注目するその大事業において、文字どおり週刊新潮の創刊準備段階から主導的にかかわってきた。記事のラインナップや執筆陣の選定、表紙や各記事のタイトルにいたるまで、すべてを手掛けたといっていい。週刊新潮を創刊したと伝えられてきたのはそのためであり、そこはたしかだ。のちに夫人となる美和は創刊準備に携わった部員の一人で、創刊号の表紙づくりを担当した。齋藤の死後、自ら編集して刊行した「編集者　齋藤十一」で当時の心情をこう吐露している。

〈（週刊新潮を）どのような表紙にするか、試行錯誤がつづきました。編集長の佐藤亮一さんから「出版社から初めての週刊誌だから作家の顔で」と言われて、作家の写真を表紙の大きさに焼いてみたりしたのですが、いくら立派な顔であっても、しょせんは〝おじさん、おばさんのアップ〟で、あまり面白くない〉

作家を起用しようとした表紙づくりにダメ出しをしたのが、ほかならぬ齋藤である。現存する他の多くの週刊誌と同じく、パイオニアである週刊朝日やサンデー毎日の表紙も、著名人のアップ写真を使っている。当初、編集長の亮一もそう考えたが、齋藤のイメージに合わなかったのだろう。先の池田雅延は、そのあたりのことを美和から詳しく聞いている。

「文芸出版社である新潮社としては、やはり作家で勝負するという固定観念があるのです。それで、週刊新潮の表紙に一流作家の顔写真を順に載せようとしたらしい。しかし、それでは週刊朝日やサンデー毎日と見分けのつかない雑誌ともいえます。それを聞いた齋藤さんが『そんな雑誌が売れるわけねぇ』って一蹴したそうです。齋藤さんはガラッと発想を変えた。たしか、美和さんが齋藤さんに『谷内六郎さんのところへ行って来い』と指示され、表紙が決まったと聞きました」

九〇年代に齋藤の下で「新潮45」の編集長を務める現新潮社相談役の石井昂は、そんな齋藤の感性をこう褒めあげる。

「谷内六郎の絵を印刷して表紙にしたのは、ある種の齋藤さんの美意識だと思います。原画は言いようがないほど素晴らしい。シャガールも真っ青みたいなものすごくいい絵です。齋藤さんは一見、幼稚に見えるその高貴な芸術性を見抜いていたのでしょうね。谷内六郎は間違いなく天才だけど、天才は天才を知るといいますから、何となくその素晴らしさが齋藤さんにはわかったのでしょう」

同じ日本画なら、東山魁夷や高山辰雄はどうか、という声もあがった。芸術新潮を率いてきた齋藤は画壇の重鎮たちにも通じている。だが、敢えて幼い子供が描いたような谷内の牧歌的な世界を好んだ。

「こんな人がいるよ。研究してみる価値はあるんじゃないか」

美和が齋藤からそう指示され、谷内六郎のもとへ伺いを立てに向かったのは、谷内が第一回文藝春秋漫画賞を受賞したばかりの頃だ。

美和は旧姓を大田といい、戦後新潮社に入社して以来、新潮編集長時代から齋藤のそばで働いてきた。週刊新潮の創刊でも、準備段階から齋藤の補佐役として尽力したという。鍋谷（現・須賀）契子は、齋藤との結婚準備のために美和が退社したため、編集部の欠員補充要員として新潮社に中途採用された。週刊新潮の創刊時を知る数少ない元編集部員である。

「私は兵庫県の赤穂出身で京都女子大付属高校三年生のときに近畿代表として全国弁論大会に出ました。たまたま私の話を聞いていた海部俊樹さんや渡部恒三さんら早稲田大学雄弁会の方たちから『早稲田に来い』とお手紙を頂き、早大の教育学部国文科に入学しました。大学を卒業したあと、東洋経済の『東洋時論』編集部を経て週刊読書人に移り、『編集者のプロフィール』というコラムを担当しました。そこで創刊したばかりの週刊新潮の編集長だった佐藤亮一副社長を取材したのです。たまたま美和さんが会社を辞めるというので、副社長から『うちに来ないか』と誘われたようです」

週刊新潮が無事創刊にこぎ着けると、齋藤は前妻の富士枝と別れ、美和との結婚を決意する。副社長の亮一と相談した上、それまで住んでいた練馬区大泉の家を引き払い、鎌倉の明月谷に新しく家を建てることに決めた。

モデルにした米週刊誌の限界

「生前の齋藤さんに『週刊新潮の創刊は何を参考にしたのですか』と聞くと、『初めはアメリカの〝ザ・ニューヨーカー〟を取り寄せて研究したんだよ』と教えてくれました」

四代目編集長となる松田宏は齋藤をはじめ野平や菅原など、編集幹部からしばしば週刊新潮創刊時の話を聞かされたという。

「たしかにザ・ニューヨーカーは、文芸週刊誌だよね。創刊準備にあたり、新潮社の強みとは何だ、と思案した結論が、作家をいっぱい抱えていることだとなったみたい。それで、まずは週刊小説新潮みたいな雑誌にしようとしたんだね。創刊号には、本来なら文芸誌の新潮に書いているような大家が次々と登場しているだろ。象徴的なのは谷崎さんだな」

ザ・ニューヨーカーはハロルド・ロスが創刊したタウン誌のようなファッショナブルな週刊誌だったが、一九五二年に伝説の編集者ウイリアム・ショーンに引き継がれて以降、文芸小説やノンフィクション作品を数多く手掛けるようになる。トルーマン・カポーティの「冷血」やジョン・ハーシーの「ヒロシマ」といった歴史に残る名作を生み出してきた。ザ・ニューヨーカーが週刊新潮の手本になった週刊誌と言われれば、そのとおりかもしれない。

さらに齋藤は日本の雑誌もモデルにしたと伝えられる。当人が新潮社に入る前の一九三一（昭和六）年五月に発刊された「セルパン」（第一書房）という月刊誌がそれだ。フランス語で蛇を意味するセルパンは蛇のように曲がりくねった金管楽器のことを指し、十八世紀になり軍隊がグレゴリオ聖歌を演奏するときに使用された。

〈此の雑誌は誰でも實力のある人が書きたいものを勝手に書いて発表する雑誌です。頼まれて無理に書きたくないものを書く、そんな雑誌にはしないつもりです。從って門戸開放、力のある人はどんどん引上げて行きたいと思つてゐます〉

創刊号の編集後記に編集兼発行人の長谷川巳之吉はそう書く。創刊号には室生犀星が「立春歌」と題した詩を寄稿し、堀口大學の「ポオル・ヴアレリイの『文學』」も載っている。齋藤はこのセルパンを愛読し、週刊新潮の創刊でも参考にしたといわれる。

齋藤は週刊新潮に谷内六郎の斬新な表紙を提案し、創刊号から豪華な小説の連載執筆陣をそろえた。女の子が浜辺で遊ぶ表紙には、左下に「鴨東綺譚（おうとう）　谷崎潤一郎」という文字がある。この「鴨東綺譚」や五味康祐の「柳生武芸帳」、大佛（おさらぎ）次郎の「おかしな奴」を三大連載小説と目次に謳い、石坂洋次郎の「青い芽」や中村武志の「目白三平の逃亡」といった小説も掲載した。そのうえ派手なラジオやテレビのCMを流し、東京や大阪に宣伝カーまで走らせて広告に努めた。編集長の亮一が力を入れたその広告営業も的中した。

そうして出版界初の試みと注目された週刊新潮は、まずまずの滑り出しを見せた。創刊号は六十万部を誇っていたトップの週刊朝日の半分にあたる三十万部を売り、勢いに乗った二号目も三十五万部を刷ってそこそこ売れた。ただし、当初の勢いはそう長続きしなかった。

いくら当代指折りの人気作家の連載小説とはいえ、それだけでは従来の新潮や小説新潮とさほど代わり映えしない。広告の目新しさにも、限界がある。おまけにそこへ運悪くハプニングまで起きた。谷崎の「鴨東綺譚」のモデルとされた京都の女性が、編集部に乗り込み、原稿を盗もうとした。いわゆる鴨東綺譚事件が起き、谷崎の連載は二月六日の創刊から三月二十五日発売号の六回目まで、わずかひと月半で打ち切らざるをえなくなってしまう。

こうして創刊後の週刊新潮は連載小説で一定の読者を保っていたものの、創刊した年は部数が安定せず、なかなか新聞社系の週刊誌には追いつけなかった。齋藤は苦肉の策として、当初日曜だった発売日を五月から火曜日に改めた。松田が言葉を足す。

「週刊新潮で、次に齋藤さんは新人作家の発掘に取り組んでいきました。それが柴田錬三郎や瀬戸内晴美でした。柴田錬三郎は大久保に住んでいたらしく、齋藤さんがアポイントも取らずに行ってね、とつぜん『キミ、最近の時代小説はおもしろくないって新聞に書いていたな。つまり、キミならおもしろいものを書いてくれるということか』と注文したらしい」

このエピソードは、柴田自身が東京新聞の大波小波というコラムに書き残している。

「それが、齋藤さんと柴錬との最初の出会いだったんだ。柴田さんは新潮社の雑誌に小説を書けると聞いただけで感動しちゃって、連載が始まったんだそうだよ。時代小説では、何と言っても五味康祐の『柳生武芸帳』があるしね。この二大連載小説が週刊新潮の伸びていくきっかけになったんだ」

もっとも、それも文芸誌の延長に過ぎず、この頃はのちに週刊新潮が新潮ジャーナリズムと呼ばれた社会風刺の切れ味はまだない。

新潮社は終戦から間もなく、純文学の新潮に対し、大衆小説を対象にした小説新潮を発行してきた。月刊誌とは異なる週刊誌ではあるが、大衆小説ならすでに小説新潮があり、それだけでは週刊新潮を創刊する意味がない。齋藤はそう考えた。

そもそも週刊誌の刊行を思い立った副社長の佐藤亮一には、このまま文芸出版の一本足経営では、行き詰まってしまうのではないか、という不安があった。そこから、二本目の事業の柱として目を付けたのが、総合週刊誌の発行だったのである。

それまでの総合週刊誌は週刊朝日やサンデー毎日など、新聞社の専売特許だ。むろん誌面では時事問題を扱わなければならないが、文芸出版社の新潮社には報道経験はおろか、取材のノウハウもない。にもかかわらず、なぜ敢えて週刊誌の発行を狙ったのか。創刊準備で齋藤を手伝ってきた夫人の美和には、朝日新聞に勤める実兄がいた。こう振り返っている。

〈この当時「週刊朝日」の編集部員でした。「週刊新潮」のことを事前に何一つ聞かされなかった兄は、創刊の報に接して驚いたようです。後年、兄からそのことを聞いた齋藤は、言っています。

「そんなにカッカしないで。『週刊朝日』は正道を行く。『週刊新潮』はバイパスを行きます。道は全然違うんだから、お互いの道で励みましょうよ」〉（「編集者　齋藤十一」より）

齋藤の言った「バイパスを行きます」こそが、「女、カネ、権力」という人間の欲望の描写にほかならない。それが新潮ジャーナリズムと呼ばれる週刊新潮の記事づくりの根っこであり、齋藤はそこに挑戦した。そして小説中心だったそれまでの週刊新潮の本格的なテコ入れに乗り出す。松田がこう説明を加えた。

「もともとうちは新聞社のような取材の情報網がないから、社内でも総合週刊誌は無理ではないか、と心配する声があがっていたんだ。そこで齋藤さんは考えた。当人から直に聞いたところでは、『週刊新潮の創刊にあたり、メディアのいろんな人を集めて討論会をやった』という。そのなかで村尾清一さんと出会うんだよ。この人は、野平（健一・二代目週刊新潮編集長）さんの旧三高時代の同級生だった。読売新聞の有名な記者で、その縁故で週刊新潮を手伝ってもらえるようになったんだね。村尾さんとは僕もときどき話をするけど、『読売でもらう給料より、新潮社のギャラのほうがよかった』というくらい記事づくりでお世話になったらしい」

齋藤は従来の強みである人気作家の連載小説のほか、時事問題を扱う特集記事を掲載し、週刊新潮誌面の二本柱に据えようとした。特集記事を想定し、創刊号から「週間新潮欄」をつくり、そこに五～六本の政治、経済、社会などの記事を並べた。読売新聞の村尾は、その週間新潮欄の記事を担った。

一九五四年に起きた第五福竜丸事件をスクープし、「死の灰」という造語を生み出した読売新聞のスター記者だ。日本エッセイスト・クラブの理事長や会長を歴任し、現在も名誉会長を務めている。村尾については、読売の後輩にあたるノンフィクション作家の本田靖春も私淑し、自叙伝「我、拗ね者として生涯を閉ず」のなかで、読売新聞〈社会部の大看板〉と絶賛している。

〈日本を代表する文章家の一人である。一九六九（昭和四十四）年から十八年間にわたって「よみうり寸評」を担当、いかにも教養人らしい含蓄あるユーモアで、とくにインテリ層に人気があった〉

拗ね者と自称する本田は滅多に他者を褒めないが、村尾だけは別格のようである。よみうり寸評は朝刊の編集手帳と並ぶ読売新聞の名物夕刊コラムだ。村尾は河上雄三とともに日曜版のフロントページを飾る紀行文も書き、本田はこれを引き継いだ。のちに直木賞作家となる三好徹が河上だ。本田はそのときの心境を以下のように綴っている。

〈村尾さんと三好さんという、たとえるなら飛車角級の書き手に伍して、初めて紀行

文を書くことになった端歩程度の私は、縮こまる思いであった。家賃が高過ぎるというやつである〉

この読売新聞出身の村尾が、新潮ジャーナリズムを生み出すうえで大きな役割を担っている。概してそれは週刊新潮から始まったように考えられてきたが、実はそうではない。齋藤は自ら編集長として復刊した文芸誌の新潮に、村尾をはじめ新聞記者を起用していたのである。当の村尾に会うことができた。

新潮ジャーナリズムの原型

「遠い昔の話で、僕は認知症の世代ですので、ろくな話はできませんから、そのつもりでお付き合いください」

一九二二（大正十一）年生まれだから、取材したときはすでに九十代後半だった。終戦三年目の四八年に読売新聞に入社し、社会部ひと筋で取材、執筆活動を続けてきた。齋藤は新米編集者時代に仏文学者の河盛好蔵のもとへ通ったが、村尾も河盛とは関係が深い。村尾はこう語った。

「僕と野平にとって河盛さんは、京都三高の同じフランス文学のクラスの先輩なのです。それで終戦間もなく、上京した僕らは河盛さんからいろんな話を聞きました。野平によると、実は齋藤さんは河盛さんの家に転がり込んでいた時期もあったそうです。河盛さんの家には、フランス文学の本がいっぱいあるでしょう。そこで河盛さんの蔵書を一生懸命読んでいたらしい。それが文学的な感覚を育み、のちの齋藤十一のもとになったのだと聞きました」

とても白寿近い年齢とは思えない、矍鑠（かくしゃく）として若々しくユーモアたっぷりの語り口調だ。

「実は僕も文芸誌の新潮に小説を書いて応募したことがありました。それも齋藤さんとの縁です。戦前、パリに長く滞在した松尾邦之助さんから、フランス人のマルセル・ジュグラリスが日本にやって来たときに紹介され、彼の物語を書いた。『三保の松原』という題の小説で、それがたまたま新潮に入選したのです」

松尾は戦前、逓信省の嘱託職員として渡仏し、長らくパリに住んで雑誌「Revue Franco- Nipponne」（日仏評論）を創刊した。日仏の文化交流に努めた人物として知られる。かの地で読売新聞の文芸特置員だった辻潤の知遇を得て、のちに辻から読売新聞パリ支局長を引き継ぐ。藤田嗣治をはじめ、林芙美子や島崎藤村、高浜虚子ら、多くの芸術家や作家と親交があったとされる。

村尾はそんな読売新聞の先輩の伝手でフランス人のジュグラリスを知った。ジュグラリスは仏紙「パリ・プレス」や「フィガロ」などの記者を務めてきた、いわば記者仲間だ。村尾はそのジュグラリスから妻エレーヌの悲劇を聞かされる。風光明媚な静岡県の三保の松原に憧れた彼女は白血病にかかって夭折した。ジュグラリスは異国の地に遺髪を埋めてほしいと懇願した妻の願いを叶えるため、翌五二年に三保の松原に「エレーヌの碑」を建立する。村尾はその実話をもとにフランス人夫婦の悲恋物語を新潮に投稿し、それが齋藤の目に留まったのである。

社会部の敏腕記者というだけでなく、達者な文章を書く。そのゆえ、小説「三保の松原」が文芸誌「新潮」で入選したのも不思議はない。そうして村尾は齋藤からの誘いを受けた。

「小説は週刊新潮の創刊よりだいぶ前に書いたものでした。それが入賞し、齋藤さんから『ひと月に一度、何らかの事件をとりあげて新潮に書いてくれないか』と野平を通じて言われたんです。新潮は小説ばかりで、他の文章といっても作家のコラムくらい。そこで齋藤さんは『新潮雑談』という新たな欄を設け、われわれに新聞に載せるような事件の批評を書かせようとしたのです。僕と朝日の佐々（克明）君、あともう一人いたと思いますが、持ちまわりでそのコラム記事を十年くらい続けました」

朝日新聞の佐々は警察官僚の佐々淳行の実兄である。新潮に寄稿した記憶に残っているコラムには、どんな記事があるか、村尾自身に尋ねた。

「僕は昭和二十八（一九五三）年に中東特派員としてカイロに赴任したのですが、その年の六月にロンドンでエリザベス女王の戴冠式があった。それで僕はモロッコ経由でカイロに行く途中、ロンドンに寄って戴冠式のことを書きました。その頃は外国に行くのが珍しい時代でしたから、重宝がられましたね」

村尾といえば、なにより五四年三月に起きた第五福竜丸事件だろう。太平洋に浮かぶマーシャル諸島近郊で漁をしていた遠洋マグロ漁船第五福竜丸の乗組員二十三人が、ビキニ環礁でおこなわれた米軍による水素爆弾実験で死の灰を浴びて被曝した事件だ。船の無線長だった久保山愛吉が半年後に死亡した。村尾にとっては忘れられない事件である。こう振り返った。

「僕ら読売の社会部で昭和二十九年の初めから原水爆と原子力発電について書いた『ついに太陽をとらえた』という連載をやっていて、たまたまそれが終わったときに事件が起きたのです。このとき僕は遊軍記者で、デスクが辻本芳雄、社会部長の原四郎がタイトルをつけたんだけど、事件の第一報を放ったのは焼津の通信員の安部光恭でした」

通信員は新聞社や通信社が地方の支局活動をサポートするため、地元の住民を雇う契約社員だ。普段、酒屋やタバコ屋などの仕事をもちながら新聞社を手伝うパターンも少なくなかった。当時の安部はまだ二十三歳。伊東市の仏光寺という寺に生まれ、支局員ですらなかった。村尾が続ける。

「安部君は今でいう派遣社員のようなものですね。年に一本原稿が届くかどうか、という記者で、たまたま下宿先の親戚がマグロ船の関係者だったので、第一報が入ったのです。原爆実験で被曝したという六行くらいの短い記事を送ってきた。トクダネとはそういうもので、運というほかありません。それを見た僕と辻本デスクとが、これは大変なことが起きた、と三月十六日にデカデカと報じたのです」

これが世界的なスクープ記事となる。折しも、出版界ではこの前年にあたる一九五三年に日本文学振興会主宰の菊池寛賞が復活し、受賞対象が文芸以外にも広げられた。その五五年の第三回菊池寛賞に、「世界的ニュース『ビキニの灰』のスクープ」の安部光恭が輝いている。

「菊池寛賞は読売と朝日が第一回と第二回にもらっていたので、第三回は毎日だろうといわれていたのですが、読売のビキニの灰でスクープをやったもんだから、読売にやらざるをえないとなったみたい。といっても読売新聞という組織の受賞だと困るから個人へ授与したい、と連絡が来て、社内ではデスクの辻本か僕のどちらかに与えよう、となっていた。ですが、二人で相談した。その結果、僕らではなく安部光恭がいちばんいい、と決めて文藝春秋側（文学振興会）に伝えました」

特ダネを飛ばした安部はおかげで読売新聞本社の社員記者となり、政治部に配属された。だが、しばらく勤めたあと、辞めてしまい、仏光寺の住職になったという。

むろん読売のスクープは通信員の報告を拾いあげ、「死の灰」と名付けた村尾のセンスがあればこそだ。齋藤はときにフランス人夫婦の悲恋物語を描きながら、こんな世界的な特ダネを飛ばしてきた敏腕記者の腕に感服した。そうして新潮のコラム欄を任せた。村尾が言葉を加えた。

「僕はもちろんそこにビキニの灰のことも書きました。『新潮雑談』の窓口は野平で、『齋藤十一は人に会うのを嫌うから、電話で話してくれ』と言われ、齋藤さんからは

『今度、新潮雑談というのをやるから、きみ書いてくれんかね』とひと言それだけ。齋藤さんは独特な感性をお持ちの人でした」

つまり、文芸誌の新潮で齋藤の始めた時事コラム「新潮雑談」がのちの週刊新潮の原型となる。そこから週刊新潮へと時事問題の記事が引き継がれ、新潮ジャーナリズムが形づくられていった。齋藤は、そんな時事記事も文学の一つのあり様ととらえていた。

村尾が続けた。

「結局、齋藤さんとは一度も会うことがなく、『齋藤に言いたいことは全部僕に言ってくれ』と野平が原稿を受け取りにきてくれていました。野平は（新潮編集部で）志賀直哉も担当していたから、忙しかった。志賀直哉の三番目の娘さんを（嫁に）どうか、と薦められたほど信頼されていたんだけど、ほかに好きな女性がいたんで断ったくらいなんです。クラスメートの野平に僕の原稿とりをやらせるのも悪いな、と思って代わりを頼むと、次にやって来たのが菅原君でしたね」

一九四六年から六七年まで二十一年間という長きにわたって新潮の編集長兼発行人を務めてきた齋藤は、五〇年代半ばの週刊新潮の創刊で忙しくなると、もう一人の右腕である菅原國隆に新潮の編集を任せた。おかげで週刊新潮に没頭することができた。

「齋藤十一は週刊新潮で文学をやりたかったんだ」

出版界初の試みとなった週刊誌の創刊について、新潮社の編集幹部たちに聞くと、そうとらえる向きが多い。それはある意味正しい。だが、だからといって週刊新潮は従来の文芸誌の延長ではない。齋藤はここから新潮ジャーナリズムと呼ばれるノンフィクションの記事を形づくっていった。週刊新潮から出版界における雑誌ジャーナリズムが始まったと言い換えてもいい。

駐車場の編集部から百四十四万部へ

週刊新潮がスタートした一九五六年の七月に発表された政府の経済白書には、「もはや戦後ではない」という後藤誉之助の〝脱戦後宣言〟が躍った。その言葉どおり、日本が飛躍的に豊かになり、社会の関心事も変化していく。この年の十一月に開かれたメルボルン五輪は、日本選手のメダルラッシュに国中が沸いた。水泳の二百メートル平泳ぎの古川勝、レスリングフリースタイルではフェザー級の笹原正三、ウエルター級の池田三男、体操・鉄棒の小野喬が表彰式で金メダルを胸に下げて君が代を歌い、日の丸を仰いだ。日本が敗戦国のイメージを払拭し、国際的に認められた年だといえる。また、日本の登山隊がヒマラヤ山脈のマナスルへ初登頂し、エチオピア皇帝が日本を訪れた。芋を食べて飢えをしのいでいた国民のなかから、パン食の洋風な生活を楽しむ世代まであらわれた。

出版界も盛況だった。政府の経済白書の前年にあたる五五年七月号の文藝春秋「文學界」に、石原慎太郎の「太陽の季節」が掲載される。石原は文學界新人賞をとり、その翌五六年一月に芥川賞に輝いて太陽族という流行語まで生んだ。読売新聞社会部の遊軍記者だった村尾は、ブームになったこの小説にもかかわりがある。

「日本が国際的に認められる時代にあって、僕にとっていちばん印象に残っている出来事が、石原慎太郎の太陽の季節のヒットでした。文藝春秋の担当者が僕のところに来て、『村尾さん、太陽の季節の最大の見どころが、青年が障子をペニスで破る場面なんだけど、どう思う？』って聞いてきたんです。その場面は武田泰淳が『異形の者』という小説にすでに書いている。また恋人が死んでお焼香するとき灰を投げつけるシーンも、織田信長がやった有名な話。だから太陽の季節ははっきりいって物まねなんです。この二つの難点をクリアできるでしょうか、と文藝春秋の担当者が聞いてきました。僕は『それは武田泰淳に聞きなさい。こう言っちゃ悪いけど、一橋大を出たくらいで大した小説を書けるわけがない』と返事をしました。芥川賞といっても、あの頃は受賞発表の一週間後に新聞の文芸欄にベタ記事が載るくらいの小さな扱いでした。で、『新人賞なんだから、誰かの真似するのは当たり前だよ』とつけ加えておきました」

そう言いながら、村尾は石原の芥川賞の受賞を破格の扱いで記事にする。芥川賞受賞作となったこの小説について、時代の変化の象徴ととらえていた。

「『もはや戦後ではない』という経済白書とヨットで遊ぶ写真を組み合わせ、社会面に大きく掲載したんです。ある意味、これがブームの火付け役となり、石原慎太郎や映画デビューした弟の裕次郎が脚光を浴びていったのかもしれませんね」

と村尾。読売の記事が芥川賞の権威を高めたといえるかもしれない。太陽の季節はこの年の三月に文藝春秋ではなく、新潮社から単行本として出版される。

「齋藤さんは時代をとらえる独特の感覚をお持ちなのだと思いました。それを実践したのが週刊新潮だった」

村尾が齋藤の話に戻し、こう言葉を足した。

「齋藤さんや野平に言われて僕は新潮社と仕事を始めるわけですが、週刊新潮を創刊した頃は、驚きましたね。呼ばれて行ってみると、駐車場のような広場に編集部員が集まっている。ライトバンのようなワゴン車を五、六台並べ、そこで取材の打ち合わせをしているじゃないですか。なんとも頼りないな、と感じました。ちょうど本社を建て替えようとしていた頃だったのかな。編集部が手狭で急ごしらえだったので、広場を使っていたのかもしれません」

実際、新社屋を建設していたため、週刊新潮は向かいの駐車広場で創刊の第一声をあげた。そこに村尾たち新聞記者の手掛けた「週間新潮欄」がページを飾り、やがて編集部員たちもその取材を手伝うようになる。そして週間新潮ページは特集記事になり、齋藤がそこに絶妙なタイトルを駆使していく。

佐藤亮一は五六年二月の創刊から六四年四月に野平健一が編集長に就任するまで、およそ八年のあいだ、編集人の肩書を残してきたが、齋藤が編集を統括してきたのは繰り返すまでもない。一方、亮一は六七年四月の父義夫の急逝を受けて新潮社の三代目社長となり、単行本の出版を見るかたわら、経営に専念するようになる。

亮一の編集長時代を含め齋藤の率いた週刊新潮は、飛躍的に部数を伸ばしていった。

創刊翌年の一九五七年には、早くも年間の平均発行部数が七十万を突破し、翌々年の五八年には八十万に達した。週刊誌の発行部数は、五八年に週刊朝日が記録した百五十万部が最高だが、週刊新潮の発刊した五六年の週刊朝日は六十万部に落ち込んでいた。かたや週刊新潮は、創刊からわずか三年目の五九年にして、発行部数を九十万台に乗せた。百五十万部という週刊朝日の記録を追い抜くのも時間の問題だといわれた。

週刊新潮の成功は出版界最大の話題となり、各社の創刊ラッシュに火をつけた。最初は女性誌だ。五七年三月の河出書房の「週刊女性」創刊を皮切りに、五八年十二月には光文社の「女性自身」、六三年に小学館の「女性セブン」、講談社の「ヤングレディ」と女性誌ブームが到来する。また、五九年三月に「朝日ジャーナル」と講談社の「週刊現代」、四月には文藝春秋の「週刊文春」が立て続けに発刊される。

ことに女性誌の躍進が目立ったが、週刊誌はそれぞれ部数を伸ばした。なかでも週刊新潮の快進撃はとどまるところを知らず、創刊から十一年を経た六七年一月七日号が百四十四万部に到達する。三十万部の創刊号の四倍を超える伸びだ。週刊新潮は日本における週刊誌のパイオニアである新聞社系の週刊朝日やサンデー毎日をあっさり抜き去り、出版社による総合週刊誌時代を築いた。

そうして週刊誌の各編集長たちは、齋藤十一の編集スタイルをまねるようになる。だが、発行部数はなかなか追いつかず週刊新潮は業界のトップを走り続けた。週刊新潮がなぜそこまで売れたのか。その理由については、さまざまに語り継がれてきた。

円卓会議のメンバー

読売新聞の村尾が驚いたように、創刊時の週刊新潮編集部は駐車場のワゴン車からスタートしたが、本社屋が完成すると編集部はその三階に置かれた。その創刊間もなく新潮社に入ったのが、前出した鍋谷契子だ。

週刊新潮はグラビア十六ページと活版の本文六十四ページの八十ページ、定価三十円でスタートした。創刊号は連載小説に多くのページを割いていたため、活字の六十四ページのうち特集記事はまだ三本しかない。あとは「週間新潮欄」という時事記事、それに映画や演劇、音楽や美術、スポーツや芸能などの「タウン」というコラムページくらいだ。発行部数だけを見れば、順調に業績を伸ばしているように思える週刊新潮だったが、実売部数のアップダウンが激しく、編集部員としては決して順風満帆とは思っていなかったようだ。鍋谷は入社した頃の編集部の雰囲気はあまりよくなかった、とこう話した。

「あるとき何の号だったかは忘れましたが、突然売れたことがあって、いっしょにタウン欄を担当していた後藤（章夫）さんが『今度の号で、金一封ぐらい出るんじゃないかな』と期待して話していたのを覚えています。で、私は『ケチな会社だから、そんなの出るわけないじゃない』とつい口走ってしまったんです。それが柱の向こうに座っていた齋藤さんに聞こえたみたい。わざわざ『鍋谷君、キミ、すまないけど、お茶を入れてくれんかね』と呼ばれてしまいました。もともと齋藤さんにはお茶くみ係がついていたので、私がわざわざお茶を出す必要なんかないのに、要するに嫌がらせなのね。実際、お茶くみは後にも先にもあのときだけで、それ以来、私は齋藤さんからなんとなく睨まれてしまいました」

ここに出てくる後藤は、東大文学部仏文科を卒業し、一九五八（昭和三十三）年四月に新潮社に入社した。入社後、週刊新潮編集部のタウン欄に配属され、のちに編集部次長を経て、八一年十月に初代フォーカスの編集長に就く。常務まで務めたが、齋藤より前に他界した。

たびたび本書に登場する四代目編集長の松田は、入社時すでに週刊新潮が創刊十一年目に入っていたので、その場にいたわけではない。ただ、次長だった野平をはじめ創刊スタッフから当時のことをしばしば聞かされたという。

「創刊当時の週刊新潮のスタッフは文芸編集者ばかりで、事件記者が取材して書く体制が整備されてなかったから、なかなか企画も出なかったらしい。報道記者の経験がないから、何を取材していいかさえわからなかったみたいなんだよ」

松田は出っ張った腹をさすりながら、ごく軽い調子で言った。

「編集部には芸能好きが多かったものだから、その手の企画だけはよくあがってきていたらしいんだね。有馬稲子や岡田茉莉子のような大女優に会ってみたい、とか、そんな発想なんだな。そこから、芸能のゴシップを書く欄をつくろう、とタウン欄というページができた。芸能から始まりスポーツやカルチャーを加えたタウン欄を担当したのが野平さん。編集長を兼務していた佐藤亮一副社長がグラビアページ、齋藤さんはそれ以外の活版ページ全体を見る、といった大まかな役割分担をしていたそうだ。もちろん齋藤さん自身は対外的には決して表には出ない。けど、いつしか編集部全体に絶大な力を持つシステムをつくってしまったんだね」

週刊読書人から新潮社に中途採用され、タウン欄を担当することになった鍋谷には、事件やスキャンダルを取材した経験などない。入社早々、齋藤や亮一にずいぶんしごかれた口だという。

「私は斬った張った、なんて取材の経験がないし、できません。なので、演劇や芸能などを扱うタウン欄を担当していましたが、担当者はみな苦労していました。短いコラム記事を一週間にひとり十五本ほど書かされる。そのうち掲載されるのは、たった三本だけなんです」

齋藤は新潮や芸術新潮の編集部のある四階に常駐していたが、週刊新潮の会議が開かれるときには、編集部のある三階に降りてきた。三階のフロアは南側の半分を単行本と文庫本の出版部が占め、北側に週刊新潮編集部が置かれていた。創刊間もない頃の週刊新潮の打ち合わせは、幹部たちを二十八号と呼ばれる別室に招集して開いた御前会議ではなく、三階のフロア中央付近に置かれている円テーブルでおこなわれた。四階から齋藤が降りて来てそこにどっかりと座ると、編集長の亮一たち編集幹部が席に着くという塩梅だった。鍋谷がこう記憶をたどる。

「われわれヒラの編集部員がそこに参加するわけではありません。齋藤さんのほか、亮一副社長と野平さん、新田さんも加わり、ごく少数で特集記事の会議を開いていました。フロアの真ん中に大きな柱があり、会議をする円テーブルはその陰に隠れていたから、私たちには会議の様子が見えない。ですが、声だけはよく聞こえてきました」

齋藤が佐藤副社長のデスクの前に置かれている円テーブルのソファに腰かけ、パイプに火をつける。まるでそれが合図であるかのように、創刊当時の週刊新潮の編集会議が始まった。その打ち合わせは「円卓会議」とも「センター会議」とも呼ばれた。鍋谷が参加メンバーの印象を語る。

「亮一副社長は週刊の編集長として立派にやっていました。だけど、間もなく新社屋が建設されて忙しくなり、副社長は出版部に力を入れることになって週刊の仕事にタッチしなくなりました。だから週刊の仕事は齋藤さんの指示の下、野平さんが表に出てやっていた。野平さんは、私たちにすごく厳しかった。だけど、やはり齋藤さんに意見を言うタイプではありませんでした」

齋藤は毎週、週刊新潮のラインナップを決め、編集長として新潮にも目を光らせてきた。

魔法使いのつけるタイトル

坂本忠雄は齋藤が新潮社に入った一九三五年の四月生まれだ。週刊新潮の創刊から三年後の五九年四月、慶大文学部独文学科を卒業して新潮社に入り、すぐに新潮の編集部に配属され、一貫して文芸編集者の道を歩んできた。齋藤の愛弟子の一人である。看板雑誌新潮では、戦後、齋藤から酒井健次郎、谷田昌平、そして坂本へと編集長のバトンが受け継がれていった。坂本は齋藤の懐刀である野平の旧制中学時代の後輩にあたる。

「僕は新宿高校（旧制の東京府立六中）出身だったので、入社以来、野平さんにずいぶんこき使われました。野平さんは戦時中に東京帝大に行くのを嫌がって六中から三高、京都帝大に進んだ。とにかく頭が切れて教養がある人で、僕はその直系の後輩として扱われたわけです。僕が入社した頃、すでに野平さんは新潮から週刊新潮に移っていましたけど、齋藤さんとは別の意味で怖かったねぇ」

坂本がそう語る。今となっては懐かしい思い出のようだ。

「あの頃、野平さんの仲間に作家がたくさんいてね。自称天才ぞろいで、新潮社に原稿を持ってくるんだ。それがぜんぶ齋藤さんによって没にされるんだよ。で、野平さんが僕に『おい坂本君、今日、変な奴が会社に来るから玄関先で待っていろ、殴りかかってくるから、警察に通報しろ』と命じるんだよ。ひどい話なんだけど、要するに僕は殴られ役なんだな。入社早々そんなことをやらされました」

新潮に配属された坂本は、もう一人の齋藤の側近である菅原が上司であり、指示を受けてきたという。坂本はやがて齋藤に目をかけられるようになり、小林秀雄や川端康成をはじめとした日本の大家を数多く担当する。

「新潮の編集部は昔の新潮社本館の四階で、そのフロアに編集長である齋藤さんの個人部屋があった。その部屋で月に一回新潮の編集会議をやっていたんだ。といっても、部屋では齋藤さんの独演会。『今月はこれこれをやります』とわれわれに説明をするわけだ。聞き役が菅原さんで、いわばピッチャーとキャッチャーのバッテリーみたいなもんで、二人がしゃべるだけなんだ」

坂本はこうも言った。

「僕らは小さくなって二人のやりとりを聴いているだけ。齋藤さんが大雑把なアイデアを出し、それを受けた菅原さんが改めて僕らに細かく説明して指示を出すんだけど、二人のやりとりがすごいんだ。齋藤さんは名立たる作家をぼろくそに言う。だいたいの人を馬鹿にしているから、付き合いもしない。齋藤さんの付き合いは本当にごく限られていて、他はほとんどダメ出しをする。保田與重郎だけには、一目置いていて、『保田は天才だ』って言った。戦中干されていた保田さんを復活させたのは齋藤さんでしかできなかったと思うよ。それくらいほれ込んでいたね」

これまで書いてきたように齋藤は小林秀雄をこのうえなく敬服してきた。鎌倉の小林宅の近所には、齋藤だけでなく、五味康祐も移り住んだ。この三人の関係はおもしろい。五味について坂本に尋ねてみた。

「五味さんは愉快な人だった。僕が編集長をしていたとき、よく僕の机につかつかとやって来るわけよ。そして『今日は小林さんのご機嫌は悪いかな？』と僕に聞いて来るんだ。齋藤さん、小林さん、五味さんの三人は音楽仲間なんだけど、小林さんは五味さんを避けていてね。『うちであいつにレコードをかけさせると、滅茶苦茶にされるから、ぜったいに寄越すなよ』と小林さんから常々言われていたんだ。ところが五味さんは小林さんに会いたくて仕方がない。だから、僕を通じてなんとかしてほしい、と言い寄って来るわけなんだ。でもその意図がわかるから『先生は今ご機嫌が悪いです』と言ってやると、悲しそうな顔をして、引き上げるんだ」

坂本は齋藤がことのほか買っていた作家として、太宰治と堀辰雄の二人の名を挙げた。新潮の編集会議における齋藤の次のような言葉が印象に残っていると言った。

「太宰治の小説は第一行からすぐに始まる。小説はそうでなければいけない。太宰の書く文章のスイングは大きい。まるでシェイクスピアのようだ」

齋藤はめったに作家を褒めない。しかし戦中から太宰の才能を認めていた。太宰治のことは絶賛した。

「齋藤さんは優等生じゃなくて、デカダンが好きだからね。そこを直感的につかまえる。とくに太宰は別格。野平さんに担当をやらせていたけど、新潮社にやって来たときには齋藤さん自ら飲みに連れていったほどだそうだよ。あの太宰が、齋藤さんの前では畏まっていたらしい。齋藤さんは新潮で太宰の大ベストセラーをつくったものね。通俗的な小説新潮ならたまにヒットはあるけど、文芸誌でベストセラーを出すのは大変なんだ。齋藤さんはそれを次々とやってのけたから」

齋藤が戦後復刊した新潮を瞬く間に軌道に乗せ、数々の文芸小説をヒットさせてきた秘訣は、その絶妙なタイトルにある。東京五輪の明くる一九六五年から新潮で連載の始まった井伏鱒二の「姪の結婚」は、まさにその典型の嘉例といえる。

「井伏さんもまたユニークな人でね。本当は早稲田を卒業しているのに、僕は慶應だとわれわれに言い張る。それは新人の頃『山椒魚』を書いて、自然派の早稲田文学で相手にされなかったからなんだ。それで慶應卒だと嘘をつくんだね」

齋藤はその井伏の才能を認め、新潮で連載させた。井伏自身が自らの連載のタイトルを「姪の結婚」と決め、書き始めた。ところが連載が始まると、齋藤はすぐにタイトルを変えると言い出す。坂本はその現場に立ち会っている。

「井伏さんは新潮に広島庶民の日常を描くんだ、と題を『姪の結婚』に決めたんだ。日常のなかの原爆小説を書こうとしたんだね。するとある日、齋藤さんが珍しく午前中に編集部に現れ、担当の菅原さんの机に歩いて来た。菅原さんに『おい、〝姪の結婚〟ではもったいないから、〝黒い雨〟というタイトルに変えて井伏さんに書いてもらえ』と指示するんだ。それで菅原さんは『齋藤十一がタイトルを変更してほしいと言っています』と井伏さんに伝えたんだね。井伏さんにしてみたら、『齋藤の命令なら仕方ない』となる。でも、それがよかった。『黒い雨』は世界中に翻訳され、ノーベル賞候補になっちゃったんだから」

仏文学者の河盛好蔵は、こうした齋藤の手腕を目の当たりにしてきた一人だ。

「齋藤は文壇誌に過ぎなかった新潮を文学的教養誌に脱皮させた」

そう最大の賛辞を贈っている。河盛は戦中から齋藤が師事してきた大家だ。半面、齋藤のつけるタイトルの妙に脱帽した一人ともいえる。齋藤十一は作家にとって魔法使いのような存在だった。

「戦艦武蔵」の誕生秘話

〈昭和四十一（一九六六）年二月、私は三十八歳であった。

その頃私は、体が宙に浮いているような不安定な状態にあった。

それより七年前「鉄橋」という小説が芥川賞候補作品に選ばれた後、つづいて作品が同賞の候補に三度推されはしたものの受賞とは縁がなく、作品依頼もほとんど絶え、二児の父として生活を維持するため兄の繊維会社に勤めていた〉

吉村昭は〇一年の新潮三月号に「斎藤十一氏と私」というタイトルで齋藤のことを描き残している。六五年「玩具」で妻の津村節子に芥川賞の先を越された吉村は、同人誌に寄稿しながら、文筆活動を続けたが、暮らし向きはさほど楽ではなかったようだ。そんな折、新潮編集部の田邉孝治がとつぜん訪ねて来てこう言った。

「編集長の齋藤がプロモートに連載している『戦艦武蔵取材日記』を読んで、吉村さんはこれからどのようなことを書くのか、聞いてこいと命じられました」

プロモートとは三菱グループ系のPR誌である。吉村はこのPR誌に寄稿してきた。「戦艦武蔵取材日記」はその一記事だ。

吉村は戦中、三菱重工業長崎造船所がつくった戦艦武蔵の建造日誌をモチーフに改めて技師たちにインタビューし、日記と題して連載した。齋藤はそんなマイナーPR誌の連載に目を留め、興味を抱いたのであろう。のちに吉村は新潮の「斎藤十一氏と私」で、こう振り返っている。

〈私が呆気にとられたのは、発行部数千部にも足りぬ「プロモート」を斎藤氏が読んでいるということであった。私も氏が文芸の世界で神格化されている著名な編集者であることは知っていて、そのような氏が「プロモート」のような一般的には無名の小雑誌に眼を通していることが信じられぬ思いであった。

その驚きを口にすると田邊氏は、斎藤氏はあらゆる分野の印刷物を読んでいて、その精力的な眼くばりは驚異の的だ、と言った〉

新潮の編集部員である田邉は齋藤の意思を伝え、吉村に原稿を依頼した。

「編集長が小説に書いてもらったら、と言っていますが、どうです書いてみませんか」

奇しくもこの依頼のあった直後の六六年八月、吉村は「星への旅」で太宰治賞を受ける。平穏な暮らしを送る少年が倦怠感を抱き、集団自殺を企てる無軌道な心情を描いた。冷徹かつ即物的手法により詩的美に昇華した吉村渾身の作と評価された。だが、齋藤は吉村に対し、そんなロマンティックな作風ではなく、ドキュメント作家としての才能を認めた。そうして太宰治賞受賞の翌月にあたる新潮九月号に「戦艦武蔵」を書かせた。多くの作家と同じく純文学からの転向だ。

実際、吉村は「戦艦武蔵」や「関東大震災」といったノンフィクションが評価され、第二十一回菊池寛賞を受けることになる。その道筋をつけたのが齋藤なのは言うまでもない。

齋藤十一は新潮の編集長を続けながら、週刊新潮の指揮を執り、新潮ジャーナリズムを形づくっていった。

第五章　週刊誌ジャーナリズムの隆盛

草柳大蔵（右）と井上光晴。
「週刊新潮」特集記事を担当

吉田茂の手記

創刊当初、人気作家の小説を週刊新潮の売り物にしてきた齋藤十一は、読売新聞の村尾清一たち新聞社の敏腕記者の手を借りながら、雑誌に報道の風を吹き込んでいった。それがやがて新潮ジャーナリズムとして花開く。

週刊新潮は発刊して九カ月が経った一九五六（昭和三十一）年十一月十二日号の発行部数が、五十万の大台に到達した。そこに押し上げた記事が「吉田茂回顧録」だ。週刊新潮で最初に話題を呼んだ本格的な連載手記である。その初回「政界第一歩」は次のように始まる。

〈私は昭和十四年駐英大使を最後に官を辞してから、終戦直後の東久邇宮内閣に外務大臣として入閣するまでの六年余の間は、全くの素浪人で、政治にも、事業にも関与せず、また、幸か不幸か、戦前は自由主義者とかのゆえに、戦争中は和平運動に関係したとかで、軍部に嫌われ憎まれたなどのことがあって、敗戦後追放にもならず、思いもかけなかった政党の総裁になり、前後七年間、政治の最高責任者として、困難な戦後の問題と取組むような廻り合わせになった〉

五〇年代に百万部を誇った週刊朝日やサンデー毎日の背中はまだまだ遠かったもの

の、齋藤はこの記事により、少なくとも週刊誌の発行を続けられる自信を深めた。吉田の手記は日本が太平洋戦争に突き進んだときの秘話だ。こう続く。

〈(戦前戦中の)その間多少とも政治に手を染めたといえば染めた経験としては、昭和十一年春、例の二・二六事件の直後、広田内閣のできる時、近衛公の依頼で広田弘毅君引き出しの使者に立ち、その関係から組閣の世話をせざるを得ない羽目になったことがある。私は広田君に出馬を勧めた行き懸りから組閣本部に入って閣僚銓衡の議に参畫し、その関係で私も外務大臣候補として挙げられていたようだ〉

吉田はその頃、軍部から親英米派の自由主義者とみなされて毛嫌いされていた。そのせいで組閣から外され、外務大臣になれなかったそうだ。おかげで戦後の戦犯追放もなく、東久邇内閣の外相として戦後政治の表舞台に立つことになったという。

〈東久邇宮様については、これは当時の内大臣木戸幸一侯爵に、後できいた話であるが、戦争直前に近衛内閣が潰れて東条内閣になったあの折にも、宮様にお願いしようという考えは近衛公爵などにあったそうである。それは当時軍部の行過ぎを抑えるには宮様でなければならぬという考え方から出たものだが、一方木戸さんなどは逆に、平和を求める内閣ならいざ知らず、まかり違えば戦争になるかも知れぬ当時の情勢か

らして、累を皇室に及ぼすことになるというので、木戸内大臣としてはこれに反対し、結局東条大将になったのだときいている〉

事実、木戸の心配したとおり、日本はまかり間違ったせいで太平洋戦争に突入してしまうのだが、この時点で東久邇内閣が誕生していれば歴史が変わっていたかもしれない。東久邇内閣は終戦を迎えてなお、米国に反発する軍部の残党や右翼を抑え込む役割を担い、周知のように吉田は重光葵に代わって対米交渉を任された。手記は、神奈川県の大磯で病臥していた吉田が外相として天皇の親任式に引っ張り出されたときの実体験をこう描く。

〈余談だが、困ったことにはモーニング用の黒靴を持ってゆくのを忘れた。緒方君(内閣書記官長の緒方竹虎)が靴はどうしたというから、「君は靴まで持ってこいとはいわなかったじゃないか」といって笑い合った。仕方なく借りものの靴で親任式に出たが、靴が大きすぎて歩きにくく、その上ゴボゴボ音がして、陛下の御前では殊に苦心したことを今でも忘れない〉

吉田は一九四六年五月に鳩山一郎の公職追放を受けて日本自由党の総裁となって首相に就いた。五四年の造船疑獄事件では犬養健法相による指揮権発動が内閣を揺らし、年末には内閣総辞職する。そのせいで当人は五五年の自由民主党の結成に参加できず、そこから五七年に入党するまで二年近く無所属のままだった。

齋藤はその間隙を縫い、週刊新潮に吉田の肉声を載せようとした。それが、この「吉田茂回顧録」として実ったのである。占領軍・連合国軍最高司令官（GHQ）のダグラス・マッカーサーや民政局（GS）長だったコートニー・ホイットニーと直に対面してきた終戦後の吉田の親米外交については、評価の割れるところだが、そこも当人の言葉で体験談を語っている。記事の最終五頁目には、終戦連絡事務局次長だった白洲次郎が、「吉田回顧録餘話」と題した囲みコラム「民政局の芝居」を寄せている。週刊新潮編集部の長い歴史の中でも、屈指の卓越した手記だといえ、これにより新潮ジャーナリズムが世に知れ渡る。

ちなみにこの号には、五味康祐の「柳生武芸帳」第四十話や柴田錬三郎の「眠狂四郎無頼控」第二十八話、井上靖の「白い炎」第十四話といった連載小説も掲載されている。齋藤は週刊新潮に文芸とジャーナリズムの両方をそろえ、総合週刊誌の形を整えていった。

文芸編集者だった齋藤は、週刊誌のスキャンダリズムをどこで身につけたのだろうか。松田に尋ねてみた。

「新潮の編集長をしていた頃、日本を代表する大家たちが文壇のゴシップを語るページがあったんだよ。それで齋藤さんは目覚めたんじゃないかな。齋藤さん自身、他誌に前の奥さんと別れたときのことを書かれたことがあって、それを見て『これはおもしろい』と感想を漏らしたという伝説もある。他人のスキャンダルはおもしろい、と週刊新潮でそれを書かせようとしたんじゃないかな」

この話はやや正確性に欠けるところもあるが、大筋ではあたっている。文壇のゴシップは戦前に新潮の編集主任を務めた中村武羅夫が考案した「不同調」や「創作合評会」のことだろう。また前妻との離婚について揉めた経緯もあるが、そこは後述する。

藪の中スタイルの誕生

齋藤十一がのちに新潮ジャーナリズムと称される週刊新潮の記事スタイルをつくった上で、欠かせない人物が読売新聞の村尾のほかにもう二人いる。一人が草柳大蔵、もう一人が井上光晴である。

〈特集記事などの執筆を草柳大蔵氏や井上光晴氏といった人びとに依頼したのも、ひ

とえに「新しい誌面づくり」がねらいだったのだろう〉

新入社員として週刊新潮編集部に配属された江國滋は、自著「語録・編集鬼たち」（産業能率短期大学出版部）にそう記している。創刊から週刊新潮にかかわってきた草柳と井上は、齋藤が誌面のメインに据えた特集記事の最終稿を書くアンカーマンだ。

もっとも草柳と井上では、明らかにタイプが異なる。東京帝大法学部時代に学徒出陣の経験を持つ草柳は、事実関係を取材で掘り下げる新聞記者タイプだろう。戦後、自由国民社の編集者から産経新聞の経済部記者に転じたのち、大宅壮一の助手となって週刊新潮に携わるようになる。

かたや井上は前衛作家として知られた小説家である。終戦後に国際派の日本共産党員となり、党を除名されたあとも左翼的な思考を残しながら、共産党をはじめとした政治性を嫌った。また齋藤十一に見出された瀬戸内晴美との恋愛でも有名になる。井上は男女の機微を絶妙なタッチで描き、週刊新潮では一九六〇年からスタートした「黒い報告書」の書き手としても活躍した。

「谷崎潤一郎や永井荷風の濡れ場をよく読んで、研究してくれ」

齋藤が編集部員にそう命じ、男女の痴情のもつれを作家に書かせる黒い報告書が生まれた。松田が二人のことを解説してくれた。

「創刊当初の編集部の取材記者は草柳グループと井上グループの二つに分かれて、記事を担当していたんだ。草柳さんは資料と取材を突き合わせ、新聞記事のようにほとんど地の文で書くスタイル。当時の週刊朝日などもそのスタイルで、それが普通だったし、ケガも少ない。だけど井上班は違った。もともと野平さんが売れない作家の卵のような井上さんを見つけて来て、特集記事を任せたんだ。で、週刊新潮で井上さんは取材コメントをつないでいって物語にする形を編み出した。いわゆるコメント主義で、やがてそれが週刊新潮の特集記事の原型になったんだ」

松田自身が一九六七年に週刊新潮入りしたときは、すでに二人とも編集部を去っていたが、野平や山田から当時の話を聞かされたという。

「二人のうち草柳さんはやがて光文社の女性自身の創刊に携わるようになった。齋藤さんはそれが気に入らなかったんだな。齋藤さんとの折り合いが悪くなり、草柳さんは辞めさせられた。それで週刊新潮では井上グループが草柳グループを吸収して一つになり、コメント主義の新潮スタイルを定着させていったんだよ。山田さんなんかは井上さんの弟子を自任していて、井上さんから文章の書き方を学んだ口。デスクたちはみな井上さんの文章を継承していったんだ」

これが世にいう週刊新潮の「藪の中」記事スタイルとなる。資料や物証がなければ、当事者の証言でそれを補い、それでも裏どりが難しければ、怪しさや疑いを匂わせながら書き手の捉え方を読者にぶつけて考えさせる。文字どおり真相は藪の中に消え、はっきりとは見えない。疑惑報道と言い換えていいかもしれない記事スタイルだ。新聞では書けない疑惑報道が、週刊誌の真骨頂と呼ばれるようになったのも、週刊新潮の藪の中スタイルからである。その原型をつくったのが井上光晴であり、のちの週刊誌はみなそのあとを追った。松田はこうも言った。

「週刊誌の記事をどう書くか、試行錯誤していた時代だったんだな。井上さんは取材原稿をハサミで切り張りして記事を仕上げていったんだそうだよ。まだ作家として売れる前だったから、週刊新潮の仕事は井上さんも助かったみたいだ。毎週十万円くらいの原稿料をもらって、雑誌の発売日には『飲みに行くぞ』と山田さんたちを誘って新宿あたりを飲み歩いていたそうなんだ」

特集記事の書き手である週刊新潮のデスクたちは、井上の考案した藪の中スタイルを踏襲していった。なかでものちに三代目編集長となる山田は、歴代の書き手の中でも名文家として知られるようになる。

この頃の新潮社の社屋では、三階に週刊新潮編集部が置かれ、齋藤はその下の二階に専属契約を結んだフリーランスの記者たちの働く別室を設けた。そこに二十人以上の専属記者をかき集め、それぞれの机を置いた。広いその部屋の扉には二十六号と書かれていたため、専属記者たちは社内で「二十六号組」と呼ばれた。草柳や井上はいわば二十六号室に常駐する外部スタッフたちのリーダーである。この二十六号組が草創期の週刊新潮の特集記事を支えていく。先の松田もその一人だ。

「僕が新潮に入ったのは、齋藤さんが週刊新潮で特集記事に力を入れようとした、ちょうどその時期なんだよね。これから週刊新潮の記事を特集主義でやろうと編集方向を決め、外部から人材をかき集めたんだ。あの頃は女性自身やヤングレディといった一種の女性誌ブームがあって、そこに手練れの記者がたくさんいたんだ」

松田は早大政治経済学部を卒業後、河出書房から主婦と生活社に発行元の移った「週刊女性」の契約記者をしていた。そこで野平にスカウトされ、六七年に週刊新潮編集部に移籍する。松田が頭の隅にしまってきた記憶をたどり、こう続けた。

「二十六号には、それはいろんな人が集まっていたよ。山田さんも二十六号の一人だったけど、大分合同新聞の名物記者なんかもいた。まるで兵どもの梁山泊のような雰囲気だった。齋藤さんの意を受け、野平さんが面倒くさいその連中をまとめていったんだ。野平さんの指令でわれわれが取材に走り、週刊新潮をつくっていったといっていいだろうね」

齋藤に命じられ、取材に不慣れなプロパーの編集部員や二十六号室の専属記者たちをしごくのが、二代目編集長となった野平の役割だ。前述したようにそこには、旧友である読売新聞の村尾という敏腕新聞記者の手助けがあった。三高時代の同級生だった野平と村尾は出版社の編集者と新聞記者、と道はわかれたが、寝食をともにした時期もある。

読売新聞では、自民党の実力政治家の番記者だった渡邉恒雄のような政治記者が社内で成りあがっていく一方、世界的なスクープを飛ばす村尾のような社会部の事件記者も活躍してきた。齋藤は村尾に協力を仰ぎ、野平は週刊新潮の記者たちを村尾に引き合わせた。二十六号室に入った松田もまた、野平に村尾を紹介され、長い付き合いになる。

部数の安定しなかった創刊当初、日曜日から火曜日へと変えていた週刊新潮の発売曜日は、のちに木曜日発売に固定された。週刊現代が月曜日で、週刊朝日とサンデー毎日が火曜日、週刊新潮と週刊文春が木曜日といった具合に各誌が競合しないようになっていく。松田たちは同じ木曜発売の週刊文春を意識してきたようだ。

「同じ木曜発売でも、うちと文春は棲み分けをしていてね。もともと文春は文藝春秋を発行する雑誌屋だから見せ方が上手で、重厚な特集記事を載せるのではなく、茶の間のちょっとしゃれたゴシップをやる。一種のサロン雑誌みたいなのが文春で、昔は殺しとか、政治経済のどろどろとした暗闘みたいなテーマを避けていたんだよね。でもうちは、齋藤さんが情念のルーツまで探るような記事を求め、そこが中心になった。『雑誌はトータル感が欠かせない』と齋藤さんは口癖のようにいい、特集からコラムにいたるまでご自分で企画を立て、センター会議で怒鳴りまくっていた。齋藤さんが『俺が頭でキミたちは足だ。だからキミたちは取材しまくれ』とおっしゃっているのは知っているし、それが俺たちにもわかるから、反発もあったよ。俺たちは『なんだ足かよ、腹や心臓でもないのかよ』と陰で愚痴っていたんだな」

齋藤が中心となって丸いテーブルで開かれるセンター会議で、齋藤が野平や新田たちを怒鳴りつけていたのは、松田たち階下の二十六号室組にも筒抜けだったという。

「センター会議で怒鳴りまくっている齋藤さんの下知が、天からわれわれに降りてくる。ただ、齋藤さんから直接言われると反発するかもしれないけど、そこにワンクッションある。齋藤さんの指示を受けた野平さんが、改めて二十六号で編集会議を開き、取材のテーマや内容をみなに発表するわけだ。そこが実にうまいところなんだね。野平さんは絶妙な言い方で、みなに齋藤さんの指示を発表する。となると、齋藤さんはやっぱり怖いし、誰も面と向かって文句を言えないんだね」

ゴールデン街の無頼伝

松田と同世代の出版人としては、文藝春秋の立花隆などもいる。立花は東大文学部仏文科から文藝春秋に入社するが、仏文科の同級生である岩本隼や青木克守は正社員としての就職を嫌い、週刊新潮の二十六号室に集った。三人は「東大仏文の天才三羽ガラス」と異名をとり、出版界で知る人ぞ知る存在だった。その一人である岩本は、東大時代にボクシングのプロライセンスを取得して話題になったある種の有名人で、週刊新潮の二十六号入りする。千葉県館山市に暮らし、漁師と童話作家を兼ねながら、週刊新潮の特集デスクを務める。いわば三足の草鞋を履いていた。もう一人の青木は、のちに齋藤が創刊した写真誌フォーカスのデスクとなるが、株好きが高じバブル期にいったん退社して投資家となった。そこからバブル経済の崩壊後に新潮社にカムバックする。

二十六号室にはそうした多士済々の記者や作家が集い、それぞれの個性がぶつかり合って記事づくりをしてきた。その連中を束ねてきた二代目編集長の野平は、そうしたフリーランスの記者を面接し、雇い入れてきた。フォーカスの二代目編集長となる田島一昌もまた、野平の面接を受けて二十六号組入りした一人だ。

「早稲田大学の露文（ロシア文学科）の同期だった寺崎茂が入社試験を受けて新潮社に入っていて、週間新潮欄を担当していたんだ。俺は入社試験も受けず、あの頃、女性誌や月刊誌でフリーの記者をやっていて、寺崎と新宿の二丁目やゴールデン街でよく飲んでいたんだ。で、週刊新潮にいたその寺崎が山田彦彌さんたちを店に連れて来てね、山田さんたちとも顔見知りになって飲み歩いてたんだ」

当人がこうユーモラスに語る。

「山田さんには慶大の同期に中村定さんというフリーの記者で飲み仲間の友だちがい

てね。で、俺と定さんの二人で飲んでいるあるとき、長崎佐世保のエンプラ入港が『おもしろそうだから見に行こうじゃねえか』と話題になったんだ。たしかそのとき定さんは、月刊誌の仕事をしていて、俺は女性週刊誌の取材記者でね。お互いの編集部に『エンプラを見に行くから休みます』って向こうに出かけたわけだ」

詳しく説明するまでもなくエンプラとは米原子力空母エンタープライズであり、話題は一九六八年一月に起きた長崎県の米軍佐世保基地への寄港阻止事件のことを指している。エンタープライズが、ミサイル巡洋艦トラクスタンやハルゼーとともに佐世保港に入ると、寄港反対派が「ベトナム戦争の出撃基地になる」と反戦運動を繰り広げ、大騒ぎになった。田島と中村は記事を書くつもりなどもなく、フリーランスの気楽さもあり、物見遊山のつもりでそこへ出かけたのだという。

「そうしたら、そこに山田さんと元大分合同新聞の福さん（福永修）が来ていたのです。週刊新潮の特集記事で、ベ平連や学生が何をやるか、取材しようとしていたんだね。たしかそこには小田実さんもいたよ」

「ベトナムに平和を！市民連合」、通称ベ平連は六〇年安保闘争の「声なき声の会」を発祥とし、小林トミや小田実などが反米新左翼運動を展開した。当初は開高健も参加していたが、のちに路線対立して脱退した。

「齋藤さんにしてみたら、『どうせ大したことはできねえだろうけど、それを見てこい』と山田さんたちに取材させたのでしょう。で、山田さんが『おまえたち、ここまでせっかく来てんだから、手伝ってくれよ』と頼むんだ。こっちは金がないから大喜びで手伝った。結局、さほどのことが起きなかったので、週刊新潮の記事にはならなかったんだけどね」

田島はエンプラ事件がきっかけで、山田の同期生の中村とともに週刊新潮の二十六号室組へ仲間入りした。

「面接というような代物じゃなくてね。ノヒケン（野平健一のニックネーム）から『ちょっと来い』と呼ばれて行っただけなんだ。『仮に使っていただくとすれば、どういう条件になりますか』なんて尋ねると、『そんな大げさなこと、言うんじゃないよ。要するに俺が聞きたいのは、ここへ来て仕事をするか、しないかだけなんだよ』って鼻で笑われてね。その言い方がね、向こうは俺なんかより三枚ぐらい上手だなと感じて引き受けたんだよ。驚いたことにギャラは新潮の社員の月給より数段よかった」

田島が続ける。

「松田さんは俺より二年ぐらい前からかな、もう二十六号にいた。山田さんや福さん、定さん、亀井龍夫さんもいたな。龍夫さんは河出書房の『知性』という雑誌で編集をやっていて、そこからやって来たはずだよ。俺なんかは歳が若いし、チビ扱いだったね。それと岩本隼や青木もいたな。立花隆は入社試験を受けて正式に文藝春秋に入ったけど、東大時代の同級生だった残る二人は、会社員になろうなんて頭からなかったんだろうな」

東大仏文三羽ガラスの立花と岩本は、文藝春秋と新潮というライバル会社にありながら、二人いっしょにゴールデン街で「ガルガンチュア」というバーを経営していた時期もある。田島もそこにしばしば顔を出したそうだ。

「ガルガンチュアは、たしか立花さんが頼まれて雇われマスターを引き受けたんだと思うけど、俺もよく飲みに行ったな。岩本さんは似合わないのにフライパンを振っていたね。あそこには二階があって、俺は飲みながらポーカーをやっていたけど、他の店では売春をやっているようなところもあったね」

一種の週刊誌記者の無頼伝のようなエピソードだ。岩本のように三足の草鞋を履き続けたケースは別として、新潮社では二十六号組の多くがのちに正社員となり、社の幹部になっていった。天皇と呼ばれるほど畏怖されていた齋藤の編集部の統治について、松田は次のような見方をした。

「たしかに齋藤さんは怖い存在だった。しかし、その天皇伝説の本質は、恐怖政治じゃないんだよ。週刊誌は結果がすぐに出る。それは雑誌の売れ行きということに限らず、ものの見方というか、記事の評価も含めた結果なんだ。週刊新潮では、なぜか天から降ってくるテーマ、企画そのものがことごとく当たる。いざ徹底的に取材してみると、齋藤さんの言ったとおりだという結果の繰り返しなんだよ。だから、齋藤さんは怖い存在で、みなが恐れおののいていたんだ。そうしてますます天皇化していったんだね」

齋藤を仰ぎ見てきた松田には、新潮ジャーナリズムを支えてきた自負もある。

ヤン・デンマンの正体

週刊新潮の創刊した一九五六年から十年ほどのあいだ、多くの日本の若者が安保闘争に明け暮れた。そのせいで就職できなかった大学生が少なくなく、週刊新潮はそんな逸(はぐ)れ社会人を懐に入れて成長していく。半面、新潮社にはむろん大学を卒業してすぐ入社した編集部員もおり、彼ら多くの文学学生は文芸出版の編集を志して入社した。もっとも新入社員の大半はその希望を叶えられずに週刊新潮編集部に配属された。そうして週刊新潮編集部は、フリーランスの専属記者と文芸編集志望の社員が交じりあう混成部隊となっていた。鈴木克巳は一連の東大紛争のため七一年四月、先に新潮社に入社し、二カ月遅れの六月になって試験を受けて東大文学部仏文科を卒業した。文芸編集志望社員だった。

「僕が齋藤さんと初めて会ったのは、入社一年前の七〇年の五月頃の面接かな。七人の役員が目の前にいて真ん中に社長が座っていて、両脇が専務と常務、このとき齋藤さんはまだ平取（取締役）だったから割と端のほうにいた。週刊の編集長である野平さんが取締役待遇になりたてで、いちばん左にいたので齋藤さんはその隣だったと思います。印象としてはふんぞり返っているのはたしかなんだけど、熱心に話を聞くわけでもなく、一歩引いて上を向いてパイプを吹かしていた。何も質問しませんでしたね」

鈴木は東大時代、学生運動に明け暮れていたため、就職活動が遅れて文藝春秋と新潮社の二社しか入社試験を受けていないという。

「特定のセクトに属していたわけではないんですけど、デモに参加して機動隊と衝突していましたね。いちばん印象に残っている出来事が、六八年十月八日の新宿駅構内の衝突でしょうか。交通公社（現・ＪＴＢ）が入っていた東口側の駅ビルの裏で機動隊に囲まれちゃった。事務所の窓を割って逃げたんですけど、そのときに窓ガラスに手をついてしまった。指がちぎれそうになるほどの大怪我をして今でも傷が残っています。緑色のペンキを浴びせかけられ、そのまま逃げまわりました。ペンキが着いていると警視庁の捜索隊に捕まるので、隠れながら逃げて捕まらずに済みました」

鈴木は学生運動に没頭し、就職活動もしなかったというが、逆に逮捕歴があると就職は難しい。こうも話した。

「僕は逮捕されていないから就職に支障はありませんでしたけど、そもそも就職しようという意欲がなかった。就活時期が過ぎてしまい、入社試験がうんと遅い会社しか残っていませんでした。それで、新潮と文春を受けたんです。短い面接でした。覚えているのは社長が『大江健三郎をどう思いますか』という質問をしたくらい。フランス文学をやっていたし、僕としては出版部に行きたかったのですが、配属が週刊（新潮）になってしまった。だから週刊に内定したと聞いたときはがっかりしましたね」

のちに反戦のノーベル文学賞作家として知られるようになる大江は、東大仏文科時代に作家デビューし、新潮社からも数多く小説を出版している。鈴木の先輩にあたるため、社長の佐藤が面接で話題にしたのかもしれない。

今でこそ学生の人気が落ちているが、かつて出版業界の就職は最難関の業種だった。新潮社もピーク時には数千人が志望し、五人前後しか採用されなかった。競争率は実に千倍にのぼった。鈴木の入社した頃はそこまで競争が激しくはなかったろうが、難関には違いない。その新入社員はまず週刊新潮に配属され、そこから文芸の出版部門に異動になるパターンが珍しくなかった。それも「週刊新潮で文学を実践する」という齋藤の編集姿勢が影響していたのだろう。鈴木の入社したときは野平が編集長を務めていた。こう続ける。

「齋藤さんは創刊当時からずっと事実上の編集長であり、司令役でしたが、最初は僕も編集部で顔を見たことすらありませんでした。編集長の野平さんは、編集部のある三階と二十六号室のある二階の両方に机を置いていました。ただ三階ではほとんど姿を見かけず、一日中、嘱託記者のいる二階にいて、指図していました。できる記者たちはみな二十六号室にいましたからね」

斎藤が週刊新潮の誌面で考案した企画の一つに「東京情報」という名物コラムがあった。筆者は自称オランダ人記者のヤン・デンマンだ。斎藤の変名ともいわれ、実は本人が執筆している、ともまことしやかに伝えられてきた。のちに夫人の美和はヤン・デンマンのデンマンというラストネームについて、斎藤が輸入レコードを調達してきた米軍横須賀基地の将校の姓だと明かしている。斎藤がコラムの執筆者をそう命名したのは間違いないが、ファーストネームのヤンの由来については夫人はもとより新潮関係者のあいだでもほとんど知られていない。実は、ヤンはフィンランドの作曲家、ヤン・シベリウスをもじっている。ロシア皇帝の圧政に抗議の意を表した「フィンランディア」をはじめ数多くの名曲を残した世界的音楽家のシベリウスは、週刊新潮発刊の翌五七年に没している。斎藤が好んで聴いていた作曲家の一人である。ヤン・デンマンの名付け親である斎藤は、編集部員のなかでも、とりわけ達者な書き手による持ちまわりコラムとした。

「外紙の東京特派員たちが日本社会における政治、経済、事件の出来事をどのようにとらえているか、その視点で描け」

斎藤がそう指示し、東京情報はシベリウスの死から三年後の六〇年十二月から始まった。そこには、日本人記者では気づかない視点が欠かせない。

編集部員の連絡役

「現在もウィキペディアなどではあたかも齋藤さんが東京情報を書いていたかのようになっているけど、あれは嘘ですね。僕が知る限りでは、最初が児島襄（のぼる）さん、そのあとに新潮から来た菅原國隆さんや江國滋さん、それから亀井龍夫さんも何回か書いていて、あとは田島一昌さん。松田宏さんも一度書いたことがありました。もちろん東京情報も、タイトルやテーマすべてを齋藤さんが決めていました。第一回の東京情報は僕の入社前ですが、読んで覚えています。『日本女性のタテとヨコの物語』と題し、日本女性は割れ目が横についていると聞いた外国人が確かめるというふざけた話でした」

鈴木は週刊新潮に配属されて三年目から四年間、週間新潮欄の政治ページを担当し、そのあと体調を崩して一カ月ほど入院してしまう。退院後の七七年に東京情報の執筆に加わるよう打診されたが、体調不良のため固辞したという。

「それで松田さんが書いたのです。このとき齋藤さんから降りてきた企画は、労働組合が怒るような『ゴミ屋を警官に』。過激なタイトルでした。自治体の清掃局員が余っているから警察官にしろ、という話です。でも、この手のテーマをストレートに書いたら問題になる。だからいつもは野平さんが齋藤さんの意向をうまく翻訳して執筆者に伝え、齋藤さんも納得するような形で記事をつくっていました。ただ松田さんは慣れていなかった。で、齋藤さんの言うままに書いてしまったのです。案の定、もの凄い抗議の電話がかかってきました。段ボール何箱分かの大量の葉書が届いて、大変な騒ぎでした」

東京情報に限らず齋藤のつけた数々のタイトルは、ときに市民運動家や団体から「人権を蹂躙している、とんでもない記事だ」と批判を浴びた。「ゴミ屋」という清掃局員を見下したような下卑たタイトルは、齋藤が意図して表現したものだろう。かなり際どい言い回しだともいえる。しかし人間社会は表層的な人権論では、とらえきれない。そこには、清掃局員が社会のゴミ掃除をする「警官」と同じ役割を担っているという底意がある。あるいは、現在の警察官がその本来の役割を果たしているのか、と疑問を呈している。外国人記者の筆を借り、齋藤は東京都をはじめとした警察や自治体行政に疑いの目を向けていた。その疑問にどう答えを導くか、そこが記者の腕の見せどころである。

だが、ときには失敗もあった。このときはあまりの抗議の殺到により、松田は一度きりの執筆で東京情報の担当を降ろされてしまった。

野平は齋藤の真意を推しはかりながら実際の記事づくりを担ってきた。そのために取材や記事を注意深く見て、指示を飛ばしてきたのである。将棋にたとえたら、齋藤にとって編集長の野平が飛車、副部長の菅原が角といったところだろうか。菅原もまた新潮の次長から週刊新潮の副部長となり、表に出ない齋藤と編集部員とをつなぐパイプ役を果たしてきた。だが、七七年の四月、心筋梗塞で倒れてしまう。そのあとを担ったのが、鈴木である。

「その後、東京情報を長く書いたのは田島さんでした。彼は実にうまかった。野平さんは使える人をとことん使うタイプだから、田島さんは大変でしたね。田島さんは日曜日の晩に徹夜で東京情報を書き、明けた月曜の晩にはデスクとして四〜五ページの特集記事を書く。田島さんは二晩連続の徹夜を毎週、何年も強いられました。僕なんかは、あれでよく生きてるな、できる人は可哀想だな、と思いましたね」

鈴木も見込まれていたから菅原に代わって齋藤と編集部との連絡役を務めたのだろ

うが、本人はあくまで自虐的に話す。

「菅原さんが倒れて僕が連絡役を務めるようになりましたが、僕は副部長だった菅原さんと違い、一種の雑用係というか、秘書役みたいなものです。野平さんに直接指示するまでもないようなとき、僕が齋藤さんに呼ばれて編集部に伝える役割です。僕は病気をしてから数年間は大した仕事をしていませんし、ときどき特集記事のまとめをやっていたくらいですから」

新潮社全体で見れば、七二年に出版された有吉佐和子の「恍惚の人」がのちに映画やドラマになり、ロングセラーとなった。そこで牛込中央通りを挟んだ駐車場跡地に新潮社別館を建てた。別館は「恍惚ビル」と呼ばれ、週刊新潮編集部はその二階に移り、齋藤も同じ二階の二十八号室に越した。かつてセンター会議と呼ばれていた齋藤中心の編集会議は、そこから御前会議と呼ばれるようになる。松田や鈴木はあくまで円卓会議やセンター会議と呼んだが、それ以降の世代の編集部員は、皮肉を込めて御前会議と名付けた。実際、小生もそう呼んでいた。御前会議の連絡役が鈴木だった。

「齋藤さんの部屋には、業務机もないんですよね。応接用の低いテーブルがあるだけで、ご本人が陣どっていました。僕はそこに行き、いろいろ指示を受けたり、メモをもらったりしたわけです。齋藤さんからタイトルの書いてある紙をもらい、それをコピーして特集班のデスクに配るのも僕の役目だった」

鈴木の齋藤評はこうだ。

「齋藤さんには特別な情報元がありません。目の付けどころがいいというか、それだけなんです。ですから、本来、齋藤さんから出るスクープ記事はありえない。ただ、ものの見方というかね、それが独特ではありました」

週刊新潮誌面において、齋藤の目の付けどころが抜群に冴えた記事は数え切れない。札幌医科大学の「和田寿郎心臓移植事件」の特集記事などはその典型だろう。

「おかしい、取材してみろ」

日本初の心臓移植という報道に接した齋藤が野平にそう命じ、北海道に向かった編集部員が、二十六号組の松田だった。これが松田にとって、生涯忘れられない記事となる。

「これは殺人事件です」

週刊新潮の六八年八月二十四日号に〈「奇跡的に蘇生」と報道されていた心臓提供

者〉と題した特集記事が掲載された。発売はそれより一週間前の八月十七日だ。

北海道帝国大学医学部を首席で卒業した和田寿郎は、心臓血管外科医として、自らの姓を冠した人工弁の「ワダ・カッター弁」を開発し、アメリカ・ヒューストンのデントン・A・クーリーによる世界初の完全植込み型人工心臓にも使われた。南アフリカの心臓外科医であるクリスチャン・バーナードと旧知の和田が中心となり、この年の八月八日、札幌医科大学胸部外科チームが日本初の心臓移植に挑んだ。和田はまさにときの人だった。

ところが、週刊新潮の特集記事により、殺人容疑が浮上して日本国中が大騒ぎになる。タイトルにある「奇跡的に蘇生」した提供者から心臓を取り出して殺したのではないか。一本の週刊誌記事が「和田寿郎心臓移植事件」と呼ばれてきた事件に火をつけたのである。

松田が語る。

「僕一人で向こうに行かされてね。取材をしていると、殺人事件じゃないか、と思えたので、野平さんにそう報告したんです。『海で溺れていったん生き返ったドナーの心臓を使ったんですよ』って言うと、ビックリ仰天していた。野平さんは『医学的に証明できるか」と聞く。それからデスクの山田さんが応援に来てくれたんだ。ほかの応援はもういらないから、と断って僕が取材を続け、山田さんが記事を書いたんだよ」

心臓移植手術をしたのが八月八日だから、取材は一週間ほどだ。

「疑った初めのきっかけは和田さんの記者会見だったね。そこに『私たちの息子が心臓を提供しました』と家族も出ていたんだ。和田さんは『日本の医学の画期的な進歩に貢献した』と家族を褒めるわけよ。俺はいちばん後ろでその記者会見を見ていた。ところが、晴れの舞台に出てきたはずの心臓の提供者の両親たちが、会見ではみんな下向いているんだよ。変だなと思ってね。それで俺は改めて時事通信の記者と提供者の家に行ったんだ。そしたら、お母さんが泣き出してしまってね」

母親は松田に訴えた。

「息子は小樽で溺れて野口病院へ向かったんだけど、救急車の中で生き返ったんです。だからもう手術する必要もないし、『時間が経てば元に戻りますよ』って、担当の先生もいったん帰っちゃったんです。でも、夜中に『容態が悪化したから札幌医大に息子さんを移動させる』と連絡が入った。それで、札幌医大に向かったんです、そしたらもう……」

母親が札幌医大に駆け付けると、息子はすでに集中治療室にいたという。そこから心臓移植手術が始まったのだそうだ。

心臓提供者は駒澤大学四年生の山口義政という二十一歳の青年だった。実際に執刀前日の七日昼前に小樽市内の蘭島海水浴場で溺れ、救助されたときには瞳孔が開き、絶望的だと思われた。ところが小樽市消防署によって市内の野口病院まで救急車で運ばれる途中、息を吹き返す。奇跡的に蘇生させた立役者が消防隊員の難波順一郎である。松田はまず難波に取材し、松田の報告を受けたデスクの山田が難波の証言を以下のようにまとめた。

「山口君を救急車に乗せてから、ずっと酸素ボンベの人工呼吸と、私が特にこういう場合にやる強圧人工呼吸をやったんです。みんなダメだというんですが、こっちは務めですから無我夢中で続けたわけです。たしか五、六分やったころでしたかねえ、急に救急車が急ブレーキでガクンと停った。ところがそのハズミで私の手がグッと山口君のオナカに入ったんでしょうねえ、そのショックで心臓が鳴り出したんですよ……」

まさに臨場感あふれるタッチである。そこから松田は野口病院の担当外科医である上野冬生にカルテを見せてもらいながら、話を聞いた。

「(午後)四時ごろになって瞳孔の反射も見られるようになり、涙も出るようになったんです」

上野はそう言った。だが、そこからの動きが変だ。なぜか担当医の上野は山口の処置を野口病院長の野口暁に任せ、自分自身は和田のいる札幌医大に向かう。実は和田は日頃から野口病院で手術を手伝うなど、野口とは旧知の間柄だった。

松田は事件の関係者の取材を続けた。その中の一人に、当時札幌医大で整形外科の講師を務めていた医師がいる。言うまでもなく、のちに純文学の大家となる渡辺淳一だ。渡辺は、マスコミの寵児となった和田に疑問を呈しながら、記事に微妙なコメントを残している。

「今日の和田は、幾人か死んだ人の上に築かれた和田ということですよ。まあ、医学の進歩にはそういう犠牲といっちゃ悪いが、それはつきものなんですね。だから和田個人にはずいぶん不満を持っている人が多いんじゃないかなあ……」

松田と渡辺はこの事件以来の付き合いだ。改めて松田が言った。

「和田さんは胸部外科部長で、当時の渡辺先生は一介の整形外科講師にすぎない。だから、渡辺先生にとって和田さんは殿上人（てんじょうびと）みたいな存在だったと思うよ。でも、説明すると、けしからん、と批判にまわったんだよ。そこから札幌医大の麻酔部長さんとか、心臓を提供される側の担当医の一人を紹介してくれたんだ」

松田に協力したそのことが、渡辺の作家になるきっかけとなる。渡辺は後日、事件をモチーフにした「小説心臓移植」という小説を書き、「白い宴」と改題して発表した。松田が言葉をつないだ。

「なにより実名コメントまで出ているものだから、札幌医大で問題になったんだ。それで向こうにいられなくなった。俺は続報のためにひとつきに一回は札幌に出張してそのたび札幌パークホテルのロビーで渡辺先生に会った。すると無精髭ボーボーの先生が『俺は松田君のせいでもう札幌にいられないからどうにかしてくれ、新潮社で雇ってくれ』と言うんだよ。あとからわかるんだけど、実は先生には東京に札幌出身の彼女がいてね、そのために上京したかったんだよ。彼女とは札幌で付き合っていたらしいけど、東京に行って銀座のバー勤めをしていた。先生が小説を書き始めるとやがてアカシアというバーのママになってね、先生の担当編集者はそこに通わなければならなくなった」

週刊新潮の記事が出たこの年、疑惑の和田は十二月に殺人容疑で刑事告発され、捜査が始まった。医学界が騒然とするなか、松田は二階の二十六号室から齋藤に呼ばれた。センター会議と呼ばれる編集会議で円卓のソファに腰かけている齋藤は、野平に連れられてそこにやって来た松田を振り向いて言った。

「ああ、キミが松田君か」

松田は齋藤の後ろに畏まって立っているだけだ。

「ハイ、松田宏と申します」

そう返事をすると齋藤は言った。

「ああ、ご苦労さん、もういいよ」

それが松田と齋藤の初対面だったという。

「さすがに野平さんがあとで、『まあ、齋藤さんはああいう人だからな。悪いな』と申し訳なさそうにしていたな。でも、僕は齋藤さんに認められた気がして嬉しかったよ。そのあと齋藤さんに銀座に飲みに連れていってもらったからね」

心臓移植から二年後、札幌地検は嫌疑不十分で和田を不起訴とするが、松田の取材した〈「奇跡的に蘇生」と報道されていた心臓提供者〉は、長い週刊新潮史上でも屈指のスクープ記事だといえるだろう。松田の取材は週刊新潮で大きく花開いた。

〈いよいよ大詰め〝総裁選〟金と権勢の亡者の大見世物〉――

齋藤がそう題した週刊新潮一九七二年七月八日号の記事もまた、ときの政界を大きく揺らす。

闇に葬られた角福戦争の黒いウワサ

「三角大福中の争い」と話題になった自民党総裁選が迫るなか、六月三十日に発売された週刊新潮は、中曽根康弘が田中角栄に味方する見返りとして、七億円を受け取ったと書いた。松田が取材し、次長の亀井淳がデスクとしてこの特集記事を執筆した。記事の取材状況を松田が説明してくれた。

「本命と対抗が田中角栄と福田赳夫という角福戦争で、はじめ福田につくと考えられていた自民党総務会長の中曽根が、七億円で角栄に寝返ったというんだ。僕にその証言をしたのが、中川俊思という広島を選挙区にしている福田派の代議士だった。その中川の事務所に行って本人から直接話を聞き、記事にすると、大騒ぎになったんだ。

中曽根が週刊新潮を名誉棄損で刑事告訴してね。僕とデスクの亀井淳が東京地検特捜部に呼ばれ、大変な目に遭ったんだよ」

記事が出た直後の七月一日に開かれた自民党総務会はとうぜんのごとく大荒れになった。すると中川は驚きの行動に出る。あたかも松田に唆（そそのか）され、確証のないウワサを話してしまったかのように、自民党総務会で話し、週刊新潮への証言を撤回してしまったのである。一方、中曽根は中川と新潮社を東京地検に告訴したと発表した。

だが、齋藤がそれで引き下がるわけがない。実は最初の記事〈いよいよ大詰め〉は、短い記事を何本も並べるワイド特集の一本だった。そこから翌週の七月十五日号（八日発売）では、六頁の本格的な特集記事に昇格させ、〈「中曽根派黒いウワサの記事」取材から掲載までの真相〉とタイトルを変えて第二弾を放った。記事にある中川と松田のやりとりを紹介する。

〈「キミ、中曽根にゴタゴタがあることは知っているかい。そうだ、総裁選に出馬するようなことをいってて、田中支持に変ったイキサツだよ」〉

松田は中川事務所から特ダネがあると連絡を受けて永田町に駆け付けた。すると、中川本人からこう聞かされたという。

〈「実はね、あの中曽根の寝返りの真相はこうなんだ。情報によると、中曽根派がまとまって田中支持に変ったのは、同派の一人一人に各一千万という金が渡されたからだよ。うん、その金は、中曽根が田中角栄からもらった七億円から出ている。ところが中曽根は、同派の会合で、その金は田中からもらったとはいわないで、〝北炭（北海道炭礦汽船）の萩原（吉太郎相談役）から二億円借りたものだ。萩原さんは河野（故・一郎）さんの友人であり、決して不浄の金ではない〟と説明したんだね。（中略）ところがだね、この（中曽根氏の）話はみんなウソなんだ。こりゃ、オレが萩原さんに会って確かめたから間違いない。なんならキミも、萩原さんに会いなさい……」〉

中川はご丁寧にも北炭の電話番号まで伝え、松田に取材するよう示唆した。謀略情報の飛び交う政界の話だけに、むろん松田も中川の証言を疑ってかかった。だが、中川は実名で証言するとまで言った。そこから松田たち編集部の記者たちが裏どり取材をして記事に踏み切ったのである。

ちなみに中川はこの年の十二月におこなわれた第三十三回衆院選で落選する。秀直を娘婿にとって政界を引退したあと、明くる七三年十一月に他界した。中川秀直は小泉純一郎の側近として活躍した時期もあったが、息子の俊直に選挙地盤を譲って今は政界を去っている。松田に改めて記事の経緯について聞いた。

「中曽根は必死だから僕らを刑事告訴したんだろうね。同時に、中川も告訴したと発表した。しかし、結局、中川まで訴えていろいろバラされたら困るので彼は告訴できなかったんだ。あとになって中曽根は地検に『中川代議士を告訴する意思はない』と二度も上申書を提出していたことまでわかった。だから、訴えられたのは新潮社だけなんだ」

松田がこう言う。

「三日間取り調べを受けてね、亀井さんも呼ばれたけど、特捜部に行って説明したのは俺一人。それを編集部で野平さんに報告すると、齋藤さんがおもしろがってね。取り調べの経過を含めて取材のはじまりから終わりまで全部書け、と言うんだ。どうやって七億円をやりとりしたのか。まだ俺が取り調べを受けている最中、それを亀井淳が書いたんだ。そしたら取り調べの検事が、『事情聴取をしてるさなかに、どうしてまた記事が出るんだ』ってカンカンになってね。それでも記事は評判を呼んで二週とも完売したんだ」

中曽根に対する七億円事件で前言を翻した中川に対し、記事はこう辛辣に書いている。

〈都合のいい時は〝週刊誌〟を利用しようとし、その結果、火の粉が自分のほうにもふりかかってくると思うと、「ないもの」にしてしまう。政治家のご都合主義が目に見えるようである〉

中川は中曽根に向け、十二月二十六日付の朝日新聞と群馬県の上毛新聞に謝罪広告を掲載した。

〈去る昭和四十七年七月八日号週刊新潮誌上の自民党総裁選に関する記事は、私の主張した自民党の体質改善の意図に反したるのみならず、私の舌足らずや、配慮不足のため真実に反した談話となり、結局貴兄に大変ご迷惑をおかけしたことは、誠に申訳なく陳謝致します〉

そう平謝りした上で、こう書く。

〈尚、今回の件については、一切の責任は挙げて私にあり、如何なる他人にも転嫁しようとは考えませんので併せて御諒承願います〉

とどのつまり新潮社に責任はないと書いているのだが、はっきりさせたい齋藤は「編集部告」という形で以下のように編集部に書かせた。

〈われわれは、一代議士の使いヤッコでもなければ、派閥の私兵でもないことは、あらためて断わるまでもないことです。中川俊思氏の氏名を、当該記事に明記したのも、そのことを、読者各位に明瞭にしておきたかったからです〉

齋藤は自民党の総裁候補から刑事告訴され、東京地検で記者が取り調べを受けても、なんとも思わなかった。松田が言った。

「特捜部の検事は、はじめ『まつだぁ』と叫んで灰皿をぶつけて来たりして、それは取り調べが激しかった。だけど、次第に真相がわかってきたんだろうね。二日目ぐらいから『松田君』に呼び名が代わり、最後は『松田さん、もっと裏の話があるでしょ。よければ教えてよ、松野頼三のことなんかのことを』と猫なで声を出してきた。今でも担当検事の名前は憶えているよ。けれど、齋藤さんはといえば、もう松田は監獄に行ってもいい、みたいなことまで言っていて、酷いもんだったね。頭にくるより、むしろすごい親父だと感心した。そうしていたら、中川俊思がとつぜん会社を訪ねてきたんだよ。それで当人から詫び状をとったんだ」

中川はわざわざ新潮社を訪問して頭を下げたという。

東京地検はハナから新潮社を起訴するつもりなどない。中曽根の世間向けアピールに利用されただけだ。そうして真相は藪の中に葬り去られた。ロッキード事件という戦後最大の疑獄事件で田中角栄が逮捕されたのは、それから間もなくのことだ。

ネタ元は児玉誉士夫と小佐野賢治

ことは一九七六年二月四日、米航空機メーカーによる日本政府への売り込みに絡む極秘資料が米上院議会で暴露されたことから始まった。二日後の六日金曜日の午前中、まだセンター会議と呼ばれていた週刊新潮の編集会議が開かれた。そこでの齋藤の関心は、ロッキード社の代理人としてその存在が明るみになった児玉誉士夫にあった。

「児玉が失脚すると、どうなるんだ。結局、児玉ぐらいだろう、戦後の皇室を支えてきたのは……」

齋藤がいつものように編集長の野平や副部長の菅原にそう尋ねたが、誰も答えようがない。齋藤は明治天皇に敬意を払ってきた。だが、昭和天皇以降の皇室のあり様には常々疑問を抱いてきた。とりわけ戦中、戦後の右翼と皇室、さらに政界との怪しげなつながりに不信を抱き、強い関心を寄せてきた。

齋藤は昭和天皇に先の大戦における戦争責任があると考えていた。戦後の天皇制にも否定的であった。たとえば美智子皇太子妃の誕生したミッチーブームのさなかの五八（昭和三十三）年十二月二十九日号の週刊新潮では、「第四のチャンス――天皇退位説を探偵する」と題した特集を掲載。宮内庁や皇室批判という菊のタブーを犯してきた。

齋藤の皇室への疑問は、戦争で稼いできた児玉のような戦中戦後の右翼に対する嫌悪がその根底にあったのではないだろうか。児玉は第二次大戦中児玉機関を駆使して蓄えたダイヤモンドなどの隠匿物資を現在の自民党結党の原資とし、政界の黒幕として隠然たる力を誇ってきた。暴力装置を備えた右翼が、戦後の天皇や皇室を支えてきた側面もまた否めない。

そうしてロッキード事件が発覚した。右翼の巨魁に捜査のメスが入ろうとしている。この先、齋藤は事件が政界だけでなく、日本のあらゆるところに波及すると想像をめぐらせた。わけても皇室にどんな影響をおよぼすか、そこに関心を抱いたのだろう。

もっとも週刊新潮の頭脳である齋藤と手足である山田や松田たちの感覚には、けっこうなズレがあったようだ。松田が次のような話を打ち明けてくれた。

「週刊新潮はロッキードの前から児玉のことを書いてきたし、ずっと格闘してきたんだ。実名をあげるとまずいけど、あの頃、児玉と通じ、さまざまな事件をつぶしてきた警察官僚がいたり、それに反旗を翻して資料集めをしてきたヤメ検がいたりした。いかにして彼らから情報をとるか、われわれ現場の記者はそこを競っていたんだね。あるときは松本清張さんに反児玉のニュースソースを教えてもらい、山田さんが俺を連れて情報元に話を聞きに行ったこともあった。ところがいつしかその山田さんが児玉自身に手を伸ばし、その周辺まで情報源にするようになったんだ」

週刊新潮のデスクや記者はクセ者ぞろいだけに、独自の動き方をした。なかでも三代目の編集長になる山田は児玉の秘書をし、六〇年に東京スポーツを創刊した太刀川恒夫とも親しくなった。松田が続ける。

「おそらく児玉が命じたのだろうけど、そのうち太刀川さんを通じて山田さんのところに政界の際どい情報が届くことが多くなったんだ。俺自身は児玉に取り込まれたらいけないと思ってあまり近づかなかったけど、たしかに山田さんは親しかった。児玉と仲よしになったジャーナリストは山田さんだけだよ。ロッキード事件が発覚したのはそんなときだったな。デスクだった山田さんが『児玉は日本の反共の防波堤だ、あんな立派な男はいない』って突然言い出したんだ。それで後藤や亀井たち他の四次長はみなたまげてね。亀井淳なんかは『山田は完全に児玉に取り込まれた』と言い出したんだ。山田さんは小佐野賢治とも親しかったしね。新聞記者だったらありえないかもしれないけど、こっちは雑誌記者なんだからどちらとも付き合う」

松田はそれも記者としてのあり様だと評価していた。取り込まれたふりをしている場合もある。もっとも取り込まれたという評判があるとすれば、何らかの見返りがあったのではないか、とも想像してしまう。

「まあ、まったくないとはいえないけど、たとえば小佐野はバス会社を持っているだろ。国際興業の路線バスのチケットをくれるんだそうで、『松ちゃん、俺、使わねえから、やるよ』と山田さんからチケットの束を見せられたこともあった。けど、山梨や伊豆のバス券をもらっても仕方ないから、断った。だから山田さんは、チケットを誰かにあげるか、捨てていたんじゃないかな。そんな程度だったよ」

バスのチケットは金券である。固いことをいえば、やはりまずい。仮にニュースソースとの関係から受け取らないと角が立つというなら、なんらかの形で返さなければならないが、そうしていたかどうかは定かではない。松田はこう言った。

「俺たちはロッキード事件が起きる前後から小佐野賢治をマークしていたんだ。だけど、小佐野は特定の人間以外には会わなかった。なのに、どうやったかは知らんけど、山田さんは会えたんだ。それで僕が山田さんに指示され、八重洲ホテルの裏にあった国際興業の広い本社に行ったこともあったよ。朝五時半に国際興業にタクシーで乗り付けた。『従業員のふりをして受付に挨拶をしながら素通りすればいい。間違っても週刊新潮です、なんて言ったらダメだぞ。朝、社員たちはバスの料金の小銭整理で忙しいから、誰も気づかない』とアドバイスされ、そのとおりにやると会社に入れたんだよ。そこにはもう社員が大勢いて、テーブルの上に置かれた五円玉や十円玉を袋から出してみな下を向いて数えている。その向こうに応接室が二部屋あって、その一つに小佐野本人の姿が見えた。そこへ忍び込むと、手形かなんか知らんけど、書類にハンコを押していた。その目の前に立って、『小佐野さん、新潮です』と名刺を出したら、ビックリしていた。山田さんの言っていたとおりうまくいった」

小佐野はその前に何度も週刊新潮の山田と会っていたようだ。とつぜん現れた松田に動転することもなかったという。

「あと十五分で済むから、向こうで待ってろ」

後ろの応接ソファを指さし、実際に十五分後に松田は小佐野に取材した。

「うちの山田から言われたとおりにやって来たんですけど、本当に小佐野さんに会えるとは思っていませんでした」

松田がそう持ち上げると、まんざらではなさそうに手を振って破顔した。

「ほかに誰も俺のところに来ないだけだよ」

まさにロッキード事件の渦中のことだ。その取材現場について、松田に聞いた。

「たしか山田さんから『日銀と国鉄総裁のポストについて、田中角栄がどう考えているか、それを聞いてこい』という話だったと思う。小佐野は『へーぇ、そんなことに週刊新潮が興味あるのか』と笑いながら、そばの受話器をとって電話をかけはじめたんだ。誰にかけるのか、と思ったら、それが読売の渡邉恒雄なんだよ。『いま新潮が人事について聞きに来ているけど、珍しいだろ』なんて調子で話している。ナベツネも小佐野と親しかったんだろうね、やりとりが受話器から聞こえてきた」

松田はそうして山田に指示され、何度か国際興業に向かった。ときに小佐野の話を実名コメントとして載せ、ときに情報源として使った。松田はこうも話した。

「ときどき小佐野の秘書が二階から慌てて下りて来て止めようとされたけど、ずかずかと応接室に入ればそれでだいたいパスしたんだ。ある日、俺より早く小佐野と会っている奴もいた。三鬼陽之助だった。国際興業で児玉を見たこともあったな。齋藤さんはそんな取材の裏話なんて興味ないだろうけど、俺たちはハラハラするそんな取材がおもしろかったよ」

仮に山田たち現場の記者やデスクが取材先に取り込まれても、頭脳である齋藤を納得させられる結果でなければ、週刊新潮の誌面には採用されない。あがってきた情報をどう処理するか、そこは齋藤次第なのである。

山田や松田たち外部から来た専属記者は、プロパーの若い社員記者を連れて取材に歩いた。そうして社員記者もまた取材のノウハウを身につけていった。

フリーとプロパーの混在

山田や松田をはじめ週刊新潮の特集記事を支えてきた二十六号組の専属記者たちは、もともと原稿を書いて暮らしを立ててきたフリーランスだ。生活がかかっているから仕事にどん欲である。それがジャーナリストに欠かせない嗅覚を培ってきたといえるかもしれない。札幌医大の和田寿郎による心臓移植を殺人事件だと疑った松田もまた、随所で独特の取材感覚を発揮した。

反面、大学卒業をしてストレートに新潮社に入った後藤や鈴木たちプロパー組には、衣食住のために奔走するようなたくましさに欠ける。だがその分、高学歴で知識や教養に自信があり、プライドが高い。理屈や道理にも聡い。齋藤は週刊誌づくりのスタッフとして、そのどちらも必要とした。

後発となる出版社系の週刊誌編集部は、齋藤が考案した週刊誌づくりを取り入れてきたといえる。週刊文春にしろ、週刊現代にしろ、さらに後発の週刊ポストや週刊宝石にしろ、編集部にフリーランスを雇い、似たような形をとった。言うまでもなく、それは新聞や新聞社系の雑誌と異なり、経験の少なかった編集部員の取材ノウハウを補おうとしたからにほかならない。いわばその走りが週刊新潮の別室である二十六号室に集まった記者たちだ。

週刊新潮からあとの出版社系週刊誌の編集部では、専属記者から会社の幹部になることはほぼありえなかった。プロパーの社員編集記者とフリーランスの契約専属記者とのあいだには垣根があり、ごく狭い世界におけるある種のヒエラルキーが存在した。

しかし、新潮社では専属記者たちが会社組織のなかで出世していった。ひょっとすると、それは齋藤自身が早大を中退し、家庭教師から新潮の編集長や重役に昇りつめた成功体験があるからかもしれない。また、もっとさかのぼれば、秋田から単身上京し、日本屈指の文芸出版社に自らの会社を育てあげた創業者の佐藤義亮の精神が息づいてきたような気もする。

齋藤は二代目の野平編集長体制以降、四人の次長を置き、週刊新潮編集部を構成した。齋藤が編集長の野平や副部長の菅原に指示を出し、そこから山田彦彌、後藤章夫、亀井淳、亀井龍夫という四人の次長デスクに伝えるシステムだ。その四次長には補佐するデスクがそれぞれに一人ずつつき、特集記事とコラムの活版記事の四班を編成してきた。各班の人員は十二〜十三人、それとは別にグラビア班があり、総勢六十人の編集部員体制を敷いてきた。この体制は今なお週刊新潮の基本となっている。むろん奥の院から指令を飛ばす齋藤は形の上では編集部の体制に入っていない。

野平編集長体制の四次長の内訳でいえば、二十六号室の出身者が山田彦彌と亀井龍夫、新卒で新潮社に採用されたプロパー組の次長は後藤章夫と亀井淳だった。二人の亀井のうち、二十六号室出身の龍夫は東大仏文科を卒業後、河出書房を経て五七年十一月に新潮社に転じた。プロパー組の淳は山田と同じ慶大仏文科を卒業し、五七年四月に新卒で新潮社に入社している。淳の同期入社には江國滋がいた。齋藤が意識してそうしたかどうかは定かではないが、週刊新潮はフリーランスとプロパー組の混在する四次長体制で黄金期を築いたといえる。

齋藤と野平は、この四人の次長を三代目の編集長候補と決め、競わせた。結果的に勝ち残ったのが二十六号組の山田だ。齋藤は山田を週刊新潮の三代目編集長に決めると、ライバルの後藤を初代のフォーカス編集長に就けた。残る二次長の亀井のうち、龍夫は齋藤が八五年に新潮45を創刊すると、その初代編集長となる。また淳はいっとき週刊新潮編集長の最右翼候補と目されたが、七八年に新潮社を去った。退社後に『週刊新潮』の内幕」などを出版し、新潮社や齋藤批判を展開するようになる。

週刊新潮の三代目編集長の山田と四代目の松田は、ともに専属記者から正社員になったあと、編集部の次長や副部長を経て、編集長に就任している。山田の編集長在任期間が一九八一年一月から九三年四月まで十二年あまり、松田はそのあとの二〇〇一年八月まで八年以上にわたっている。二人はともに編集長時代に取締役に昇進し、さらに常務や相談役として、新潮社全体の経営を担うようになっていった。また、フォーカスでは初代の後藤のあと、九二年四月、二十六号室出身の田島一昌が二代目編集長に就任する。

週刊、月刊を問わず、雑誌の編集長には多かれ少なかれ、唯我独尊的なところがある。またそうでなければやっていけない。編集長が決定する記事のテーマやタイトル次第で、雑誌の売れ行きが決まる。なにより編集長は編集人という立場で、すべての記事の責任を負わなければならない。したがって決断力が求められ、ワンマンでないと、やっていけない面がある。週刊新潮やフォーカスの編集長たちも、みなそうだった。

だが、週刊新潮には他誌と決定的に異なる点がある。それは編集長の後ろに天皇が控えていることである。編集長でもない齋藤が唯我独尊を極めた編集人であり続けてきた。それどころか新潮社のオーナー家である佐藤一族もまた、齋藤の意見に従ってきた。

第六章 作家と交わらない大編集者

（表）「週刊新潮」に長期連載され、後に書籍化された『ぼんち』と『わるいやつら』
（裏）山崎豊子と松本清張。齋藤が直接親交を持った数少ない作家

大作家が畏まる理由

「私は、山崎豊子と申します」

齋藤十一の前に出ると山崎豊子は、いつまでたっても畏まって決まりセリフのようにそう挨拶した。一九六二（昭和三十七）年三月から山崎の秘書を務めてきた野上孝子は、何十回と繰り返された二人の不思議な面談の光景に接してきたという。こう語った。

「いつもまるで初対面の女学生のようでした」

大阪・船場出身の山崎は本名を杉本豊子という。新潮社の齋藤との初対面は、週刊新潮が創刊した二年目のことだ。五八年に吉本興業の創業者をモデルにした「花のれん」が第三十九回直木賞をとり、齋藤が山崎に原稿を依頼した。このとき秘書の野上は大阪女子大（現・大阪府立大学）の学生だったが、話はのちに山崎から何度も聞かされている。

「齋藤さんにしてみたら『花のれん』を読んで、なかなか腕の立つ女だと感じたんでしょうね。私自身そのときはまだ秘書ではありませんので山崎からの伝聞で、現場を見たわけではありませんが、いきなり『週刊新潮に書いてくれ』と齋藤さんから頼まれたそうなんです。はじめ山崎は『私など、とんでもございません』とご辞退申し上げたらしいけど、一年ほどの準備期間を与えてくださった。それで連載を始めたのが『ぼんち』でした」

船場商家の跡取りの愛称である「ぼんち」は、放蕩を重ねるボンボンという響きがある半面、豪快に遊び、スケールの大きな商売人の卵という意味の含みもある。山崎は「ぼんち」で、老舗足袋問屋の跡取り喜久治を取り巻く商家の厳しい家族制度や特殊な風習を生き生きと描いている。原稿を齋藤から依頼された経緯について、野上が説明してくれた。

「山崎は日本の敗戦の頃から日記をつけていて、そこにも『ぼんち』が出てきます。日記にあるということは、齋藤さんに依頼されて新しく考えた物語ではなく、すでに準備されていたのでしょう。『暖簾』や『花のれん』なども、デビュー前に書きためていましたから、『ぼんち』もそのなかの一つだったはずです。ご自分であらすじを書いていました。だから、齋藤さんの依頼に応じることができたんだと思います。ただし、編集部の担当者が決まり、書き進めていくうち、齋藤さんから『ぼんちでは、うどんみたいでよくわからん。別なタイトルを考えろ』と言われたそうです。でも、山崎はそこを譲らず押し切った」

齋藤の指示を拒否する作家は珍しい。新人作家だったからそれができたのかもしれないが、山崎はタイトルに対し、ひといちばい思い入れの強い作家だった。「ぼんち」はそのまま週刊新潮で長期連載され、上下二巻で単行本化されてさらに映画にもなる。市川崑が監督し、市川雷蔵が主人公の喜久治を演じた。六〇年四月封切りの大映映画だ。そんな話題性もあって、小説は大阪府の芸術賞を獲得した。これ以来、齋藤と山崎という〝師弟〟の長い交友が始まったのである。

毎日新聞の記者時代に学芸部長だった井上靖の薫陶を受け、作家に転身した山崎は「ぼんち」のあと、サンデー毎日「白い巨塔」の連載をはじめとした社会派小説を次々とヒットさせていく。「日本のバルザック」と評されるまでになる。

その山崎に六八年、最初の盗作疑惑が持ちあがった。「婦人公論」に連載した「花宴」が、ドイツの作家エーリヒ・マリア・レマルクの「凱旋門」や日本の芹沢光治良(こうじろう)の「巴里夫人」、中河与一の「天の夕顔」に酷似していると指摘され、事件は婦人公論の編集長辞任騒動に発展する。野上が声を落として話した。

「実はあのときに私も初めて齋藤さんにお会いしたんです。いろんな方々からの盗作がある、と朝日新聞が大々的に記事をお書きになり、山崎は体調を崩して（兵庫県）西宮市の香雪記念病院に入院してしまいました。齋藤さんがわざわざ東京から西宮の入院先までお見えになりましてね。『高所恐怖症なので飛行機が嫌いなんだ』とおっしゃっていた。二時間くらい病室にいらっしゃって、山崎と話をしていました。私は部屋の外で控えていたので会話の内容は知りません。齋藤さんは帰り際に『帰りの飛行機は何時があるだろうか？』とお尋ねになる。『わかりませんけど、調べましょうか』と返事をすると、『調べる必要はない、空港へ行って帰りの便を待っています』と。ただそれだけのことでした」

野上は今も「このときの盗作問題に触れたくない」と口を濁す。

齋藤は飛行機が苦手だった。それを抑えて入院先にまで駆け付けたのは、盗作問題の対処方法を山崎に授けるためにほかならない。山崎は盗作騒動が起きると、日本文藝家協会を脱会した。だが、齋藤の見舞いのあとすぐに文壇に復帰し、作家活動を再開する。

齋藤は山崎に改めて「華麗なる一族」の執筆を頼んだ。七〇年三月に週刊新潮で始まった連載は七二年十月まで二年半を超え、同名のタイトルで新潮社より上中下の全三巻が出版された。野上が言葉を継ぐ。

「山崎は『ぼんち』の次の『華麗なる一族』では、齋藤さんから『大変よろしい』とお褒めをいただきました。そうして連載を続け、東京に行きましたら、必ず新潮社にお寄りするようになったのです。山崎は上京すると、何をおいても真っ先に齋藤さんにお目にかかっていました。何度会ってもいつも緊張しているので、そばにいて『なんでこんなオッサンがそんなに偉いのか』とずっと思ってきました」

常に山崎に同行して新潮社を訪問した野上は、齋藤をはじめ幹部社員たちとも顔を合わせてきた。そのときの異様な空気について、今も首を傾げる。

「もちろん私なんかはお二人の会話に口を挟めませんけど、会社の方まで誰も一言ものを言わないんです。新潮社二階のステレオのある大きな応接室で野平さんや菅原さん、新田さん、山田さんがそろって山崎をお出迎えして下さり、のちにそこに松田さんも加わりました。その全員が、齋藤さんに滅茶苦茶に気を遣われている。齋藤さんの前では何もおっしゃらず、噤口（きんこう）ばってはるんです。なんで、この会社は？　とけったいに思いましたね」

新潮社の幹部が山崎を出迎え、山崎が応接室で齋藤を待つ。奇妙な面談スタイルだ。

面談の最中は、極めて口数の少ない齋藤が山崎に問いかけ、山崎が短く返事をする。それ以外は沈黙が続くのだそうだ。

「新潮社の方のなかで、菅原さんがいちばん齋藤さんとお親しい気がしました。一度、（齋藤の来る前に）私がその菅原さんに尋ねたことがありました。左か右か忘れましたけれども、なんとなく齋藤さんはお目が悪いような気がしたので、『齋藤さんは義眼でいらっしゃいますか？』と聞くと、菅原さんは『いやそんなことはないと思いますよ。だいたい私は齋藤の顔を正面切ってまじまじ見たこともないのでわかりません』と言うではありませんか。毎日、接触してはるはずなのに義眼かどうか知らないなんておかしいんだけども、そうおっしゃる。齋藤さんがいらっしゃると会話はなく、山崎と齋藤の二人だけの世界、それも山崎が一方的に畏まっている、非常にへんてこりんな雰囲気を感じました」

二度目の盗作事件

「裁判に勝っても、作品で負ければ、作家的生命は終わりだ」

齋藤が山崎にそう説いた訴訟事件があった。山崎が七三年から七八年まで「サンデー毎日」に連載した「不毛地帯」を巡る二度目の盗作騒動がそれだ。終戦でシベリア送りになった元陸軍大本営参謀の壹岐正が、戦後、商社マンに転身し、日米をまたにかけた貿易戦争に奮闘する。主人公の壹岐のモデルが日本帝国陸軍中佐から伊藤忠商事の会長となった瀬島龍三なのは言うまでもないが、山崎は小説のモデルは複数いると発表してきた。折しも、小説の連載中に米航空機メーカーのロッキードやダグラス・グラマンの疑獄事件が勃発し、不毛地帯はますます注目された。その勢いも束の間、山崎はまたしても朝日新聞による盗作報道によってピンチを迎えた。

〈山崎豊子さん　また盗用　無名作家の作品から／3週連続、20余ヵ所も〉

朝日新聞の大阪版が七三年十月二十一日付朝刊で大々的にそう書いた。記事は「不毛地帯」が今井源治の「シベリヤの歌　一兵士の捕虜記」を盗用した作品だ、と次のように辛辣に報じている。

〈小説「花宴」で盗用騒ぎを起こし、日本文藝家協会を退会、文壇的生命は終わったとされたが、一年半後に奇跡的にカムバックした。……復帰後四年でまた起こした盗用事件だけに山崎さんの読者を無視した創作態度に文壇では「あきれた」という声さえ出ている〉

実のところ山崎は今井の著作を参考にしており、今井本人にも取材していた。参考文献を記すか、あるいは連載前に今井の了承を得ていれば問題はなかったのだろう。が、それより先にサンデー毎日を読んだ今井が、旧知の朝日新聞記者に訴え出て大騒ぎになったのだ。

したがって山崎側にも落ち度はある。だが、悪気はなく、単純なミスだと野上は悔しがる。

「連載の初めのほうで、盗作問題が持ちあがりました。朝日新聞にアムール鉄道や森林伐採の箇所などで『ここところが似ている』とずいぶん細かく書かれましてね。それで、サンデー毎日としては、もう連載をやめてほしそうな感じだったんです。実際、山崎は編集部に申し出て、しばらく不毛地帯を休載しました」

山崎は朝日新聞を相手取り、名誉棄損訴訟を起こす決意を固めた。このとき相談した相手はサンデー毎日の編集部ではなく、齋藤だった。野上が言葉を足す。

「あんまりひどい報じ方だったので、山崎が怒ったのです。たしか横浜のホテルニューグランドで齋藤さんとお目にかかったと思います。私は例によって部屋の外にいましたから、齋藤さんがお帰りになってから、山崎に話を聞きました。齋藤さんは『裁判はやめておいたほうがいい、作家が裁判をして勝ったって仕方がないだろう』とおっしゃったそうです。作家は書いてこそだっていうことでしょうね。でも、山崎としてみたら、まだまだ書かなければならないので、はっきりさせようと、裁判をやり始めたのです」

山崎はいったん齋藤の制止を振り切って裁判に踏み切った。著者の今井ではなく、朝日新聞を名誉棄損で提訴した。原告が小説家で被告が新聞社だ。野上がこう続ける。

「すると、齋藤さんは『もしサンデー毎日が（裁判で）連載を打ち切るようだったら、週刊新潮が引き取ってやるよ』とまでおっしゃってくださいました。でもそれをうかがい、私は山崎に『連載はやっぱりサンデー毎日で続けるべきだと思います』と言いました。すると山崎も『そら、いくらなんでもなぁ、そうやなぁ』としばらく休載し、やっぱり『サンデー毎日』で連載を再開しました」

半年間の休載後、連載は再開された。その後、山崎対朝日の名誉棄損訴訟は四年以上続き、七八年三月和解が成立する。山崎はあくまで判決を求めたが、それを止めたのが、彼女に対する齋藤の「作家的生命は終わりだ」という一言だった。

野上は自著「山崎豊子先生の素顔」（文春文庫）にこのときの模様を描き残している。

〈先生は一夜、声を放って泣かれた。結果、その言葉に従い、和解勧告に応じたのである。

小説だけに専念出来る日々が、戻って来た。

書くことだけに集中する環境は、何物にも代えがたい。疲労困憊した先生が、病気で倒れ、執筆中断という事態にでもなれば、それこそ「作家的生命」を断たれる場合もあるのだから〉

齋藤の言う「作家的生命」とは、ただひたすら書くことにほかならない。齋藤は、筆という武器を手にする物書きが、司法の場に訴えでて身を立てるという手段を嫌った。

不毛地帯の訴訟からずいぶん経ったのち、山崎が九一年に文藝春秋から「大地の子」を発表した。このあと齋藤のところに挨拶にやって来た。

「私はもう書くことがなくなりました。長々とお世話になりました。つきましては今日はお別れに参りました」

高齢のせいもあり、気弱になってそう話した山崎に対し、齋藤はワッハ、ワッハと大声で笑った。そのあと一喝した。

「キミは何をバカなことを言うとるんだね。紙と鉛筆さえあればどこでも書く人だろ。今はもう、疲労困憊して書けないかもしれないけど、半年、一年したら、キミは必ず動き出す」

野上が言った。

「先生が疲れ果てているのに、このクソ親父は何を偉そうに、と腹が立ちました。もちろん内心そう呟いていただけですけどね。ただ、齋藤さんのおっしゃるとおりになりました」

齋藤の予言どおり、山崎は大地の子のあとも「沈まぬ太陽」、「運命の人」と書き続けていく。

「二つの祖国はけしからん」

齋藤は作家に対し、作品に関する具体的なアドバイスをすることがほとんどない。「採用」と「没」の二つの返事をするだけだが、タイトルに対してはこだわりがあった。

山崎は「不毛地帯」を新潮社で書籍化したあと、すぐに「二つの祖国」に着手した。

「二つの祖国」は週刊新潮のデビューとなった「ぼんち」、「華麗なる一族」に続き、三作目の作品となる。ここでも山崎はタイトルを譲らなかった。二人は似た者同士かもしれない。野上がこう話す。

「齋藤さんは作品全体について、『あれはいいよ』とか、そういう感想をおっしゃることはありましたが、細かいことは指摘されません。『華麗なる一族』のときも『万俵大介がいい』とか、『美馬中がいい』とか登場人物の評論すらおっしゃらない。でもタイトルについてはこだわられていました。『二つの祖国』のときも、『祖国という言葉自体が日本の保守的な暗いイメージがあり、時代背景に馴染まない。ダメだ』とおっしゃる。『おまけに二つの祖国なんてもってのほかだ。どうしてもというなら〝祖国〟かなあ』と話されていました」

言うまでもなく「二つの祖国」は、ロサンゼルスにある日本語新聞社の日系二世の記者天羽賢治が、太平洋戦争に翻弄された姿を描いた大作だ。日本と米国という二つの祖国の狭間で揺れ動く物語を表す秀逸なタイトルに思える。

「私はこのタイトルに自信があります。一つのはずの祖国が二つあるという意外性に、読者も、どういう小説だろうかと関心を持つはずです」

山崎は齋藤に食い下がった。だが、齋藤はそれが気に入らなかったのだろう。野上が次のようなエピソードを明かしてくれた。

「いよいよ連載を始めるということで、連載スタート前の宣伝のため、山崎といっしょに米国に行ったときのことです。編集の方から、戦中、日本人が暮らしていたロサンゼルスのマンザナール強制収容所で写真を撮ってきてください、といわれて撮影しました。新潮社の担当の方が先に帰国し、山崎はしばらくリトル・トーキョーのホテルに宿泊していました。そのホテルに出来上がった週刊新潮が届いたのです」

山崎はマンザナール収容所の前で写っているグラビアページにある宣伝文句を見て、激怒した。

〈新しい小説「二つの祖国」（仮題）は、本誌六月二十六日号から連載の予定〉

改めて野上がそのときの山崎の様子を語る。

「仮題と書いているそれを見て、山崎が怒りましてね。『あれほど〝二つの祖国〟と言ったのにどういうことなの？』と齋藤さん宛に国際電話をかけたんです。山崎には、二つの祖国がある人の悲しさを書きたいんだという思いがあった。なのに仮題とは、なんたることか、と。まだ齋藤さんが納得せず、編集部にそう書かせたに違いありません。なので、いくら齋藤さんでもけしからん、わかっとらん、と言っちゃってね。電話をかけたときたまたま新潮社に齋藤さんがいらっしゃらなかったので、大騒ぎになっている様子が伝わってきました」

「週刊新潮」で「二つの祖国」の連載が始まったのは八〇年六月二十六日号だから、電話騒動はその少し前のことだろう。国際電話そのものが珍しかった時代だ。週刊新潮編集部では海の向こうからかかってきた人気作家の電話に驚き、蜂の巣をつついたような騒ぎになった。野上はその模様をはっきり覚えているという。

「もちろんコレクトコールで、齋藤さん宛に着払いでかけている。アメリカへかけることはあっても、向こうから電話がかかってくること自体がないでしょ。オペレーターに呼び出してもらうあいだ、編集部の皆さんの声が聞こえてくるのです。『おい、アメリカからだぞ、誰か出ろ』『齋藤さんは今どこにいるんだ』といった調子で大慌てしている。だけど、齋藤さんは会社にいらっしゃらない。それで山崎はホテルの便箋に『小説の題名は〝二つの祖国〟です』とマジックペンで大きく書いてファックスでお送りしました。ただ、もちろん齋藤さんからは折り返しの電話などありません。そのあともこの件については何もおっしゃらない。そういう方です」

結局、連載は山崎の希望どおり正式に「二つの祖国」と題して始まり、八三年八月十一日号まで三年二カ月近く続いた。連載中の八三年七月から単行本化され、トータルで上中下三巻のベストセラーとなってNHKが大河ドラマにした。松本幸四郎と島田陽子という人気絶頂の二人が主役だ。もっともドラマ化にあたっては、タイトルが「山河燃ゆ」に変更されている。その件について、野上はこう話した。

「大河ドラマのタイトルは、齋藤さんとは別の話で、アメリカにいる日系二世の方々のご意見なんです。戦時中、その方々が砂漠の収容所に送られて苦しい生活を強いられた補償金の話がもちあがっていました。二世の方々は、『われわれに祖国は二つない、アメリカだけの一つや』と言われ、大河ドラマ化反対のロビイストの動きが、日を追うごとに激しくなっていったことが原因でした」

恥を書き散らかして銭をとる

齋藤十一を仰ぎ見た数多いる小説家の一人が瀬戸内晴美、のちの寂聴である。瀬戸内は齋藤のことを恩人だと公言してきた。二人の出会いは週刊新潮創刊の翌一九五七年にさかのぼる。「女子大生・曲愛玲」が新潮同人雑誌賞を受賞し、新潮社の授賞式で会ったのが初対面だ。もっとも当人の印象に残っているのは受賞第一作として新潮に書いた「花芯」のときだという。「花芯」がポルノ小説扱いされて瀬戸内は子宮作家とまで酷評され、新潮社に抗議に乗り込んだ。当の瀬戸内が振り返る。

「あんまり腹が立ったものですから新潮社へ行って、『齋藤さんに会わせてください』と玄関先で訴えたんです。齋藤さんが部屋から降りてきたので、『新潮に反駁文を書かせてください』と言うと、齋藤さんから一喝されてしまったんです。『キミは何を言ってるんだっ、小説家というものは、自分の恥を書き散らかして銭をとるもんだ。それをわからないで小説を書くバカがいるか』って。非常にびっくりしましたけれど、齋藤さんの小説家に対する考え方がわかり、納得したのです」

それからしばらく瀬戸内は新潮社から締め出された。だが、五年近く経たのち、齋藤本人から小説執筆の依頼がある。きっかけになった作品が「夏の終り」だった。彼女の入った同人誌の主宰者である小田仁二郎と恋愛関係にあった瀬戸内は、別の年下の男とも付き合う。「夏の終り」は瀬戸内が三角関係に陥って苦悩した自らの複雑な恋愛を描き、六二年に発表した異色の短編小説だ。

「それまで齋藤さんは『あんなやつに書かすな』と言っていたらしいけど、『夏の終り』のあとに呼ばれましてね。『週刊新潮で連載しろ』と言われました。あの頃の週刊新潮はすでに百万部以上売れていたので、びっくり仰天しました。『書くものがあるか？』と聞くので、『祇王寺の尼さんの話なら』と答えました。齋藤さんは『そうか小指を切った女だな、来週から書いてくれ』とおっしゃるではないですか」

小説のモデルが新橋の芸者から京都の祇王寺に出家して尼になった高岡智照（本名・辰子）だ。瀬戸内は芸妓時代に情夫への義理立てに小指をつめるような彼女をモデルに「女徳」を書こうとした。だが、いくらなんでも一週間では準備できない。瀬戸内が穏やかに話す。

「モデル小説ですから、少なくとも本人の了承を得ないといけません。『来週からは無理です』とお願いしますと、齋藤さんは『じゃあ、二週間延ばしていいよ』とおっしゃる。それで私はすぐに京都に飛んで行って、初めて彼女に会って許可を得て書き始めたんです。それでも間に合わないから、念のため祇王寺の尼さんに断られてもいいような書き出しにしました。現在の話から始め、どっち転んでもいいようにね」

瀬戸内の担当編集者は、入社早々に週刊新潮編集部に配属されていた江國滋だった。すでに編集部で五年以上が経ち、齋藤の意を理解していた。

「江國さんがずっと原稿を取りに来てくれ、連載が終わったら『これ、齋藤からです』とブランデーを二本持って来てくれました。そこに齋藤さんのメモが添えてありました。『誘惑されずにとてもいい小説を書いてくれ、おめでとう』というようなことが書いてありました。齋藤さんは純文学の人を大衆作家にするのが趣味で、柴田錬三郎だって五味康祐だって、みんなそれをやられているでしょう。私の前には小田仁二郎も書かされていました。私の場合はその誘惑に負けずに大衆作家的に作風を落とさなかった、という意味で、認められたんだと思いました。齋藤さんは私のことを信用してくれ、新潮にも書かせてくれるようになりました」

齋藤語録の一つに、「週刊新潮で文学をやる」という寸言がある。そこに純文学と大衆文学との違いがあるのだろうか。文学をやるというその言葉の真意は何か。

日本を代表する文藝春秋の文学賞として、芥川賞と直木賞がある。選考対象となる作品は、芥川賞が純文学で直木賞が大衆文学とすみ分けているようにいわれる。しかし実はそこに明確な違いはなく、齋藤はどちらにも通じている。

齋藤は作家に応じて純文学と大衆文学の才能を見極め、作品を書かせた。それはたしかだろう。週刊新潮を創刊すると、五味康祐や柴田錬三郎には大衆時代小説を求めた。齋藤が五味や柴田を使ってつかもうとしたのは、広く社会に浸透する文学の読者だと言い換えていいかもしれない。

週刊新潮の清張担当

松本清張の発表した「或る『小倉日記』伝」がはじめ直木賞候補だったことは、出版界で知られている。それが候補作の数の都合などにより芥川賞選考委員会にまわされ、新潮に掲載された五味康祐の「喪神」とともに一九五三年一月の芥川賞に輝いた。もっとも齋藤十一は、松本や五味の才能について、純文学では生かしきれないと考えた。齋藤は松本に週刊新潮で「わるいやつら」の執筆を依頼し、一九六〇年一月十一日号から長期連載がスタートする。それを担当した編集者が、入社して週刊新潮に配属されたばかりの鍋谷契子だった。

「私の入社が決まったちょうどそのときです。新田（敞）さんに連れられ、清張さんの家に挨拶に行きました。新田さんは編集長だった亮一副社長に命じられ、私を清張さんの担当にしたようでした」

鍋谷がそう振り返った。そこから彼女は「わるいやつら」以降、「けものみち」や

「夜光の階段」など、三十年以上にわたり清張の担当編集を務めることになる。

「私は入社してすぐに結婚し、子供を出産しましたが、あの頃は産休なんかなかったので『わるいやつら』のあと、亮一副社長のはからいで病欠という形をとって長期休暇をとりました。で、会社に復帰してからもずっと清張さんの担当をしてきました。子育てもあって大変だったので、『けものみち』のときに『担当を替えましょうか』と新田さんが清張さんに申し出てくれたのですが、『僕はナベちゃんがいい』と言われ、週刊（新潮）にいるあいだ十三年間、清張さんの原稿取りをし、そのあと出版部に移ってからもいろいろ言いつけられました」

と鍋谷。すでに売れていた松本清張は、出版社からの原稿依頼が殺到していたため、どうしても個々の作品の執筆スピードが遅くなっていた。鍋谷はそこに苦労したという。

「あの頃の週刊誌の連載小説担当は、ものすごく忙しかったんです。清張さんのところに原稿を取りに行っても一回十八枚の原稿がなかなかできていない。わずか三枚くらいずつしかもらえず、『どうこれ、おもしろい？』とご本人から尋ねられる。ですが、三枚ではおもしろさなんてわかるわけがない。しかも絵組が先にできているので、そのままできた順に原稿を入れて輪転機を回していくしかありません。挿し絵部分まで原稿ができずに、絵が次号予告のようになってしまったこともあります。おまけに清張さんの連載は、予定していた期間がどんどん延びていく。一年が二年になるなんて当たり前。また、清張さんの記憶違いもあり、三歳の子供が一〜二週間後の号では小学生になっていることもありました。ですので、いざ単行本にするときにはそういった調整の苦労もありました」

売れっ子の松本が週刊新潮で連載するにあたり、作品の出来を気にしていた相手は、編集長の亮一ではなく、齋藤の反応だった。

「清張さんは都会的な副社長は苦手だったようで、亮一副社長のことはぜんぜん話題にしませんでしたけど、齋藤さんのことはかなり意識していたと思います。『齋藤さんと佐藤副社長とは仲いいのかね』とか『山田（彦彌）君は齋藤さんに信用されているのかな』などとよく聞かれました。でも、そんなこと私にわかるわけがありません。だから『さあ、どうでしょうか』と生返事をする以外にありませんでした」

一方、齋藤自身もまた、松本にいち目置き、気遣ってきたという。

「『齋藤十一』と熨斗のついた盆暮れの果物なんかが清張さんの家に届いていました。

齋藤さんは北九州と浜田山にあった清張さんの家を訪ねたことはないと思いますが、清張さんと高輪プリンスホテルで会っているところをよく見かけたという人もいました」

週刊新潮編集部では、鍋谷の次に王子博夫が松本清張担当となり「禁忌の連歌」や「黒革の手帖」などを手掛けたが、交通事故死してしまい、堤伸輔にバトンタッチする。一九八〇年四月に入社したばかりで、急遽、編集長の山田から王子に代わる松本の担当を命じられた、と堤はこう話した。

「齋藤さんは滅多に人を褒めたり、尊敬しない人でしたけど、松本さんに対しては違いました。私が松本さんの担当になって一つ目の『聖獣配列』という連載を二年近くやるなか、たぶん八〇年代の半ばのあるときでした。齋藤さんが松本さんと久し振りにゆっくりご飯を食べたい、と山田さんを通じて僕に命じられました。齋藤さんが赤坂の大きな料亭のいちばんいい部屋を予約し、そこへ松本さんをお連れしろ、と。そこで三人でひとしきり話をしました。なかでも、近頃人間が長生きしすぎる、というような話題になったのを覚えています」

松本が堤に話題を振った。

「堤君、臓器移植とか、いろんな医学が発達すると、人間が死ななくなって、やがてそのへんを藤原鎌足が歩いているような時代になるかもしれんね」

齋藤は安楽死論者だった。松本は齋藤に向けてそう言ったつもりなのだろう。堤が相槌をうった。

「松本先生も普段から安楽死のことをおっしゃいますね」

すると、齋藤が堤の言葉を制しながら、甲高い声を張り上げた。

「いやぁ、さすが松本清張は天才だ」

堤が改めてそのときの様子を再現してくれた。

「その『天才だ』という言葉が妙に印象に残っています。大きなテーブルを挟んで本人を目の前に、あの齋藤さんがこんなフレーズを口にするのだな、と驚きました。それも一度だけでなく、三～四回繰り返し『天才だ』と持ち上げるのです。さしもの松本清張も齋藤十一にそこまで持ち上げられるとまんざらでもない。というか、それを通り越し、嬉し恥ずかしみたいな感じで、ニンマリとはにかんでいました。齋藤さんは松本さんが書いてきたミステリーや古代史、社会問題などに関する多くの仕事を高く評価されていました。松本さんにしてみたら、齋藤さんは怖い人だと思ってきただけに嬉しかったんでしょう」

齋藤はそれほど認めていた松本に対し、その一方で厳しい目を向けてきた。

松本清張へのダメ出し

「坂本くん、俺に新潮で書かせろよ」

晩年の松本清張は坂本忠雄が新潮の編集長に就いた頃、たびたびそう迫った。当の坂本が振り返った。

「清張さんはずっと週刊新潮や小説新潮で書いてきたけど、途中から純文学をやりたくなったんだよ。それで新潮の編集長になった僕のところにしょっちゅう電話してくるようになったんだ。どうしたわけか、それが齋藤さんの耳に入ったらしいんだな。あるとき齋藤さんが言うんだ。『坂本君、どうも清張がキミのところで小説を書きたいと言ってきているそうだね。それはダメだ。絶対にやらせるなよ』と。まさに一喝なんです。でも、齋藤さんがそう言っているなんて、清張さんに伝えるのは酷でしょ。だから僕もストレートには言えず、他の人（担当者）からそれとなく断らせた」

「或る『小倉日記』伝」で芥川賞をとった松本には、純文学に対する一定の志向があったのだろう。坂本はこうも言う。

「実は本人もね、前々から齋藤さんがダメ出ししていることを薄々承知しているんだよ。仮に齋藤さんのところに話をもっていったら、間違いなくボツにされる。齋藤さんは、そこは徹底していました。それが嫌だから、僕のところへ言ってくるんだけどね。いくら五味康祐と親しくても、新潮に書いたのは最初のほうだけだろ。五味さんは週刊新潮が始まってからは書いていないと思うし、僕が新潮にいた頃は少なくとも書いていない。齋藤十一には、そういう厳しさと怖さがあるんだよ。単に迫力があるというだけではなく、精神が恐ろしい」

もとより齋藤が松本清張や五味康祐を認めていないわけではない。齋藤は天才という賛辞を好んで使ってきたが、使う相手は限られていた。齋藤は五味に対しても、「あれは天才だ」と夫人の美和にしばしば語っている。瀬戸内寂聴が「齋藤さんの趣味」と言ったように、齋藤は気に入った作家を週刊新潮の連載に起用するとき、純文学からの脱皮を求めた傾向がある。ひょっとしてそれは、齋藤が松本や五味が純文学に走れば、物書きとして彼らの卓越した才能を損なってしまう、と懸念したからではないだろうか。坂本が指摘した。

「齋藤さんにとっては、純文学でいえば、やはり太宰と川端なんですよ。齋藤的にいわせると、たとえば池波正太郎は太宰みたいに透徹してない。どこかで読者と折り合いをつけ、手をつないでしまう。読みやすいかもしれないけど、作家としてそういうふうに流れてしまうところが、齋藤さんは気に入らないんだね。だから週刊新潮には書かせても、新潮には書かせない。純文学に対する厳しさといえばいいのだろうか、齋藤さんはそこを徹底してきたのです」

人間嫌いと呼ばれてきた齋藤は、独特の感性で作家を峻別してきた。プライベートでは限られた作家としか付き合わなかった。齋藤が心酔してきた一人が、川端康成だという。坂本が振り返る。

「川端さんだけはオッケーなんです。僕は川端さんを担当していたからよくわかる。中元や歳暮も他人には任せず、齋藤さんご自身が届けていたくらいなんだよ。川端さんと小林さんのところだけだったね、そんなことまでするのは。僕の前の川端担当は菅原さんだったけど、中元や歳暮は腹心中の腹心の菅原さんにすら任せない。誰かに買いに行かせるでなく、ご自分で用意するので、中身もわからない。担当者の僕も連れず、一人で車に乗って鎌倉の川端宅へ出かけるんだ」

むろん誰もが認める純文学の大家なのだが、齋藤は川端のどこに他の作家にないその才を感じてきたのだろうか。坂本にそう聞いてみた。

「川端さんはおかしな人で、お宅に午前中に行くと、髪にかんざしを挿している。齋藤さんは、ああいうクレージー一歩手前のような作家をとても好きだったね。川端さんと論争になった三島由紀夫は、ああいう死に方をしたけど、実は優等生だった。礼儀正しいお坊ちゃん育ち。有名な川端三島論争で川端さんが三島に冷たくあたったのは、やっぱりどこか違うと思ったんじゃないかな。齋藤さんもそのあたりの二人の違いを嗅ぎ分けていたんだろうね」

一九六九年四月に新潮社に入社した宮澤徹甫は、三島の率いた「楯の会」の一期生であり、三島本人が宮澤の入社時の保証人になっている。宮澤は週刊新潮編集部に配属されて一年後、その三島の衝撃的な事件に遭遇する。七〇年十一月に自衛隊の市ケ谷駐屯地でおこなった割腹自決である。

「三島が保証人だからといっても、入社試験はちゃんと受けたんだよ。三島からは、『おまえ、とにかく試験は通れよ』と言われてね」

宮澤がそう笑う。宮澤もまた齋藤の薫陶を受けた数少ない幹部社員の一人だ。

「僕は入社後に週刊新潮で特集記事の取材からスタートし、ちょうど三島事件のあった昭和四十五年の九月から『週間新潮欄』の担当に回されたんだ。入社一年半ぐらいで、政治、経済、社会、事件の一頁コラムを書くようになったから、かなり早かったんだけどね。その『週間欄』だけの別会議があって、それもわれわれは御前会議と呼んでいたんだ。齋藤さんと野平編集長、それに亮一社長も部屋に集まり、そこへ担当する週間欄の五人が加わっていた。そのとき初めて齋藤さんと会ったんだ」

三島の割腹と梶山の吐血

週間新潮欄に配属された編集部員たちは、手分けして朝毎読の全国紙と地方紙を読むところからその週の仕事が始まる。一週間分の新聞からこれと思った記事を切り抜き、それを御前会議に持ち込む。宮澤が初対面のときの齋藤の印象を語る。

「齋藤さんは、それらすべての新聞を一人で読んですでに頭に入ってるんだ。小さな記事でも逃さず、チェックしていてね。だから切り抜きを見た瞬間に、『これとこれがおもしろい』と即座に赤丸をつけていくんだよ。まるでトルーマン・カポーティの『冷血』みたいに、そこから取材をやらせる。で、テーマが決まると、僕らは僕らなりに仮タイトルをつけるんだけど、そのまま通ることはまずない。九割がた齋藤さんに直されるんだ。そのタイトルの直し方を見て、齋藤さんがどんな視点で記事をとらえているか、気づかされる。勉強になったよ。無言のうちに教えられているんだよね」

宮澤は週間新潮欄に初めて書いた記事を入社時の保証人である三島のところに持っていったという。

「そのときお祝いと称して三島さんの行きつけの料理屋や銀座の店でご馳走になってね。記事を見て三島さんから『おまえ、下手くそだな』とけなされてね。そのわずか二カ月半あとに事件が起きるんだから、驚いたよ」

宮澤は早大時代の六八年二月、銀座の論争ジャーナル事務所において三島とともに血盟状に名を連ねた十一人の一人だ。仮に新潮社に入っていなければ、一九七〇年十一月二十五日、森田必勝(まさかつ)らとともに自決していたかもしれない。

「編集部全体が大騒動になり、特集記事をまるごと一本差し替えた。俺はまだ特集担当ではなかったから、事件の記事にはかかわってない。そもそも三島さんとの関係は編集部で話したこともなかったけど、みな知っているからね。野平さんには『おまえ、行くとこあるだろ。自由にしていいぞ』と言われてね、そこから会議にも出なかったし、ただ何をやっていたのか、今になってもぜんぜん思い出せないんだよ」

宮澤は新潮社を定年退職したあと、谺(こだま)雄一郎の筆名で時代小説を書いている。週刊新潮では週間新潮欄や特集記事といった時事問題を扱うだけではなく、齋藤に命じられて数々の連載小説を担当してきた。

「編集部内では『おまえ、よく齋藤さんに平気で口を利いているな』と言われたけど、僕はわりとスムーズに話ができたね。最初に受け持った作家は梶山季之(としゆき)さん。齋藤さんのアイデアで野平さんから『ぽるの日本史』というタイトルで連載を始めたんだ。タイトルどおりポルノチックな日本史だね。売れっ子だった梶山さんは文春で書くことが多かったけど、齋藤さんは分け隔てなく『梶山君』と呼んで、梶山さんも『ぽるの日本史は齋藤さんのご指名です』と言ったら『ひぇー齋藤さんか。それじゃ、やらざるを得ねえじゃねえか』って喜んでたよ」

朝日新聞の扇谷正造に「トップ屋」と命名された梶山と齋藤との関係は意外に古い。吉村昭や瀬戸内寂聴と同じく、同人誌やミニコミ誌から新人作家を発掘してきた齋藤の眼鏡に適った一人でもある。梶山は週刊新潮創刊の五六年、同人雑誌推薦枠で新潮に松尾芭蕉の性癖を描いた。齋藤は梶山の書いたその時代小説「合わぬ貝」を見出し、梶山はここから本格的に文筆活動を始める。二人はそれ以来の付き合いだ。梶山は、新潮に「地面師」などを書き、数え切れないヒット作を生んで文壇長者番付のトップを飾った年もある。

大雑把にいえば、梶山の作家活動は前半のノンフィクション、後半のフィクションに分かれる。週刊誌の黎明期には、梶山軍団と呼ばれた取材グループを形成し、ジャーナリストとして大活躍した。五八年に集英社「週刊明星」、五九年には週刊文春の創刊に貢献し、「文春に梶山軍団あり」とその名を知らしめる。岩川隆や中田建夫、有馬將祠、加藤憲作、恩田貢らが取材記者として集った梶山軍団は、現在の週刊文春を支える専属の「特派記者」制度の走りだ。新潮でいえば、二十六号組にあたる。梶山軍団はメンバー五人それぞれが雑誌業界で大活躍した。なかでも中田はのちに週刊新潮編集部に参加し、取材や記事の書き方を私に教えてくれた師であり、恩人でもある。

肺結核を患い、ノンフィクションからフィクションに転じた梶山は、もっぱら経済小説や推理小説、風俗小説を手掛けるようになる。齋藤はその頃から梶山に週刊新潮での執筆を依頼した。なかでも六六年に連載し、ネオン街の女たちを描いた「女の警察」は評判を呼んだ。反面、編集長の野平は梶山とともに猥褻物頒布の容疑で略式起訴され、罰金五万円の有罪判決を受ける羽目にもなる。宮澤が担当した「ぽるの日本史」は、それから六年後の七二年に一年間続いた連載だ。

「とにかく忙しい人だったから、大変だったね。梶山邸は新潮社からそう離れていない河田町にあって、そこに原稿を取りに行こうとしたら、本人がいなくなっちゃって連絡がとれないこともあった。それも締め切り当日に。俺は野平さんに四頁分の『穴があきそうだから、代替記事を用意したほうがいいと思います』と言ったんだ。それで野平さんが齋藤さんのところへ相談に行くと、『まだ時間があるから、もう少し待て』というんだ」

宮澤が思い返しながら話した。

「担当デスクが後藤さんで、『穴があいたら、二頁を自社広告で埋めよう。あとの二頁を埋める記事のネタを探せ』となった。そしたら、梶山邸から『梶山がいま帰ってきた。でも玄関で血を吐いて、ぶっ倒れちゃった』と電話があったんだよ。どのくらいの吐血か奥さんに尋ねると『洗面器一杯分ぐらいです』という。印刷所へ原稿を送るリミットまでいくらも時間がない。俺は野平さんをすっ飛ばして齋藤さんのところに駆けこんだよ。すると齋藤さんは『梶山君は死にやしねえから大丈夫。二頁でいいから書かせろ』と平気な顔をして言うんだ。齋藤さんの命令だから、仕方なく梶山邸に向かったよ」

無頼作家の典型である梶山は肺結核の身でありながら、夜ごと銀座や新宿を飲み歩いた。四十五歳で早逝したのはそのせいだろうが、この日も朝まで飲んで行方不明になっていたようだ。宮澤が苦笑する。

「いくらなんでも無理だろ、と重い足取りで梶山邸の玄関を叩いたんだ。出てきた奥さんに『お加減はいかがですか』と恐る恐る玄関先で尋ねたら、『いま休んでおります』という。こうなったら正直に話すしかないと覚悟を決め、『実はうちの齋藤が、梶山君には二頁だけでいいから書いてもらえと申しておりまして』と切り出したんだよ。奥さんも弱った様子だったけど『しばらくお待ちください』と寝室に入っていった。そんなには待たされなかったな。戻って来た奥さんが『主人は書くと申しております』というんだよ」

梶山の筆の速さには定評があった。ひと晩で四百字詰め原稿用紙を三百枚書いたという伝説があるほどだ。一日百枚の原稿を書くといわれる人気作家には、たいてい優秀な編集者がついていて、作家も編集者を手放さない。つまるところそれは、編集者が作家になり代わって作品を書いているからだ。だが、梶山の場合は異なる。三百枚は大袈裟にしろ、編集者に頼らず本人が書いてきた。

「あのときは、物書きも編集者も尋常でない厳しさがないと務まらない、と教えられた思いだったよ。作家をちやほやしたり、言いなりになるだけが編集者じゃない。むしろ作家を自分が動かすぐらいの力を持っていなければ本当の編集者じゃない。齋藤さんにはそんなおつもりはなかったんだと思うけど、僕はあの頃、編集者のあり方みたいなものをたたき込まれた気がするよ。そういうエピソードが本当にたびたびあったからね」

宮澤は「ぽるの日本史」に関する次のような後日談も教えてくれた。

「梶山さんはそのあとすぐに北里病院に入院しちゃったんだ。したがってそこからずっと二頁の連載になってしまったんだよ。一度も休まず書き続けたんだけど、齋藤さんは二頁連載に不満タラタラでさ。単行本は新潮社から出なかったんだよ。梶山さんに関しては、集英社や文春、光文社なんかからずいぶん本を出していた。だからそういったところから出てもおかしくなかったんだけど、大出版社同士の変な仁義みたいなのがあって、新潮社がやらないのは手を出さなかったんだ」

梶山の「ぽるの日本史」は七八年に桃源社のポピュラー・ブックスから出版され、八五年に角川文庫となっている。

筒井康隆「幻の落語」

金脈問題で政界に激震が走るさなかの一九七四年秋、田中角栄に首相の座を禅譲した佐藤栄作が沖縄返還などの功績により、ノーベル平和賞を受けた。齋藤はそれが気に入らなかったようだ。

「佐藤栄作のノーベル賞なんて、おいあれは落語だろ。筒井君に落語を書かせろ」

宮澤はそう命じられ、週刊新潮で筒井康隆の担当編集者になった。デスクは梶山のときと同じ後藤だった。宮澤が記憶をたどる。

「筒井さんは（七五年から小説新潮で連載した）ヒット作『富豪刑事』の前に非常に簡約的な作品をずいぶん書いていたからね。俺も読んでいた。だから齋藤さんが、筒井さんにコメディ小説の才能を感じていたんじゃないかね。筒井さんはあの頃、兵庫県の芦屋にお住まいだった。週刊誌だから、佐藤栄作のノーベル賞が話題になっているあいだに、記事を出さなければならないだろ。それですぐに電話をかけた。『齋藤が佐藤栄作のノーベル賞は落語だから、一編を書いていただけませんか、と申しております』と。すると筒井さんは『なんですか、それは』と驚いてね。俺は慌ててすっ飛んでいったんだよ。もちろん筒井さんは齋藤さんのことをご存じで、『なるほど、齋藤さんらしい発想ですな』というふうにおっしゃって、引き受けてくださったんだよ。で、五～六頁分の原稿があがってきたんだ」

筒井康隆作による特集記事扱いの特別読み物だ。宮澤はすぐに原稿を齋藤のもとへ届けた。

「なるほど……」

原稿を読んだ齋藤は、例によって口数少なく、そう言ったきり黙ってしまった。宮澤は短いその言葉のなかに、齋藤が納得していない様子を感じ取ったという。こう話した。

「しばらくすると野平さんに呼ばれ、『宮澤君、あのノーベル賞の記事はやめるからな、いつもの特集記事に差し替える』と言うじゃないの。俺は言葉がなかったね。筒井さんに頼んで原稿を書いてもらったのに、いくらなんでもね。『なぜ掲載できないんですか』と野平さんに食ってかかっても、『齋藤さんが何を考えているか、よくわかんねぇ、けど仕方ないだろ』と言うだけなんだよ。筒井さんの原稿がおもしろくないわけがないんだけど、ひょっとすると、細かいデータを入れ過ぎているのかな、とも想像してみた。だけど齋藤さんのところに乗り込むわけにもいかないし、俺にはどうにもできない。すると俺の心情を察してくれた野平さんに『宮ちゃん、まあこういうこともあるよ。筒井さんには俺からよく言っておくから』と肩を叩かれてね。俺はその日のうちに丁重な詫び状を書いた。それ以外にできることがなかったよ」

後日、宮澤は筒井に会った。

「筒井さんはさすがなんだ。何ごともなかったかのように許してくれた」

宮澤は筒井の度量の大きさにいまも感謝しているという。

齋藤は作家と交わらない編集者だった。生涯を通じて触れ合ってきた作家や評論家は十指にあまるまい。齋藤家の親族たちはその理由について、人見知りが激しいからだ、といとも簡単に結論づける。そうだろうか。

一方、齋藤に近付きたいという物書きは少なくなかった。それは単純に、齋藤に認められれば新潮社で作品を発表できるからだ。それも承知しているからだろう、齋藤自身はむしろ作家たちと距離を置いてきた。

「僕と会えばがっかりするだろうから、会わないようにしているんだよ」

齋藤は「新潮45」の編集長を経て重役になった石井昂にそう語ったことがある。その石井に齋藤が作家と付き合わなかった理由について、尋ねてみた。

「齋藤さんは小林秀雄と山崎豊子と松本清張の三人とはよく会っていたけど、そのくらいしか付き合わなかった。あるとき齋藤さんが『山口瞳さんと会いたい』と言い出したことがあったんだけど、一日経って『やっぱりやめよう』と電話がかかってきた。『山口さんが僕と会ってがっかりするといけないからね』って言う。そこには前段があって、齋藤さんは『週刊新潮は山口さんの男性自身があるから売れている。本当に感謝している』と褒めていてね。それで山口さんと会おうとし、僕に段取りを指示したんだ。それでも結局会わなかった」

前に書いたように、齋藤は新米編集者の戦中から終戦間もない頃、三好達治や河盛好蔵、英文学の伊藤整、哲学者の和辻哲郎のもとへ積極的に通い、五味康祐や小林秀雄とクラシック音楽談義を語らいあう間柄でもあった。したがって作家とまったく交流がなかったわけではない。しかし、これほど幅広い分野の出版物を手掛けてきた編集者にしては、作家や評論家との交友が極端に少ない。

週刊新潮もトルストイ

齋藤の言った「男性自身」はいうまでもなく週刊新潮の名物コラムだ。そのおかげで週刊新潮が売れたというのは世辞に近いだろうが、なぜ山口と会わなかったのか。もっとも、この話は、会うとどちらががっかりするのか、定かではない。齋藤の作家に対する評価の厳しさからすると、山口に対して抱いていた好印象が崩れる、という意味だろう。あるいは、逆に山口が齋藤を知ると落胆すると謙遜したといえなくもない。石井はこう推測する。

「僕はずっと、齋藤さんご自身が山口さんにがっかりするから会うのをやめた、と思ってきたんだ。齋藤さんはあまり人の心を慮る人じゃないから、そう考えてきたのだけど、ひょっとすると、その逆かもしれないね。そこはわからない。ただ、齋藤さんは、編集者は絶対に表に出ちゃいけない、黒子であるべきだという意識が強かった。それが齋藤十一というカリスマ伝説をつくった面はあると思う。そのために黒子に徹していという意識があったような気もするんだ」

名立たる物書きがカリスマ編集者の慧眼に応えようと腰を入れて作品に取り組む。齋藤は、そのために敢えて作家と交わらないよう努めてきたのかもしれない。

齋藤は自らを俗物と称した。むろんそれは単に凡庸な俗人を意味しているわけではない。接してきた周囲の人たちは、齋藤に底の知れない何かを感じてきた。

「齋藤さんという人には、たしかに知恵がある。だけど、教養がないからなぁ」

実は懐刀の野平健一は、たびたび週刊新潮の編集部員たちにそう語ってきた。私が週刊新潮に在籍していた頃、野平はすでに常務に就任し、直接編集部の指揮を執っていたわけではない。当人とは新潮社の記念行事や編集部の忘年会で顔を合わせた程度の記憶しかないが、なぜか忘年会で同じテーブルに着く機会が多く、そのとき野平は決まって齋藤の悪口を言い、愚痴をこぼした。

「僕は齋藤さんにすべてを捧げてきたからね。十七年間もずっと週刊の編集長をやらされてね、青春を返せ、と言いたいよ」

冗談交じりに宴の場を和ませようと「あの人は教養がないからな」と陰口をたたく。編集部の誰もが教養の塊だと脱帽する齋藤についてそんなことを言ってきたのは野平ぐらいだろう。野平は文芸編集者を志して新潮社に入り、編集長だった齋藤に認められて新潮で太宰治の担当になり、次長まで務めた。野平自身はそのまま新潮の編集長になるつもりだったのだが、週刊新潮の創刊にあたり、齋藤に異動を命じられ、そこでも軍師役を担ってきた。その悔いが残っているのだろうか。忘年会のエピソードを野平の新宿高校の後輩にあたる元新潮編集長の坂本にぶつけてみた。

「野平さんにしてみたら、それは意外に本心かもしれないよ」

坂本が野平の心情をこう推しはかる。

「齋藤さんの知識や教養が尋常でないのは誰もが知っているけど、野平さんの教養はそれ以上だからね。頭の回転やキレのよさという点でも、野平さんのほうが上かもしれない。ご本人にはその自負もあるんだろうね。でも、結局、齋藤さんにはかなわない。天性の部分なのか、別の要素があるのか、そこはわからないけど、齋藤さんには狂気めいた鋭さがある。野平さんはそれを承知の上で、森君たちに教養云々と負け惜しみを言ったんじゃないだろうかね」

週刊新潮には野平が欠かせなかった。そこは齋藤も認めている。だからこそ、長く編集長に据え、フォーカスも任せた。齋藤・野平で率いた週刊新潮の特集記事はやがて新潮ジャーナリズムと評されるようになるが、それは必ずしも俗物がつくる通俗的な記事ではない。

齋藤十一がなぜ札幌医大の心臓移植を特集記事で取りあげようとしたのか。そこについて、池田雅延は次のような見方をした。

「NHKや朝日新聞が心臓移植を科学や医学の勝利だと持て囃している。そんなとき齋藤さん一人だけが『これは殺人じゃないか』と疑いを抱き、そこに気がついた。記事はたしかに松田さんの手柄なのだけど、取材をやらせたのは齋藤さんなんです。そんなことができたのは、微妙なところを嗅ぎ付けるトータルの感性というほかありません」

齋藤の文学の知識や教養が週刊新潮の隆盛に大きく貢献しているのは論を俟たない。だが、池田はそれだけではない、とこうも言った。

「齋藤さんにとっては、週刊新潮もトルストイが根本にあるのだと思います。でもそれだけではなく、齋藤さんは音楽を聴いて、物事を感じ取る訓練をしてきたのでしょうね。うまく説明できないけど、小林（秀雄）先生は『齋藤は音楽を聴いているから、こいつはイケる、こいつはダメだ、ということを感じ取っているに違いない』と言うんです。殺人事件報道の文字面を見ても、その裏に何があるか、という勘が働く。その微妙を嗅ぎ分ける力があると言っていました。それは文学を読んでいるだけでは無理で、音楽を聴いて鍛えた感性、感覚で直観するのだというようなことを言っていました」

小林と齋藤だけに相通じる感性があるということなのだろうか。まさに微妙な話である。小林と齋藤の親和については繰り返すまでもないが、元新潮編集長の坂本は二人がいっしょにいた現場に何度も出くわしている。

「歳は小林さんのほうがずっと上だけど、すごく気が合う。これは小林夫人から聞いた話だけど、齋藤、小林は二人で飲み出したら、止まらないそうだよ。齋藤さんが『小林さんは天才です』と言うと、『おまえこそ天才だ』と互いに褒め合って、気がついたらブランデーのナポレオンが一本ひっくり返っているような飲み方らしい。齋藤さんが常連だった鎌倉の奈可川という日本料理屋も、もともと小林さんがいらっしゃっていた店でした」

鎌倉に住んだ齋藤は、他の鎌倉文士たちとはさほどの交友はなかったが、小林と五味、川端は別格だったのだろう。小林は齋藤にとってのゴルフ仲間でもあった。

第七章　タイトル作法

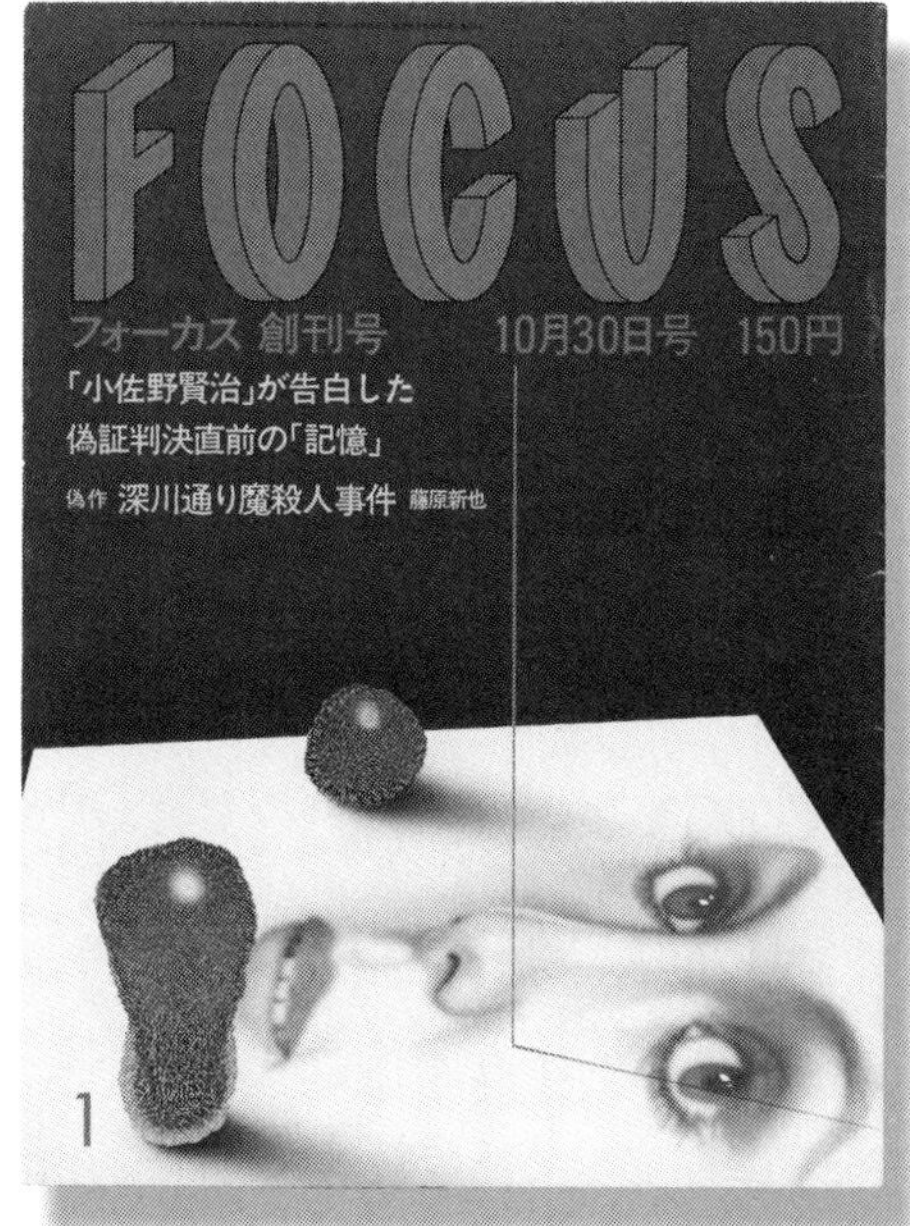
FOCUS
フォーカス 創刊号
10月30日号 150円
「小佐野賢治」が告白した
偽証判決直前の「記憶」
偽作 深川通り魔殺人事件 藤原新也
1

「フォーカス」創刊号
（１９８１年10月30日号）

気をつけろ「佐川君」が歩いている

〈一度人肉の味を覚えてしまうと、それからは人間を恐れなくなる……。というのは「人食い虎」にまつわる言い伝えである。では「人食い人間」の場合はどうか？　パリ人肉殺人事件の犯人・佐川一政君（36）は、いまだにその「人食い願望」を断ち切れずにいるようなのだ〉

記事の冒頭、リード文はそう始まる。

「気をつけろ『佐川君』が歩いている」

齋藤十一のつけた名タイトルの一つである。一九八五年十一月七日号の特集記事に躍ったこの表題には、唸るほかない。

事件そのものは、記事からさかのぼること四年半前の八一年六月に起きた。三十二歳になったばかりの佐川が、パリで出会ったオランダ人留学生のルネ・ハルテヴェルトという女友だちをライフル銃で射殺し、丸裸にした上で貪り食ったのである。

〈鼻先が、冷たい白い尻の面でふさがり、息ができなくなりました。歯がずるずるとすべり、顎に力を入れると、ぎりぎりと妙な音はしましたが噛み切れません。さらに強く噛もうとすると、顎から耳の辺りまで激しい痛みが走り、思わず口を開くと、白

い肌の上に、くっきりと歯形ができていました〉

当の本人が自らの体験を小説「霧の中」にそう著している。人食い犯は虎と違って噛み千切るほど強い顎の力はなく、キッチンの包丁で女友だちの身体を切り刻んだ。「霧の中」はこうも書く。

〈刃の先でえぐり取り、すぐさま口に入れて、ゆっくり噛みましたが、強いにおいも味もなく、簡単に口の中に溶けていきました。においのない、マグロのとろの様なものです。ただ飲み込んだ後に、まったりとした感触がある丈です。

「おいしい、やっぱりおいしい……」〉

週刊新潮の特集記事は佐川の小説を引用しながら、事件を生々しく描いている。これもまた、御前会議で齋藤から降りてきたテーマだった。例によってデスクや編集部員は、天から降ってきたこの難しいテーマをどう扱うべきか、戸惑った。

事件当時、パリ警察に逮捕された佐川はサンテ刑務所に勾留される。精神鑑定の結果、幼児期の病気が原因で脳に異常が見られるとして、パリ郊外のビル・ジュイフ精神病院の保安施設に入院してきた。八四年五月、身柄が日本に送られる。それ以降、東京都立松沢病院に入院し、そこで暮らしてきた。

　ところが、事態はここから意外な展開を見せる。佐川が日本に帰国した直後から本人の精神鑑定に疑問がつく。事件当時に心神喪失状態とパリで判断された佐川の幼児期の病気は実は「腸炎」（ENTERITIS）で、フランスの調査官がそれを「脳炎」（ENCEPHALITIS）と読み違えたのではないか。そんな疑いが持ちあがったのである。

　となれば、精神鑑定そのものが土台からぐらつく。仮に心神喪失でないとすれば、殺人や死体損壊などの刑事罰に問われる。が、仏当局はすでに終わった事件として処理してしまったため、佐川は刑事罰を逃れ、松沢病院の患者として措置入院扱いになっていた。

　おまけにそれで佐川が生涯入院しているかといえば、そうではなかった。次に問題になったのが、カニバリズム、人肉嗜食という異常行動である。精神医学ではカニバリズムは病気ではなく、性格異常の範囲にとどまると判断される。もしかすると当人は心神喪失という精神障害者ではなかったことになる。

　かといって、フランスが調査をやり直さない限り、もはや刑事罰を科すことはできない。矛盾に満ちた判断の末、佐川は人知れず松沢病院を退院してしまうのである。

奇しくも退院は、日本航空の大阪行き123便が群馬県の御巣鷹山に墜落した八月十三日のことだった。

そのせいばかりではないが、新聞をはじめ既存のマスメディアでは、〝無罪〟犯の人権が壁となり、佐川の退院報道はごく小さな扱いになる。実名はもとより、パリの人肉事件という形でも報じない。そうして日本社会では、佐川が社会生活に復帰している事実がほとんど知らされない結果となった。

齋藤は週刊新潮の誰よりも早く、この佐川の社会復帰の報に接した。そこで特集記事の掲載を命じたのだが、そこには裏話がある。最初にこのニュースを知ったのが、「新潮45」の編集次長だった石井昂だ。

「あれはねえ、僕がたまたまオランダの『テレグラーフ』記者と仲良しで、そこから聞いたんだよ。佐川君の退院については誰も知らなかったから、『45』でやろうと思って、企画に出したわけだ」

新潮45について詳細は後述するが、かつて齋藤の部下だった新田敞が「新潮45＋」と命名して発刊し、鳴かず飛ばずだった総合月刊誌で、齋藤がそれをリニューアル創刊した。初代編集長が週刊新潮の次長だった亀井龍夫で、石井は次の編集長になる。

石井が新潮45の編集会議で佐川の件を企画、提案していたという。それがなぜか週刊新潮の特集記事になっているのだ。その経緯について石井が説明してくれた。

「45の会議の夜、僕がまだ帰宅する前に齋藤さんから自宅に電話がかかってきたらしく、『齋藤さんというおじいさんから電話があったわよ』と家内が言うのでね。折り返し電話すると、『石井くん、あの話ね佐川の、大乗的見地に立ってネタを週刊新潮にくれないか』と齋藤さんから頼まれたんだよ。『もちろん、けっこうです』と返事をして始まったのが、週刊新潮のあの記事なんだ。恐れ入ったね。朝日新聞に出した週刊新潮の広告では、佐川君のところが●●とベタになっていて姓を出さないから、広告にならない。それで記事を見るとあのタイトルだから、仰天したね」

記事は次のように締めくくっている。

〈人一人食べた男が正常であるわけはない。その危険人物を社会に放り出していて平気なこの国こそ異常である。ただわれわれは、

「気をつけろ、佐川君が歩いている」

と、警告するしかない〉

「日本史　血の年表」

齋藤十一は新潮社の幹部社員たちに向け、出版について多くの警句を残してきた。その一つがこうだ。

「誰が書くかは問題じゃない。何を書くかだよ」

編集者たるもの、著名な作家のネームバリューに頼らず、知恵を絞っておもしろいテーマを考えろ、という戒めだろう。半面、これは数多くの新人作家を発掘してきた齋藤自身の成功体験に裏打ちされている言葉かもしれない。齋藤はどうやって書き手を発掘してきたのか。

昭和天皇が崩御するひと月前の一九八八年十二月、齋藤は週刊新潮に新たな連載を求めた。タイトルは「日本史　血の年表」、デスクの宮澤徹甫に書き手を探すよう命じた。

「週刊新潮で（脚本家の）隆慶一郎さんの『吉原御免状』を担当したあとだった。二頁に減った梶山さんの『ぽるの日本史』とは打って変わり、一回五頁の読み切り連載で、古代にさかのぼって日本の歴史に残る騒乱を連載しろ、という指示だった」

宮澤がそう振り返った。野平から指示された宮澤は、すぐに齋藤のいる二十八号室のドアを叩いた。

「この連載は既存の作家さんじゃあ難しそうですが。どうすればいいでしょうか」

宮澤が恐る恐る齋藤に意見を求めた。齋藤の指示は極めて短い。

「なに言ってるんだ、あたりまえじゃねえか。探すんだよ、書き手を」

齋藤は目の前のテーブルに堆く積んである雑誌の山を指さした。齋藤が全国から取り寄せて読んでいる同人誌の山だ。宮澤が両手を広げ、身振り手振りをまじえながら、説明してくれた。

「こんなのが二列あるんだぜ。部屋にあるその同人誌をぜんぶ持っていけ、といわれてね。編集部の俺の机に運ぶのもひと苦労だった。なにしろ一週間でそれを読んで作家を探せ、だろ。大変だったよ。タクシーで家に持って帰って、毎晩徹夜だ。齋藤さんからは、『複数の書き手を探すんじゃなく、一人だけ見つけろ。一人に毎週書かせるんだぞ』と命じられた」

読み切り小説なのだから十人ぐらいの筆者を立てて分担すればいいように思えるが、そうすると内容にばらつきが生じる危険性があるという。再び宮澤の回想。

「十人いれば、一年続けるとして五十週だから一人五本書けばいい計算になるだろ。

齋藤さんはそれじゃダメだというんだよ。そんな難しい宿題を出されたから、僕も必死だった。目が真っ赤になるぐらい読んで、ちょうど一週間後に、庶務の女性から『齋藤さんがお呼びです』と言われてね」

宮澤は再び週刊新潮編集部の隣の二十八号室で齋藤と打ち合わせた。

「一人、見つけました」

宮澤がそう自信をもって答えた。それが、大阪の「半獣神」という同人誌に書いていた竜崎攻である。こう続けた。

「なんとなく、齋藤さんもあらかじめ竜崎に目をつけていたような感じなんだ。『ほー、キミはなぜ彼がいいと思ったの?』とパイプをくわえたまま聞いてきたんだ。竜崎は二・二六事件の兵隊の話を書いていた。そのドラマ自体はさほど目立つものじゃなかった。でも兵隊たちを取り囲む、彼らを包んでいる雪の表現が見事なんだ。文章で純な白を表現するのは非常に難しい。兵隊たちがズッズッと雪を踏みしめて歩くシーン、それがすばらしい。感心したんで、そのまま齋藤さんに伝えたんだ。すると、齋藤さんは『よし、それでいけ』と決まった。あの受け答えから察するところ、齋藤さんもあれを読んで気に入っていたんだな。齋藤さんはもっと別にもいくつかタマを持っていて、その中の一つだろうけど、俺がたまたまその一つを当てちゃったんだ。そう思ったよ」

竜崎攻は同人誌で使ってきたペンネームである。宮澤はむろん、齋藤もどこの誰なのか、知る由はない。一九四三年岡山県生まれで、本名を青山攻といった。

「連載を頼むにあたり、竜崎のことを調べたら、大阪の箕面市役所の財政課の課長補佐だったんだ。すぐに連絡をとったら、週刊新潮の連載と聞いてびっくり仰天していた。僕が『これからうかがいます』と打診すると、『こちらから行きます』と恐縮している。それでお会いすると『僕でできるでしょうか』と悩んでいる。『僕のほうから言うのも変だけど、こんなチャンスはまず、ないよ』って説得したんだ。ともかくテーマと材料だけは僕のほうでそろえ、『お仕事で忙しかったりして支障があっても連載が止まらないように、最悪でも掲載の一カ月前に入稿してください』と決めて連載を始めたわけだ」

「日本史　血の年表」の連載は八八年の暮れから準備を始め、翌八九年二月からスタートした。この間、昭和天皇が崩御し、社会は騒然とした。竜崎は第一回の雄略天皇から平将門まで、日本の古代争乱を十一回描いた。だが、そこで打ち切りになっている。なぜか。

「竜崎さんが最後に書いた平将門の乱のあと、トラブルが発生したんだ。竜崎さんの責任じゃなく、市財政課の前任者が使い込みをやっちゃって騒動になったんだな。すでに前任者の処分は済んでいたけど、市議会が責任を追及し始め、彼が議会の答弁に立たなくてはならなくなってしまった。小説と並行してやっていたからノイローゼ状態になっちゃって夜中、奥さんが涙声で『このままではおかしくなるからやめさせてください』と訴えてくるんだよ。それで、齋藤さんに事情を説明すると、『どうだ、なんとか連載を続けられんかね、宮澤君』と鬼のような齋藤さんがおっしゃる。たしかに竜崎さんほどの上玉が、そんなゴロゴロ転がっているわけない」

ちなみに竜崎は新潮社からの出版物はないが、宮澤の紹介によりPHP文庫などから時代小説を上梓している。竜崎の穴をどう埋めるか、宮澤は思案した。

「そのときにパッとひらめいたのが、安部龍太郎なんだよ。彼はそれまで一度も本を出したことがなかったけど、『小説新潮』の新人賞に毎回のように応募していた。同じ歳の（小林秀雄担当の）池田雅延が、たまたま当時『小説新潮』で新人賞の担当をやっていたんで、『宮ちゃん、ちょっとこれ読んでみてくれない？』と言われ、ときどき新人の作品を読んでいたから、安部龍太郎のことが頭に残っていたんだよね」

竜崎のピンチヒッターが安部龍太郎だ。安部が小説新潮新人賞に応募して落選したなかに、鎌倉時代末期から南北朝時代にかけて足利尊氏に仕えた武将高師直を描いた「師直の恋」があった。宮澤はそれが印象に残っていたそうだ。

そして齋藤も安部の起用を了解した。竜崎の連載を引き継ぎ、予定どおり「日本史血の年表」はトータルで一年間続いた。

福岡県八女市出身の安部は地元の久留米工業高等専門学校を卒業して単身上京し、大田区役所職員や図書館司書を経て作家となった。デビュー作が「師直の恋」で、「日本史　血の年表」を改題して九〇年に上梓した「血の日本史」は山本周五郎賞候補になり、注目を集めた。一三年に「等伯」で直木賞をとり、当代指折りの時代小説の書き手としての地位を確立する。隆慶一郎に「最後に会いたかった作家」といわしめた書き手である。


「人殺しの顔を見たくないか」

齋藤は一九八〇年秋、次長の山田彦彌を野平の後継の週刊新潮編集長に選ぶ人事とともに、新雑誌の準備室を立ち上げた。日頃から極めて口数の少ない齋藤は、週刊新潮の御前会議はもとより、取締役会でもほとんど発言しない。口に出す代わりに思いついたことを走り書きしてテーブルに置く。このときもそうだった。重役会で一枚の企画案を野平に手渡した。

〈週刊で、丸めればポケットに収まるほどの薄い雑誌。見開き二ページに写真を主体として、コラムを添える形を基本とする〉

これが、週刊新潮から二十五年後に誕生した新雑誌となる。新潮社は週刊新潮と新潮文庫というドル箱の事業があったが、それだけでは心もとない、という発想から新雑誌を企画したのだという。新雑誌の準備段階からかかわっていた田島一昌が、頭の隅にしまい込んできた四十年前の記憶をたどった。

「創刊準備で印象に残っている齋藤さんの言葉は、『一つの記事に写真は一枚だけにしろ』という指図だな。他にもいろいろ言ったと思うけど、『説明的に何枚も並べる組み写真にするな、それから長い記事をつくらないようにしろ』と。要するに見開き二ページに一枚の写真で核心をつけ、ということだな」

こめかみをさすりながら、ふと思い出したように続けた。

「極めて断片的な記憶なんだけど、あるとき齋藤さんと二人で、雑誌のタイトルの話になったことがあったよ。『ポポロっていうのはどうだ？』と聞いてきた。イタリア語でいう人々、ピープルだよね。ただ当時、東大の演劇サークルでポポロというのがあって、共産党の色のついたところだった。だからポポロという言葉の意味はともかく、やっぱり『それは賛成できないです』と反対したんだ。それから別のタイトルになったんだな」

一九八一年十月二十三日、フォーカスが創刊された。新潮社では、単行本や文庫本を製作する本館と雑誌の編集部のある別館とに業務内容が分かれ、フォーカスの編集部は別館一階に置かれた。新雑誌づくりにあたり齋藤が意識したのは、米誌「ライフ」だった。写真を通じて人間の滑稽さや愛らしさ、醜さを伝えようとしたとされる。

田島が苦笑いしながら言った。

「齋藤さんにしたら、新潮社の先行きの経営を考えた雑誌づくりだったんだけれど、最初の評判はさんざんだったね。本屋さんの集まりに行くと、『こんな束（厚み）のないものが売れるか。フォーカスじゃなくて、おカスだ』なんて皮肉られる始末だったよ」

田島は創刊時にフォーカスの編集長となった後藤章夫とともに雑誌の創刊準備段階からかかわり、週刊新潮からフォーカスに異動して次長となる。創刊号のフォーカスでは、ロッキード事件で偽証罪に問われた国際興業社主の小佐野賢治インタビューが話題をさらった。田島がその記事を書いた。

一代で巨万の富を築き、政界の黒幕として田中角栄をはじめとした自民党政治家を動かすまでになる小佐野賢治。その半生に触れた肉声と当人の生々しい写真が世間を驚かせた。事件後初のロングインタビューである。

「今はただ天の声を待つのみですね」

記事をそう締めくくった田島はもとより、新たにフォーカスの担当役員となった野平や編集長の後藤は記事の内容に満足した。だが、ひとり齋藤だけは、そのスクープインタビューに不満が残っていたようだ。

「せっかく小佐野の家に行ったのに、どうして訊かなかったんだね？　あの男が朝飯に何を食い、あんなでかい家のなかで何をやっているのか」

後日、田島は齋藤からそう問い詰められた。それが創刊から三カ月後のことだという。田島は齋藤の苦言に対し、ロッキード事件の黒幕という巨悪の先入観にとらわれ過ぎ、人間の素顔に迫らなかった、と記事を省みた。こう相好を崩した。

「齋藤さんは、いちいち今週の記事はどうだこうだ、おもしろかった、なんて言わない。自分でちゃんと考えろ、というやり方なんだけど、ときどき短い言葉でビシッとやられるんだよ。そんな寸言はいっぱいあるんだけど、俺はすぐにそれを忘れてしまうから駄目なんだなぁ」

フォーカスは写真がメインの雑誌ではあるが、グラビア誌ではなく、写真週刊誌と呼ばれるようになる。

おまえら、人殺しの面を見たくないのか――。写真週刊誌の創刊を企画したとき齋藤はそう言ったと伝えられる。だが、田島によると、その言葉は記憶にないという。

「今ではそう言われているらしいね。だけど、少なくとも俺は創刊準備を含めて齋藤さんからそんな言葉を聞いたことがないよ。齋藤さんはそんな下品な表現はしないんだ。もっと含蓄ある、なんていうか、そのあたりが齋藤さんなんだな。『人殺しの面』かどうかは、ともかく、フォーカスは人間を撮るんだっていうか、人間の顔、その動きとか、そういう関心なんだよ、齋藤さんのそれはね」

人殺しの面云々は、晩年の二〇〇〇年十二月二十三日、齋藤が生涯で初めてテレビインタビューに応じたときに質問された言葉である。だが、新潮社の幹部たちを取材すると、齋藤が彼らに言い残したのはこうだ。

「人間は生まれながらにして死刑囚だろ」

フォーカスの創刊号では、「印度放浪」の写真家、藤原新也の書いた「東京漂流」という文明批評連載コラムも評判になる。初回は「偽作　深川通り魔殺人事件」で、小菅の東京拘置所から警視庁に移送される川俣軍司の車中写真とともに、藤原が深夜の山手線で起きた酔漢の破廉恥事件を解説した。

〈読者はこの短文を読み進むに従って、前ページの川俣軍司の苦虫を嚙み潰したような表情について、今までとは異なった別の読みとり方をされることもあるだろう〉

藤原は川俣について、稀代の殺人鬼と恐れられてはきたが、誰もが陥る危険のある犯罪だと表現した。猟奇殺人と痴漢という脈絡のない二つの事件を敢えて見開きページに並べ、藤原は世の中が異質の存在としてとらえてきた殺人犯を日常の小さな犯罪者とさして変わらない、とある種の同情を喚起しようとしたのかもしれない。「東京漂流」連載は、のちに一冊の本にまとめられ、大宅壮一ノンフィクション賞の候補にもなった。ただし齋藤は、この記事があまり気に入らなかったようだ。連載は六回で打ち切りとなる。

齋藤は週刊新潮のときとは異なり、写真誌としての特性を生かそうとしたのだろう。フォーカスについて、理屈をこねまわすのではなく、もっとストレートに読者に訴えるよう野平に指令した。

後発の講談社「フライデー」とともに写真誌ブームを巻き起こしたフォーカスは、創刊すぐに爆発的な売れ行きを示したわけではない。創刊号は四十三万六千部を印刷したが、実売率は六四%にとどまっている。実売は二十八万部だった。今でこそ週刊誌の売れ行きは六割いけばまずまずとされ、八割で完売と謳うようになっているが、この頃の実売は八割があたり前で、九割以上売れないと完売とはいわなかった。七割台に実売部数が落ち込むと編集部は消沈し、三十万部売れるかどうか、が採算分岐点とされていた。フォーカスはしばらく赤字続きでかなり苦戦したといえる。田島が言った。

「そうだね、最初はそうでもなかったかな。ただ、いつごろからか、毎週伸びていった。毎週、二万、三万、五万と実売が積み上がっていき、百万部に到達した感じだね」

世に聞こえたフォーカス現象をつくったのは、やはり取材力だった。

騒然となった闇将軍の法廷写真

フォーカスがスタートした翌八二年には、大きな事件や事故が相次いだ。それは創刊したばかりの雑誌にとって僥倖だった。

二月八日に起きたホテル・ニュージャパン火災や九日の羽田沖の日航機墜落事故の現場写真を次々と載せ、フォーカスは世間に認知されていった。ニュージャパン火災では、救護隊の医師が路上の遺体の目にペンライトをあてて瞳孔反応を確認している写真を掲載した。燃えあがる火災や逃げ惑う被災者の姿はテレビや新聞が散々追いかけていたため、むしろこの写真にはインパクトがあった。

かと思えば、日航機の墜落事故では、東京湾の岸壁に引き揚げられたばかりの被害者の遺体や無残な機体全体を上空から撮影した写真を掲載した。新聞やテレビにはいっさい出ていないような貴重な写真と洒脱な記事の表現にマスコミ関係者は舌を巻いた。

むろん運もあったが、取材力を見せつけたといえる。だが、なぜかこれらの写真や記事は、さほど部数に反映されなかった。田島が振り返った。

「創刊してからしばらくクリーンヒットがなく、あの頃の齋藤さんはやきもきしていたと思うよ」

創刊してしばらく売れなかった頃、小林秀雄は齋藤にこうアドバイスした。

「今は売れていないけど、もうしばらく辛抱しろ。必ず売れるようになるから」

新潮の編集長だった坂本忠雄は、その小林のアドバイスを齋藤から聞かされたという。

「あれは小林先生の一周忌で、鎌倉の寺にわれわれや永井龍男さんなんかの親交のある作家が集まったときだったね。『僕は小林先生に感謝しています』と齋藤さんが語り出した。フォーカスの実売が二十万前後をうろうろしているときの小林さんの励ましに対し、齋藤さんは『小林先生のおっしゃったとおりになりました』と言っていました。照れ屋なので滅多に人に礼を言う人ではないけど、フォーカスではよほど小林先生の言葉に感謝してきたのだろうね」

世の中を騒然とさせたのは、創刊の翌八二年四月九日号（四月二日発売）の「田中角栄の法廷写真」だった。三月二十四日、東京地裁七〇一号法廷にロッキード事件の被告人として出廷した〝闇将軍〟の姿がそこにあった。カメラマンの福田文昭が雑誌の創刊前から法廷に通い、撮影の機会をうかがってきた結果のたまものだ。記事はこう結んでいる。

〈おそらく、政治家としての田中は、国民の前に何事もなかったかのように振舞い続けるであろう。まるでロッキード裁判などなかったとでもいう風に……。だが、その時、法廷での1枚のスナップは、この男が『5億円の収賄』という恥ずべき罪に問われてまぎれもなく刑事被告人であったことを語り続けるはずである〉

社会や事件を斜めから斬るといわれる新潮ジャーナリズムにしては、非常に素直な論調といえる。しかし、それもまた齋藤の教えであった。

新聞などの既存のメディアは禁じられた法廷での取材行為について、違法行為と断じたが、編集部は「これも報道のあり方だ」と反論する。齋藤は言い放った。

「ジャーナリストは、条文に書いてあることよりも、天の法、天の教養を大事にしなければならない」

法廷写真の反響は想像以上だった。二十万部を割り込んでいたフォーカスはこれ以来、おもしろいように売れた。創刊一周年記念号では目標の五十万の実売部数を突破し、奇しくも小林秀雄が鬼籍に入った八三年三月には百万部に手が届いた。さらに八四年一月六日号では、発行部数二百万六百五十部という週刊誌史上最高の記録を打ち立てる。

　この年の十一月、講談社がフライデーを創刊し、一気にフォーカスを追い上げた。それを見た翌八五年六月には文藝春秋のエンマ、八六年十月に小学館のタッチ、十一月に光文社のフラッシュと創刊が相次ぐ。どれも齋藤のアイデアを真似たことになるが、フライデーなどはフォーカスの発行部数を追い抜いていった。週刊新潮が創刊されたあと女性誌ブームが起きたように、出版社はどこも写真週刊誌に熱を入れた。

　齋藤の企画した狙いどおり、実際にジーンズの尻ポケットにフォーカスを丸めて持ち運ぶ若者が街中にあふれた。二百万部の発行部数は今もって塗り替えられていない週刊誌の記録だ。

　もっとも齋藤はといえば、創刊二年目くらいからほとんど誌面に口を出さなくなる。田島が記憶をたどった。

「そのあたり齋藤さんは、ノヒケン（担当役員の野平健一）や後藤さんと話していたのかもしれないね。なにしろ週刊（新潮）と違ってフォーカスは六十本も記事があるから、すべて見るわけにはいかないんだよ。初めのほうはいくつか齋藤さんのつけたタイトルが記憶にあるよ。たとえば創刊の翌年の『専永宗匠手活けの花』と題した記事もそうだった。池坊専永が祇園の芸子を口説いて香港に連れていったことがあった。それで帰国したときのツーショットを撮って記事にしたんだ。それが『手活けの花』だ。そのくらいであとは何も言わなくなっていったね」

御前会議の隠し録り

新潮、週刊新潮、芸術新潮、フォーカスと雑誌を立ち上げてきた齋藤の最後に手掛けた雑誌、それが新潮45である。前身を「新潮45＋」といい、出版部長の新田敞がフォーカス創刊の翌八二年三月、四十五歳以上の中高年層の読者に向けた総合月刊誌を謳い、五月号を発売したのが始まりだ。編集兼発行人は山田恭之助、創刊号の特集記事として「ビジネスマンが生き方を変える日」を掲載した。このタイトルが示すとおり、新潮45＋は週刊新潮やフォーカスとは一線を画し、流行作家の随筆を中心とするソフト路線を目指した。高齢者向けの健康情報や生きがいなどをテーマに、司馬遼太郎や森繁久彌、柳田邦男といった文化人が連載、寄稿するスタイルをとった。が、文芸評論家のなかには、流行作家による「上品な和菓子のような雑誌」と皮肉を込めて呼ぶものもいた。

新潮45＋を企画した新田は、もともと週刊新潮のセンター会議に加わってきた週刊新潮創刊メンバーの一人だった。齋藤に命じられ、直木賞をとったばかりの新人作家時代の新田次郎に原稿を依頼している。つまり新田はかつて齋藤の部下だったわけだが、社内では野平や菅原のような懐刀とは見られていない。

新田は文芸やジャーナリズムより、営業のセンスに長けているといわれ、オーナー家の佐藤家が担った単行本の出版部門を任されてきた。新潮社内では、いつしか雑誌部門を齋藤が統括し、単行本出版部門はオーナー家の佐藤家が担うという領分ができ、新田は佐藤家の下で働いてきた。

次々と雑誌をヒットさせてきた天皇、齋藤への対抗意識があったのかもしれない。新田はフォーカス発刊の少しあと新たに「新潮45＋」を立ち上げた。だが、「上品な和菓子のような雑誌」は鳴かず飛ばずだった。そこで齋藤が「俺に寄こせ」とテコ入れをはかろうとした。それが「新潮45」のリニューアル創刊である。

「プラスなんて余計なものはいらん」

齋藤はそう言い「新潮45」に誌名を改めた。日記と伝記を二本柱に据えたノンフィクション誌として全面リニューアルし、売上げを一挙に伸ばす。そこにかかわった一人が、日本交通公社の雑誌「旅」から新潮社入りしていた石井昂だ。こう話した。

「僕は山口瞳さんに誘われ、はじめは新田さんのやっていた45+の編集部に嘱託社員として入ったんだ。それで齋藤さんからは新田さんの息のかかった奴だと思われ、睨まれていたかもしれない。新田さんから一年で正社員にすると言われていたのに、『齋藤さんが〝どこの馬の骨かわからねえのを社員にできない〟と反対し、社員になるのが一年延びた』と聞かされた。なのに、45+がつぶれると、今度は菅原さんの推薦で私が新雑誌に呼ばれたんだ」

大正三年生まれで戦前に入社し、終戦間もなく新潮の編集長兼発行人と同時に取締役になった齋藤に対し、昭和二年生まれの新田は終戦四年後の一九四九年八月に入社している。入社は野平より三年遅い。齋藤と新田では社歴や実績の差が歴然としていたため、齋藤が社内で新田をライバル視していたとは思えない。石井は実父が齋藤の腹心である菅原と懇意にしていた縁もあり、新潮45のリニューアル創刊を手掛けるようになる。この頃、菅原は週刊新潮編集部の副部長から「小説新潮スペシャル」の編集長に就任していた。

　齋藤はリニューアル創刊に向け、週刊新潮四次長の一人だった亀井龍夫を新編集長に指名し、新雑誌の編集体制を固めた。編集長の亀井をはじめ、石井と伊藤幸人など45＋にいた三人の編集部員に声をかけ、編集会議を開くようになる。新潮45編集部は六十人の大部隊である週刊新潮とは異なり、わずか四人の編集部員でスタートした。

　齋藤は新編集長の亀井に指示した。

「表紙もいらない。問題は中身だ。誌名と月号があればいい」

「グラビアなんかいらない」

「自分の読みたい雑誌をつくれ」

　週に一度開かれた齋藤中心の編集会議の場所は、週刊新潮編集部のフロアのある新潮社別館二階の二十八号室だ。いわば新潮45の御前会議である。編集部員が四人しかいなかったので、そこに全員が参加した。一九八四年十二月二十八日、第一回の御前会議が開かれた。石井がこう続ける。

「初めての打ち合わせのとき、齋藤さんが何を言うか関心があったので、齋藤発言を隠し録りしたんだ。やっぱりすごかった。初対面なのに、人の心をぐっとつかんで放さない。のちに佐野眞一さんが齋藤さんをインタビューした記事では、齋藤さんが吃音気味なので人前で話したくないんだ、というように書いていたけど、そんなことはない。立て板に水のような話し方ではないけれど、かなりよくしゃべる。別に話し方が過激でも何でもないんだけど、ひとのみち教団の青年行動隊長をやっていたそうだから、マインドコントロールに長けているんだろうか。つい引きこまれるんだね。強面の見かけと違ってちょっと音域が高くてね。照れ屋ではあるのだけど、惹きつけるものがありました」

このとき石井と示し合わせ、発売されたばかりの新型マイクロテープレコーダーをポケットに忍ばせ、隠し録りしたのが伊藤だった。

「齋藤さんの名言は伝聞でいっぱい出ているんだけど、実際にどんな口調で何を話すのか、それを残したほうがいいと思いましてね。石井さんが『齋藤さんはきっと重要な発言をするぞ』と言い、僕が録ったんです」

御前会議の冒頭、齋藤の肉声を編集せずに生のまま紹介する。

編集者の根本は……

「僕が編集するってわけじゃないんだよ。

こういう雑誌を僕はつくりたいと思って、諸君につくってもらいたいと思っているんだよ。

たとえば、いままでの45は……。キミたちみたいな優秀な人があんな雑誌を読みたいと思っているのか。それを僕は非常に怪しんでいる。

たとえば、『男の色気――』とか、キミたち、読みたいか。

キミたちみたいな人間が、人間として何を求めているかだ。

そういうものを45が与えたかどうか」

「男の色気」とは45＋時代の記事のタイトルの一つであり、齋藤はこれまでの誌面づくりを頭から否定した。齋藤は独演会を続けながら、おもむろに巻紙を取り出して石井たちの目の前のテーブルに広げた。

「まあ今日は、勅語みたいなものだが――。これは、ほんのあれなんだけどね」

優に一メートルを超えるその長い和紙には、記事のタイトルがびっしり書かれてある。右トップが短い記事を並べた〈日記〉のワイド特集だ。

〈(志賀直哉) 六十九歳　新年の自己反省

舞台から見降した老人の顔（愛染恭子）
一番安いところで一番高い生活をする（年金生活者）
これでも一年で一番ひまな日（鈴木俊一）〉

日記の書き手については、今さらくどく説明を要すまい。創刊号のタイトル案は、右から順に〈日記〉の次が〈伝記〉となっていた。

〈二つの「岩波茂雄伝」に揺曳する女性の影
上皇「熊野詣」に随伴した二百人の難行
「維新の元勲」たちが短時日で身につけた教養
阿川弘之が書かなかった「山本五十六」の里見弴〉

さらにそこから、特集記事のタイトルが書かれている。こう手書きの文字が躍る。

〈カント〝純粋理性批判〟を読んだ男の強味〉
〈「告白」「ざんげ録」の真贋〉
〈教養に邪魔されなかった男の伝説〉
〈「眠れぬ夜のため」は今でもヒルティか〉

巻物の右の最後が〈小説　視姦　宇能鴻一郎　ジェームス・ジョイス風に〉となっ

ていた。非常にクセのあるこれらの字には、私自身、見覚えがある。九〇年代後半、私が週刊新潮で特集記事の書き手となったとき、毎週月曜日のデスク会議で配られた特集記事のタイトルと同じ文字だ。

「これがタイトルです」

週刊新潮で庶務の女性から受け取るのは巻紙ではなく、A4のコピー用紙だった。六本の特集記事で、すべて齋藤がつけたタイトル案なのは新潮45のそれと同じだ。週刊新潮のときは特集タイトルの上に（大）、（中）、（小）と電車の中吊りや新聞広告を想定した題字の大きさまで指示されていた。

新潮45では、それが長い巻紙だから、どことなく風情がある。創刊前の編集会議のテープ起こしを読んでいると、齋藤による独演会の模様が目に浮かんだ。

「僕が考えているのはだね、要するに、世界には、学問とか芸術とか（いうもの）があるし、あったわけだね」

齋藤の甲高い声が二十八号室に響く。

「そういうものをね、ほんとはだよ、余分に摂取したい自分（がいる）、したいんだけど、いままではどっちかというと、われわれにとって、素人だから、手に負えなかったんだよ。そのために、そういうものにうまい味をつけて、誰にでも読ませることができるようなものにするのが編集者の役目だ」

残念ながら私はどちらの会議にも参加した経験がないが、週刊新潮の御前会議もおそらく似たような雰囲気だったのであろう。齋藤の迫力に、みなが固唾を呑むように沈黙し、頷くほかない。巻紙に書かれている創刊号のテーマの一つである〈カント純粋理性批判〉について、齋藤はこう言葉に力を込めた。

「俺自身、カントの『純粋理性批判』なんて読めないし、わからないしな。だけどだよ、あれだけの学問というのがあって、人間にとって何かプラスがなくちゃいけない。そうだろ。

じゃ一体それは、それを読んだ奴はね、ひとつ、どういう強みがあるのか。そうなると、読もうかという気になるわけだ」

かつて早大に入ったばかりの齋藤は、カントの全集を千葉県の寺に持ち込んで読み耽った。蔵書を残さなかった本人にしては珍しく、自宅の本棚にそれを残してきた。いわば生涯愛読してきたのがカントであるはずだが、強いて「わからない」と言っている。その言葉もいかにも齋藤らしい。

「『カント〝純粋理性批判〟』についてと言われても、読めないよな。そうだろ。すべての芸術、学問、いろんな旅行記、みんな、いままでつくってきたところの財産を、われわれが味付けして現代人に提供してやろう、ということだ。根本は」

齋藤の残したこれらの発言が、新潮45の編集方針となり、雑誌をスタートさせた。のちに亀井の後継編集長となる石井にとって、数々の齋藤語録のうち最も印象に残っている言葉は何か。そう聞くと、言った。

「それは『人間ほどデモーニッシュな存在はないんだ』かな」

繰り返すまでもなくデモーニッシュは、鬼神が憑いたかのような凄みのあるさま、となるのだろうが、まるで齋藤自身のことを指しているようでもある。そうして八五年四月、新潮45が創刊された。

ビートたけしの才能

齋藤が新潮45に残した名タイトルの一つにビートたけしのインタビューや対談記事がある。

「衆愚とはオレのことかとたけし言い」（八九年九月号）

「職業に貴賤あり」（九〇年六月号）

齋藤は新潮45に漫才師として売り出していたビートたけしこと北野たけしを登場させた。巨匠などと持て囃されるようになったのは、ここからといえる。石井がたけしを齋藤に推薦したという。

「最初が『衆愚とはオレのことか』で、齋藤さんはすっかりたけしにほれ込んじゃってね。『たけしにこれを見せてからインタビューしろ』とまさにタイトルありきなんだよ。『今回のお題はこれ』という感じでインタビューする。齋藤さんはそれがいたく気に入ってね。延々二十年間も書かせた」

齋藤は「衆愚」という表現を好んで使った。マスコミのつくる世論や世評には常に偽善や誤魔化しが潜んでいる。齋藤の根底にはそんな思考があった。民主主義の基本といわれる選挙のありように疑問を抱き、そこで選ばれた国会議員の欺瞞を見抜き、それらを「衆愚政治」と俯瞰して呼んだ。むろん反論もあるだろうが、それはある真髄をついている。

齋藤はたけしに衆愚を語らせることにより、世間の常識に一石を投げた。石井はそう見ている。

「たけしのインタビューはだいたい一回あたり二時間ぐらい。テープ起こしをすると、話があっちへ行ったり、こっちへ行ったりしているから、まとめるのに苦労するんだけど、そこに光る一行、二行がある。だから僕はたけしを『即興詩人だ』って呼んできた。やっぱり天才的な能力を持っているんです。（九一年六月刊の著作）『だから私は嫌われる』は、八十万部のベストセラーになったものね。齋藤さんはたけしと会ったこともないし、会おうともしなかった。でも、直感的に能力がわかるんだ」

新潮45に登場したビートたけしは人気漫才師から文化人扱いされ、映画監督や社会評論までこなした。今のたけしを見て齋藤がどう評価するか、その疑問は置くとして、ユニークなものの見方をした時期があったのはたしかだろう。

たけしの記事は石を投げて世を揺らした。そのテーマは、齋藤の頭のなかにあった。齋藤の考えに応じ、石井がたけしの才能を引き出していった。それが編集者の力量ともいえる。九〇年の「職業に貴賤あり」は、〈青年実業家が一番怪しい職業〉と小見出しを立ててこう始まる。

〈へ〜職業選択の自由〜」とか歌ってはしゃいでいるけど、ずいぶんヘンな職業がふえてきちゃったな。日本人は四十五年前に、突然、民主主義ってものを頂いちゃったわけだけれど、どうもそれにとんでもない解釈のしかたをしてきたらしい。平和だ、繁栄だとかいって浮かれているうちにね。

その最たるものが、平等主義なんじゃないか。「人は生まれながらにして平等である」なんていう発想だから、何やってるやつでも、どんなショーバイでも同じように尊重されてしまう〉

記事が上っ面の美辞に踊らされている日本社会の危うさを訴えているのは、言うまでもない。つまりたけしの口を借りた斎藤の皮肉が込められているのだが、そこには自らの職に対する謙虚さも垣間見える。

〈それもこれも、みんなが身の程をわきまえなくなった証拠だろうね。職業の貴賤をしっかり認識すれば、証券会社なんてのは、単なる株屋だってわかるし、何をやるにしても、いささかの後ろめたさを感じてするようになる〉

そうしてさまざまな職業を切って捨てる記事をこう締める。

〈それで初めて、「分」ということに気がつくんじゃないか——なんてえらそうなことをいうと「たかがお笑い芸人のくせに、お前こそ身の程を知れ」ってお叱りを受けそうだけどね〉

自らの仕事に後ろめたさを感じる。作家や編集者にとっても、それは同じことであり、そうでなければ説得力のある出版物はつくれない、と齋藤は言いたかったのかもしれない。石井が新潮45の創刊当時を思い起こす。

「編集長の亀井さんは一種のお稚児みたいな齋藤崇拝者でした。齋藤さんは亀井さんにはずいぶん辛辣なことを言いつけ、厳しかった。たとえば亀井さんが編集長として創刊記念で（新潮社の出版情報PR誌の）『波』に、『45が新しくなります』と宣伝文を書いたのです。それが『人間ほどおもしろい存在はない、その人間のおもしろさを探究する雑誌です』みたいな名文なんだ。だけど、齋藤さんは気に入らない。編集会議のみなの前で、『誰がこんな馬鹿なことを書いたんだ、人間のどこがおもしろいんだ』と激怒したんだ」

石井たちはここでも齋藤が残した名文句「人は生まれながらの死刑囚だろう」に触れて感服し、齋藤に怒鳴りつけられた亀井は小さくなってしまった。もっとも石井には、亀井が齋藤の叱責をなかば楽しんでいるかのように思えたという。

「齋藤さんはことあるごとに亀井さんを呼びつけては、『なんだ、これは』とずいぶん叱責しました。でも周囲から見ていると、実は亀井さんはそれが楽しくてしょうがない気がしたんだ。たとえば週刊新潮時代に北島三郎が紅白歌合戦に初出場したとき、齋藤さんが『なんであんな鼻がでかくて穴の見えるやつが出ているんだ』と言い出し、亀井さんがＮＨＫまで取材に行ったそうなんだ。取材を命じられた亀井さんは『絶対、齋藤さんになぜ？　と聞き返しちゃいけないんだ』と言うんだよ。要するに、齋藤さんは論理の人じゃないんだ、感覚の人なんだからと」

そこが齋藤十一の凄みでもあった。

第八章 天皇の引き際

「新潮45」リニューアル創刊号
（1985年5月号）

重役会の寸鉄

新潮45がリニューアル創刊した半年後の一九八五（昭和六十）年十月、現社長の佐藤隆信が新潮社に入った。当時まだ二十九歳という若さだ。東京理科大学工学部を卒業したあと電通に勤務してきた本人には、出版事業に携わった経験がない。それでいて創業家の宗子であるがゆえ、九三年、当然のごとく重役となった。それとほぼ時を同じくし、週刊新潮の山田彦彌とフォーカスの後藤章夫の両編集長が取締役に昇格する。取締役会の中核メンバーは三代目社長の佐藤亮一を筆頭に、齋藤十一と亮一の従弟である佐藤俊一が専務の椅子に座り、常務が野平健一と新田敞、という顔ぶれだ。

隆信は入社したときからその重役会に参加することになった。本人に話を聞いた。

「僕自身は父と叔父の俊一から『いつまで電通にいるんだ』と言われ、四年半勤めた電通から新潮に戻りました。電通時代は、『フォーカスが毎月二千万円の赤字を出している』と聞かされていたけど、僕が新潮社に入った頃には、すでにかなり売れていました。齋藤さんのことについては、それまで父から何か聞かされていたわけではありません。挨拶に行けとも指示されませんでしたから、しばらくお目にかかる機会もありませんでした。はじめホテルグランドパレスでおこなわれた会社のパーティで、

『しっかりやれよ』と言葉をかけられた程度です。それ以来、役員会の末席に座って齋藤さんの姿を見てきました」

九六年七月父亮一のあとを継ぎ、四代目社長になる隆信は、入社早々から経営の勉強のため、役員会に毎回参加してきた。役員会は火曜日の午前中に開かれる。

「新田さんは『（博報堂に勤務していた弟の）朝信君（現副社長）は戻ってこないのか』と僕に聞いて来たり、新潮社の経営についてビジネス的な興味を非常にお持ちでした。しかし齋藤さんは経営的な興味がないように感じました。役員会ではほとんど口を開かず、経営問題についてもいっさいしゃべりません。その代わり、週刊新潮はどうだとか、あるいは文芸的なアプローチの場面では、『それはこうしろ』といきなり指示する。一つ一つの具体的な案件で意見するのではなく、もっと大局的な物事の見方や考え方、方針が定まらないときに、短く発言する。それでだいたい役員会の議事が決まる感じでした」

出版部長を経て常務になった新田は新潮45＋に失敗したあとも、単行本を扱う出版部を統括してきた。だが、あるとき部内で突きあげられ、窮地に陥る。隆信にとって、取締役会における齋藤の寸鉄のなかで最も印象に残っているのが、このときだという。

「もともとうちの出版部は編集長制ではなくデスク制を敷いていて、それぞれのデスクが自由に単行本を出しやすいようになっていました。そのデスクたちを従えて新田さんが編集トップの長となろうとした。それで、締め付けが厳しくなり、自由度がなくなる、と部員たちが騒ぎだしたんです。僕は役員会の末席からそのときの様子を見ていて、これは喧嘩両成敗にしないと按配悪いな、と思っていました。ですが、山田さんにしろ、後藤さんにしろ、何も発言しない。そうして新田さんの扱いをどうするか、決まらないままだった。すると、それまで黙っていた齋藤さんがいきなり、『まあ、これは新田君の不徳の致すところだな』と言い出した。そのひと言で、新田さんの出版担当から広告担当への異動が決まりました。実は新田さんには、ブラジルに住んでいるご養子の問題もあり、それも役員会で引っかかっていました……」

実のところ、新田に対する出版部からの突きあげの原因もあった。それが、養子にとった息子を巡る公私混同問題だ。息子がブラジルの農園経営に失敗し、新田が社内の経理操作で穴埋めしようとした疑いが浮上したのである。疑惑の一つは、新潮社の社宅の売却だった。社宅は会社近くにある豪邸で、新田自身がそこに住んでいた。新田はそれを売却したのだが、その際に億単位の損失が隠れていたという。そんな疑惑まで浮かび、出版部内の収拾がつかなくなる。その騒動を齋藤が役員会の「不徳の致すところ」のひと言でおさめたのである。問題に蓋をしたかっこうになり、結果的に新田は救われたが、ほどなく体調を崩して常務から取締役に降格になる。

齋藤はそうして役員会を取り仕切り、名実ともに新潮社の天皇として会社を率いてきた。

イトマン事件と山崎豊子

「齋藤さんから来たんだ」

山崎豊子は齋藤から葉書が届くたび秘書の野上孝子に嬉しそうに話した。そもそも齋藤が自ら筆をとって便りする作家は数少ない。山崎はその一人だった。野上がこう話す。

「といっても、齋藤さんからのお葉書は、一年にいっぺんもありません。二年に一度程度でしょうか。新潮社に書いている作品に限らず、他社の雑誌に連載しているときでも、たまに葉書が届きました。たとえば文藝春秋に連載した『大地の子』のときもそう。『日本の作家がこのような話を書くのは珍しい。この小説は意義がある』と抽象的なことが大きな字で書かれてありました。そんなとき山崎はまるで少女のように、『これ齋藤さんからよ』と嬉しがって、机の上の葉書立てに飾っておくのです。葉書は次が来たら差し替える。つまり次に齋藤さんからの葉書が来るまでずっと飾ってあるので、嫌でも目に入るのです。それは褒め言葉で、作品をくさすような内容ではありません。山崎は『齋藤さんが褒めてくれた』と言い、とても励みにしておりました」

山崎豊子は新潮社の幹部社員たちと同じように齋藤に対して敬意を払い、恭しく接してきた。その山崎の本は出せば百万部以上を見込める。新潮社にとって絶対に手放せないドル箱のミリオンセラー作家である。山崎担当の編集者はもとより、担当役員たちはことのほか神経を使わなければならない相手だ。

山崎の担当役員は齋藤の腹心である菅原國隆から始まり、週刊新潮編集長の山田彦彌、松田宏と引き継がれてきた。

そんなベストセラー作家と出版社の関係のなかで、ある事件が起きた。バブル経済崩壊前夜の一九九〇年、住友銀行グループの老舗商社「イトマン」を巡る一兆二千億円という巨額の不良債権疑惑が浮上し、やがて戦後最大の経済事件に発展する。週刊新潮では、〈伊藤萬（のちにイトマンと社名変更）が常務に迎えた「地上げ屋」の「力量」〉（九月十三日号）と題したマネー欄の経済事件コラムを皮切りに、イトマン事件を扱い始めた。次が十月十一日号の特集記事〈「住友銀行」「伊藤萬」心中未遂の後始末〉だ。

イトマンに土地取引を持ちかけて常務に座った伊藤寿永光や怪しげな絵画取引をしてきた在日韓国人実業家の許永中をはじめ、一連の疑惑をいち早く追った。大阪地検による事件捜査が進むなか、イトマンの〝親会社〟である住友銀行が報道に弱り果てる。そこで頼った先が、山崎だったのである。

住銀とイトマンはともに大阪を発祥とする。ヒット作「不毛地帯」で大阪・船場の繊維商社「伊藤忠商事」をモデルにし、「華麗なる一族」で関西の銀行合併劇を描いた山崎は、住友銀行の天皇と呼ばれ、頭取、会長を歴任してきた磯田一郎と親しかった。イトマン事件の核心といわれた絵画取引は、その磯田が寵愛してきた愛娘のビジネスが発端となっていた。それだけに磯田も背筋が寒かったに違いない。疑惑の浮上した当初、住銀としては是が非でも磯田天皇を守ろうとし、磯田自身が山崎に泣きついたのである。

「イトマン事件のとき、山崎先生から電話をもらったのはたしかだよ。はじめは山田さんに電話がかかってきたんだね。山田さんが先生の担当だったからね。『住友の磯田会長とは松田が懇意にしているので、松田に話してみる』と山田さんが答え、それで俺も仕方なく、磯田さんに電話を入れてね……」

編集部内の打ち上げなどで折に触れ、松田に当時のことを聞くと、しぶしぶそう認めていた。そこについて、野上に確かめてみた。

「たしかに覚えていますよ。松田さんがまだ五十歳前でしたか、そのぐらいのときでしょうか。あのとき山崎は齋藤さんを通じて話をしたわけではありません。編集幹部の方に電話をした。山田さんか松田さん、どちらかはっきりは覚えておりませんが、たしか松田さんにも電話をしたような。いずれにせよ磯田さんが山崎に泣きついた、それだけの話です。それで、(記事から磯田さんの) 名前を外してもらったと記憶しております」

野上にとっては思い出したくない出来事なのだ、とこう言葉を加えた。

「あの件は検事さんからも電話があって、うるさく聞いてこられたので、生々しく、いい思い出ではありません。山崎は検事さんの質問に対し、『私は関係ございません』と突っぱねておりました。記憶も不確かなのであまり言いたくはありません」

とどのつまり作家という出版社の泣きどころを利用し、事件当事者の企業側が記事をどうにかしようとしたという話である。実際、住銀の磯田に関する記事は修正された。が、野上の記憶しているように磯田の実名を削ったわけではない。週刊新潮もただ作家の言いなりになるわけではなかった。山崎からの電話のあと、松田自身が当人に電話取材し、ちゃっかりコメントを掲載している。

〈「(中略)住友銀行が主力銀行として伊藤萬を責任もって見ていくことは間違いない」〉(特集「住友銀行」「伊藤萬」心中未遂の後始末より)

磯田は記事の終わりにそう語っている。

齋藤はもとより山崎から編集部に電話があったことなど知らないし、山田や松田も報告しない。山崎は齋藤に言いにくかったからこそ、山田に相談したのだろう。

そもそも新潮社の天皇が、イトマン事件の特集記事にゴーサインを出している以上、記事はとまらない。くだんの記事は疑惑の捜査段階のそれであり、九一年七月に事件の関係者たちが摘発された。この間、週刊新潮は疑惑を追及し、最終的に住銀の天皇は会長の椅子を追われて住銀から追放された。

華原朋美の正体を追え

齋藤は独特の発想をし、雑誌記事を企画するので、周囲はその意図をはかりづらい。われわれ週刊新潮の編集部員は、齋藤が思いつき、御前会議で提案するテーマにしばしば頭を悩ませた。ときには奇妙なテーマが、唐突に特集記事の候補として奥の院から届く。一九九二年九月、ＪＲ東日本の大船駅にルミネができたときもそうだった。なぜか齋藤は駅のリニューアルに興味を持っていた。

「なぜ鎌倉にルミネができたのか、知りたい」

齋藤から下知されたのは、そんな企画だったように記憶している。齋藤は金曜日と月曜日の週に二度、北鎌倉から新潮社に姿を現してきた。東海道線の新橋で下車し、迎えのシルバーのＢＭＷに乗り込み、会社にやって来る。帰りはその逆ルートだ。どうやらその通勤の途中、大船にオープンしたルミネが気になったようだ。そこで特集記事の企画になったのだが、それだけでは齋藤が何を知りたがっているのか、わからない。いきおい取材の方向性も定まらないまま、編集部の記者たちが弱っていた。

この難しいテーマをデスクとして担当したのが、岩本隼だった。東大仏文科の立花隆のクラスメートである岩本はもともと二十六号組の専属記者だったが、山田や松田たちと異なり、社員にならずにフリーランスのまま特集班のデスクを務めてきた。特集記事とともに銀座など夜の色街情報を扱うクラブ欄の書き手として、四十年近く週刊新潮に貢献してきた。その岩本が特集記事のデスクとして大船ルミネの記事を担当することになり、一計を案じた。齋藤がトイレに立ったときを見計らい、直接、企画の意図を尋ねようとしたのである。

「大船ルミネの件は、何がお気になったのでしょうか」

ツレションの談話だ。岩本がストレートに聞くと、齋藤が笑った。

「いや、あれはどうということないんだよ。女子高生があそこにたむろして騒ぐんでね」

鎌倉文士や芸術家の住む街が騒々しくなり風情が損なわれるのではないか、と危惧したのだろうか。齋藤の甥の一人である武内篤美に聞くと、大船駅にルミネが完成したあと、齋藤はそこのテナントに入っている寿司屋に通うようになったという。

「叔父はものすごいグルメで、都内の一流料亭はあらかた知っているんですが、晩年は面倒くさくなったんでしょう。美和叔母さんが留守のとき『会社の帰りに大船駅に途中下車して駅ビルの寿司屋で食って、タクシーで帰るんだよ』と言っていました。そこで女子高校生たちを見たのかもしれませんね」

結局、これも記事になった。九二年十月一日号の四頁特集「大船『ルミネ』高額保証金128店の利益計算」がそれだ。テナント店舗の経営の先行き不安を書いたものだが、映画の街をもじってこう締めくくっている。

〈「ルミネウィング」が開店しても、やはり大船は大船ということなのだろうか。寅さんなら、「それを言っちゃあ、お終いよ」と言うかな〉

またあるとき編集長の山田彦彌が、六十人の編集部全員の前で、次のような特集記事のテーマを発表したこともあった。

「あの華原朋美というのは誰なんだ。おもしろいから正体を突き止めろ」

週刊新潮は週刊文春などに比べて芸能情報には疎い時代があり、とりわけアイドル系の歌手はあまり記事にしてこなかった。いきおい会議のあと、編集部員のあいだで「いったい誰が出した企画なんだ」と話題になったことを覚えている。すると、社内事情通が得意げに話した。

「あれはパイプ企画だよ」

パイプとは、いつもパイプを吹かしている齋藤のあだ名だ。

そうして若手の記者が取材に駆けずり回った。小室哲哉をはじめとした音楽、芸能関係者からお好み焼き屋を経営していた華原の実家周辺の聞き込みにいたるまで、けっこう苦労したようだ。その甲斐あって、奥の院から下ったこの企画もまた、一九九六年七月四日号の特集記事として掲載された。四頁を割いた記事は、「一週間で六十億円売上げ　新人歌手『華原朋美』の黒い成上り」。むろん齋藤がタイトルをつけた。

「なんだ、この中見出しは」

少しだけ私個人の話をすると、新潮社の厄介になったのは九〇年の終わりからだ(入社は九二年)。折しも戦後最大の経済犯罪と呼ばれたイトマン事件が摘発される前夜であり、政財官を巻き込んだダイナミックな疑獄の構図に惹かれ、週刊新潮でも取材を続けた。山崎豊子がくだんの事件で編集部に電話をしてきた九〇年秋は、私の新潮入り直前なので、それ自体は松田から後日に聞いた話である。もっとも新潮に入る前にも、他誌の取材で住銀の磯田本人に愛娘とイトマンの関係についてインタビューした経験があった。その詳細は拙著「許永中　日本の闇を背負い続けた男」に書いているのでここでは触れないが、そうした経緯もあり、週刊新潮入りしたあとも事件を取材し、特集記事を何度も書いてきた。

折しも編集部では、九三年四月に山田から松田に編集長のバトンが渡され、私はその頃からマネー欄という経済事件コラムや特集記事の最終原稿を書くようになった。週刊新潮では、まず新入社員が編集部の特集班に配属され、ベテラン記者に混じって取材のノウハウを学ぶ。その取材結果をまとめる書き手が特集班のデスクや次長だ。

三千億円が闇社会に消えたとされるイトマン事件の主犯だった許は、政財界最後のフィクサーと異名をとってきた怪人物である。イトマン事件に続き、九六年には石油商社「石橋産業」の振り出した百七十九億円もの手形を詐取したとして、東京地検特捜部に逮捕される。元運輸大臣の亀井静香をはじめ、元建設大臣の中尾栄一、実力者の竹下登の関与が取り沙汰された一連の事件は、戦後の日本社会が抱える暗部を浮き彫りにした。政財官界と気脈を通じてきた許は、わけても亀井と旧知の間柄で、いきおいその関係取材に熱が入った。

なかでも九七年十月三十日発売号の〈「泉井」「亀井静香」「宅見組長」も旧知という「許永中」の怪人脈〉という特集記事を書いたときのことは、今でもよく思い出す。

表題どおり亀井をはじめ、石油卸商の泉井純一や山口組ナンバー2の宅見勝たちとの魑魅魍魎とした許の人的ネットワークに焦点をあてた記事だ。

齋藤はこの年の一月に相談役から顧問に退き、徐々に週刊新潮の記事への関与を薄めていた。それまで金曜日と月曜日の週に二度開かれていた御前会議は、どちらか一度になった。そこに編集長の松田は参加せず、メンバーは野平と山田の三人のみだ。松田は山田から齋藤の意向を聞き、さらに自らの企画を加えて特集記事のラインナップを決めていくようになっていた。

もっとも奥の院とは縁遠い次長やデスク以下の編集部員にとっては、従来の取材・執筆活動とさして変わらない。いつものように月曜日の深夜から火曜日の朝にかけて原稿を書き、昼頃に大日本印刷から校正刷りがあがってくる。印刷のデジタル化が進んでいる現在は火曜日の深夜まで編集作業を続けているが、当時は編集部の手から離れる校了時刻が火曜の午後三時と決められ、遅くとも夕刻までに作業を終えなければならなかった。

齋藤はたいてい月曜日の御前会議で記事のタイトルを決めていた。手書きのタイトル文字の躍るA4コピー用紙が、特集記事の各デスクに配られ、本人はそれを終えるとさっさと退社した。古くは知らないが、齋藤は晩年のこの頃、原稿や校正刷りのたぐいを読まず、製本された週刊新潮の記事に目を通すだけになっていたようだ。金曜日に記事のラインナップを決めて月曜日にタイトルをつけたあとは、担当役員の山田と編集長の松田に記事内容のチェックを任せていた。

「森君、ちょっと僕の部屋に来なさい」

許と亀井の記事を書いたとき、内線電話をかけてきたのが、山田だった。編集長時代に取締役に就いた山田はこのときすでに常務に昇格していた。常務の個室は齋藤のいる二十八号室の隣だったが、火曜日なので齋藤はそこにいない。

「なんだ、この中見出しは。これじゃあ、ここから読む気がせんじゃないかっ」

部屋に入るなり、山田がそう怒鳴る。山田は瞬間湯沸かし器と異名をとる。短気で、声が部屋中に響くほど大きい。私が記事の中ほどにつけたくだんの中見出しはこうだった。

〈許を「俺の兄弟」という亀井〉

山田が怒るのは無理もない。たしかにこれでは説明しすぎている。この先に何が書いているのか、読者の予想がつくので読み進めたくなる見出しとはいえない。しかし私にも言い分があった。

「実はこれ、別の中見出しをつけていたんです。はじめは〈俺の兄弟という亀井〉としていたんですけど、松田さんが『それじゃあ何のことかわからん』と訂正してこうなったんです」

正直にそう反論すると、山田は困ったような表情になった。

「それなら何か、キミは自分の記事で編集長の言いなりになるのか。いくら編集長の意見でも突っぱねろ、記事はおまえのもんだろ。こんな見出しは何の魅力も、含みもない。少なくともこの〈亀井〉はいらんだろ。〈俺の兄弟〉だけでもいいくらいだ」

まさにそのとおりだ。仕方ないので松田に言った。

「山田さんに叱られましたので、変えます」

松田は黙ったまま頷き、中見出しを〈「許は俺の兄弟」〉に変えた。山田は編集長時代から文章にうるさく、ときに校正刷りに大きくバツ印をつけてきたこともあった。

新潮社の相談役から顧問に退いた齋藤が、山田や松田に誌面づくりの多くを任せるようになったこの頃、編集部は混乱していたように感じた。もとより齋藤はこんなやり取りはおろか、私の名前すら知らなかったに違いない。

やがて齋藤は出社しなくなり、ときおり鎌倉から山田に電話をかけてくる程度になった。週刊新潮を託された松田は齋藤に倣い、できる限り近づこうとしてきた。しかし、とても巨人には追いつけなかった。

池波正太郎の没原稿

齋藤本人が新潮社の幹部社員に繰り返し語ってきたように、ごく平たくいえば、興味は「人間」なのだろう。それゆえテーマは限りなく広い。また書籍、雑誌を問わず、誌面に必要なのは、作者や評論家本人のネームバリューではないという考えも齋藤の編集方針だった。本の価値は、あくまで何を伝えるか、何を書くか、という作品の中にある。あたり前なのだが、その考えを徹底するにはけっこう骨が折れる。重宝してきた作家でも、著作に才能が枯れたと見れば、容赦なく切り捨てる。齋藤にはそんな怖さもあった。石井が言った。

「たとえば無名だった寺山修司に週刊新潮でエッセイ『人間を考えた人間の歴史』を連載させたのは、齋藤さんの直感力があればこそでしょう。寺山さんは歌人としてそれなりに名が知れていたけど、週刊新潮に書かせるというほど売れっ子ではなかった。

ただ、キリストやカントを寺山流に解説した『人間の歴史』はめちゃくちゃおもしろい文章で、僕も愛読していた。のちに親しくなった寺山さんから、『齋藤十一に激怒されたことがある』と聞いたことがあります。齋藤さんはどんな相手でもおもしろくなければ一回でやめさせちゃう。それで、トルコ風呂（ソープランド）のモモちゃんのエピソードを書いたとき、もの凄い怒りを買ったらしい。『いくらスケべぇでもかまわないが、下品になるな』と。この言葉は僕の座右の銘にしているんだ。週刊新潮の『黒い報告書』にしろ、他のエロ特集にしろ、決して下品ではない。齋藤さんは品性の欠如を極端に嫌ったんだ」

寺山は運よく連載打ち切りにはならなかったが、齋藤による数え切れない没原稿の〝被害者〟のなかには、池波正太郎もいる。出版部員として池波を担当した寺島哲也がこう打ち明けてくれた。

「私は毎週、荏原の池波正太郎さんのお宅に連載小説『黒白』の原稿をもらいに通っていました。池波さんはどんなに忙しくても、必ず二階の書斎から応接間に降りて来て、入社三年目だった編集者の私とも気さくに雑談してくれました。齋藤十一さんについて、あるとき池波さんは江戸弁でこんな話をしてくれました。『はじめて週刊新潮で連載した〝忍者丹波大介〟は、齋藤さんから唐突に打ち切られたんだ。向こうから頼んできておいて、いきなり打ち切りだよ。でもそれから二年ぐらい経って、齋藤さん本人がうちにやって来たんだ。新潮社の重役が玄関先に立っているわけだよ。打ち切りを決めた本人が。〝あなたの小説はおもしろいからぜひまた連載してくれ〟って言う。それまで二度とやるかと思っていたけど、そこまでされちゃ断れない。それで次に書いた連載が〝編笠十兵衛〟なんだよ』と」

一九六〇年に「錯乱」で直木賞をとった池波は、翌六一年一月号の別冊小説新潮に「卜伝最後の旅」を書いた。小説新潮は齋藤のつくった雑誌ではないので、「卜伝最後の旅」はいわば管轄外だ。週刊新潮では、「鬼平犯科帳」のヒットする前の池波が、「江戸怪盗記」を書いている。六四年一月六日号の一編きりだが、そこで火付盗賊改方の長官である長谷川平蔵をはじめて登場させている。「鬼平」の原型だ。恐らく齋藤はこの池波作品を気に入っていたのだろう。それから四カ月後の五月十一日号で池波は「忍者丹波大介」を十四回連載した。それがとつぜん打ち切りになってしまった。たしかに時代小説で十四回の連載打ち切りは短すぎる。が、齋藤は平気でそれ以降の作品を没にし、連載をストップさせたというのである。事実、新潮45にいた頃の石井もまた、その池波正太郎の没話を聞いているという。

「作品そのものは定かではないけど、連載を断ったので池波さんが怒ったという話だった。関係修復のため、齋藤さんご自身が自宅まで謝りに行ったとか。池波さんの家の前でずっと待っていると雪が降ってきて、それでもずっと立ったままだったので足跡が残り、それを見た池波さんが許した、とか、そんな噂話まであるんだ。ちょっと出来すぎている気もするけど、齋藤さんが没にしたのは間違いない」

池波作品が本格的に売れはじめたのは、六七年十二月号の文藝春秋「オール讀物」に「鬼平犯科帳」シリーズの第一作が掲載されたあとだ。没にされたのはその少し前の出来事という計算になる。石井が続けた。

「齋藤さんは作家の好き嫌いが激しいから、担当者が弱っていたのはたしかだね。でも齋藤さんの好みは意外に単純にわかる。嫌いな作家は呼び捨てにするけど、好きな山口瞳なんかは、『山口さん』なんだ。その山口さんでさえ、僕に『齋藤十一からいつ週刊新潮の〝男性自身〟をやめろって言われるか、それが怖かった』と話していました」

齋藤は名立たる作家から見ても得体が知れない。作家は言葉を交わし認めてもらおうとするが、当人は鎌倉に引きこもって会わない。それゆえカリスマ性が増した。その齋藤の真意について石井はこう見る。

「齋藤さんのご自宅にうかがって本棚を見たことがあるんだけど、びっくりしたよ。読んだ本は人にあげるか、捨てていたそうだけど、ものすごい数の作家のサイン本が並んでいる。書いた初版本を読んでもらおうと著者が自宅に持ってくるらしい。それでも齋藤さんは会わなかったらしい。さすがに捨てはしなかったようで、献本サイン本だけで書棚の一段が埋まっていたね」

齋藤は作家に対する価値判断をどこに置いていたのだろうか。

天才の三要素

新潮からはじまり、芸術新潮や週刊新潮、フォーカス、新潮45にいたるまで、極端にいえば、かかわった媒体すべての雑誌編集部員にとって、想定する読者は齋藤ただ一人である。齋藤の愛読するような価値のある誌面づくりを課せられてきたといえる。石井はその齋藤の出版物に対する考え方を次のように分析する。

「齋藤さんは読者として自分自身の俗物的な部分を肯定しながら、ノブレスなものへの憧れを抱いてきた。書き物は教養に裏打ちされた俗物根性を満たさなければならない。そういうものにしなきゃダメだと考えてきたのでしょう。人間はデモーニッシュな生き物であり、人の頭を割ってなかを見ると、ろくでもない存在であることがわかる。けれども、そこに光る何かを見いだす。それが下品にならない書き物であり、そこに齋藤さんの一種の価値観があるのではないだろうか」

齋藤は朝日新聞をはじめとした日本の大手マスコミに噛みついた。だが、週刊誌やミニコミには寛容だったという。

「ライバルを蹴落とすようなさもしいことはするな。それが齋藤さんの教えでした。朝日新聞が『アエラ』を出そうとしたとき、亀井さんが批判する企画を出したことがあったんだ。そこで『あらあらＡＥＲＡ』というタイトルをつけようとした。アエラなんて、ろくでもない週刊誌をつくってどうするんだ、という意味を込めて企画したんだと思う。すると齋藤さんは『キミたち、同業者だろ。同業者の足を引っ張ってどうするんだ』と怒ったんだ。朝日新聞や創価学会、それから動労や革マルといった組織の横暴はたたく。だけど、文春や週刊朝日なんかのメディア批判はいっさいしていない。内輪揉めのようなもので、それは美しくない、ということなんだね」

齋藤は決して表舞台でものを語るわけではなかった。それでいて存在は出版界で誰もが知っている。新潮45のリニューアル創刊のメンバーである伊藤幸人は、齋藤から二度の入社面接を受けたという。七八年の入社だ。

「キミのような人間はだね、銀行とか商社に入ったほうがいいんじゃないか。なぜ出版社なんだ？」

二度目の面接で齋藤が伊藤に尋ねた。

「（銀行で）キミの友人が課長だ、部長だとなっていっても、キミはヒラのままだ。編集者は無冠の帝王なんだ。それでもいいのか」

むろん出版社でも、ずっとヒラ社員ではなく編集長や局長、取締役と出世する。要するに心構えの話だろう。伊藤が笑顔を見せ、四十三年前の面接場面を思い浮かべた。

「一度目の面接では、パイプをくわえたまま居眠りしている役員がいるので驚きました。何も質問せず、じっと目をつぶっている。齋藤さんはそうして僕のことを観察していたんでしょうね。それで二度目の面接で予想外のことを尋ねられ、頭のなかが真っ白になってしまった。『私は大学で歴史を学んだので、銀行では生かせないと考えまして……』とろくな答えもできませんでした。なので、てっきり入社試験に落ちたと思っていました」

伊藤にとって齋藤は生まれて初めて会った編集者だった。強烈なインパクトがあったに違いない。新潮社に入った伊藤ははじめに週刊新潮に配属された。他の社員と同じように言葉を交わす機会などなく、最初に齋藤と接したのは、フォーカス創刊の少しあとだったという。

「フォーカスは創刊当時、昭和天皇をインタビューした米国人ジャーナリストとして知られるニューズウィーク東京支局長のバーナード・クリッシャーを編集顧問として雇っていました。クリッシャーは、フォーカスだけじゃなく新潮社でいろんな仕事をしたがっていました。何度かクリッシャーと会っているうち、『実力者の齋藤さんと話がしたい』と言い出した。そのために私が通訳を頼まれたわけです」

齋藤は社内ではめったに見かけないが、会社の創立パーティには必ず顔を出す。二人はそこに目を付けた。

「彼がパーティで齋藤さんを〝直撃〟しようと言い出したのです。そのとおり会場で齋藤さんをつかまえ、『私は新潮社にもっと貢献したい。だから仕事をしたいと話をしている』と齋藤さんに通訳すると、その答えがおもしろかった。『あんたは会社の用心棒みたいなものだ。いてくれるだけでいい』と日本語で話すのです。用心棒という言葉の英訳が浮かばず、とっさに『You are just like a guard man for our company』、ガードマンって言っちゃった。クリッシャーは目をぱちくりさせ、齋藤さんはフッフ、フッフと笑うだけでした」

伊藤が新潮45の御前会議で齋藤と本格的にひざを突き合わせて打ち合わせをするようになったのは、それから四年後の新潮45のリニューアル創刊のときだ。伊藤もまた石井と同じく、齋藤の圧倒的な知識や発想力に脱帽した。編集者としてのあり様をずっと観察してきたという。

「齋藤さんは、編集者の究極の形を示してきたのではないかと思います。作家はいろんな意味で欲張りですが、編集者はもっと欲張りです。作家は一生かけてもせいぜい数十冊しか書けない。けれど、編集者はその気になれば二百冊でも三百冊でも著作を生み出せる。それこそいろんな企画に携われるわけです。齋藤さんは、そんな編集者のなかで、とんでもない欲を追求した人ではないでしょうか」

さらにこう言葉を足した。

「齋藤さんが天才編集者なのは誰もが認めるところでしょう。では、なぜあんなことができるのか、僕なりに考えて整理してみました。そうしていたった結論が齋藤さんを天才たらしめる三つの要素。こう思うのです」

伊藤が思いあたるその三要素について説明してくれた。

「一つは、ある種精神的貴族でありながら俗的な興味をお持ちであること。齋藤さんのなかにある高貴な教養への志向といえばいいのでしょうか。それでいながらその一方で齋藤さんは真逆の大衆的な興味をお持ちなのです。週刊新潮の編集方針とされる『女とカネと権力』への俗な興味、齋藤さんは僕たちに『大衆が何を求めているか、自分のなかに俗物があるからわかるんだ』とおっしゃったことがあります。精神的貴族と俗物への二つの関心が、齋藤さんの体内に同時に併存している。上から目線に立っているだけではなく、自分自身が俗世間に降りていける。私の勝手なイメージでいうと、齋藤さんはそこをダイナミックに移動しているのです」

文芸の新潮、音楽や絵画の芸術新潮、そこからジャーナリズムの週刊新潮やフォーカス、ノンフィクションの新潮45を自在に操れたのも、教養人と俗物という二つの頭があればこそだと伊藤は分析する。

新潮45の名タイトルの一つに「教養に邪魔されなかった男の伝説」という特集記事

がある。文字どおり多くの教養人は、自らの気位の高さゆえ、人間の醜さと接し、人間の本質を感じることができない。反面、教養がなければ、邪魔はされない。しかし本質に到達する術がない。絶妙なタイトルは、齋藤が教養を大事にしてきた裏返しなのだろう。伊藤は九〇年に政治経済に特化した海外情報誌「フォーサイト」を創刊した。そのときの話を振り返る。

「齋藤さんはあまりフォーサイトを快く思っていなかったのでしょう。創刊準備をしていると、『国際政治経済情報を気どっているフォーサイトは首下のことはやらねぇのか』とおっしゃっていると人づてに聞いていました。そのあと社のパーティでお会いした。齋藤さんが僕におっしゃったのは『おい、そういう雑誌をやるならスパイを雇ったらどうだ』とひと言。やっぱり言うことが違うんです」

伊藤は齋藤十一の天才たる三要素に話を戻した。

「二つ目は言葉のセンスです。齋藤さんの頭のなかには、古今東西の有名な本のタイトルや名台詞、箴言にいたるまでがビッシリつまっている。そのもと歌をちょっと曲げたり、変化させたりして独自のコピーにする。そういうセンスがありました。たとえば『美しい日本の美しくない日本人』というワイド特集のタイトルがあったけど、これは川端康成がノーベル文学賞をとったときの記念講演『美しい日本の私』から引いている。有名な『人間は生まれながらの死刑囚』だって、ドストエフスキーの『カラマーゾフの兄弟』に出てくる名台詞から引いている。齋藤さんはそんな言葉をいともたやすく引き出せるんです」

新潮45の創刊の翌六月号で齋藤は、西田幾多郎の「善の研究」をテーマにするよう編集部の伊藤たちに提案した。そこで齋藤のつけたタイトルが「『善の研究』は死んだか」――。

筆者は評論家の木原武一を想定しているという。木原は〈哲学の生みの親は経験である〉〈世間の俗事にまみれてこそ哲学も生まれるにちがいない〉という見地に立ち、記事で西田哲学の定義を紹介した。

〈善とは自己の発展完成 self-realization であるということができる。即ち我々の精神が種々の能力を発展し、円満なる発展を遂げるのが最上の善である。竹は竹、松は松と各自その天賦を充分に発揮するように、人間が人間の天性自然を発揮するのが人間の善である〉

まさに誰もが理解でき、納得できる主張である。しかし「『善の研究』は死んだか」と題した特集記事を企画した齋藤の真意は、そこだけではない気もする。

齋藤は必ずしも「善の定義」を示すことではなく、新潮45の読者が「善の研究」という難解な西田哲学に触れることこそに意義がある、と考えたのではないか。

新潮45の創刊されたバブル経済華やかなりし八〇年代後半から九〇年にかけ、国内は「女、カネ、権力」の欲望にかられた詐欺や暴力が横行し、大衆は「悪の研究」に没頭してきた。そんな時代だからこそ、「善」にスポットをあててみたらどうか、と齋藤は考えたのではないか。伊藤はこうも言った。

「齋藤さんは、何も岩波書店のように正面から哲学としてとらえるわけではなく、『善の研究』というタイトルの醸し出す語感を大事にしていたのではないでしょうか。それを引き出す言葉のセンス、それが抜群なのです」

そして齋藤を天才たらしめる三つ目の要素について、次のように説く。

「齋藤十一を考える。それは僕ら新潮社の人間にとって『究極の編集者とは？』という命題をぶつけられている気がします。三番目の齋藤十一の凄さは、黒子に徹したことでしょう。齋藤さんは生前、いっさい『これは俺がやった仕事だ』と言わなかった。フォーカスにしても自ら『考えたのは俺だ』とは、ひと言も残していません。横柄っていうのとも少し違うけど、決して謙虚な方ではありません。つまり、編集者の仕事として何かを残すことを潔しとしない。黒子の立ち位置をずっと徹底していました。新潮の編集長を名乗ってはおられましたが、それ以外の芸術新潮にしろ、週刊新潮にしろ、フォーカスにしろ、表に出てこない。それが齋藤さんの独特の哲学、人間観なんだと思うんです。齋藤さんは出版界で唯一、文藝春秋の池島信平を意識していました。池島さんは文藝春秋を残したけど、齋藤さんはどの仕事をやったとは絶対に言わない。自分ではほとんど何も語らずに逝っちゃった。そこまで黒子に徹した人はいません」

その謎めいた仕事ゆえに神秘性が高まったともいえる。

第九章　天才の素顔

晩年の齋藤十一

葬儀に参列した〝息子〟

齋藤十一は謎めいた天才編集者として生涯を終えた。

二〇〇一年一月十三日、鎌倉の建長寺龍王殿で執りおこなわれた告別式で流れた曲は、ブルーノ・ワルター指揮のモーツァルト「フリーメーソンのための葬送曲」だ。焼香台には大勢の弔問による長い列ができた。しかし、そのなかには、新潮関係者の知らない人物もいた。芸術新潮編集部に勤めた木下靖枝が回想する。

「たしか最初に結婚された奥様もお見えになっていたと聞きました。それと息子さん。私が入社した昭和三十七（一九六二）年には、まだ齋藤さんに前の奥様がいらっしゃって、大泉のご自宅でいっしょに住んでいました。ただ、その頃に齋藤さんには別宅もあり、あまりご自宅にお帰りにならなかった。それで、私は齋藤さんから命じられ、二度ほど大泉のお宅にお使いにうかがいました。すごく広いお庭があって立派なお宅で、奥様がいらした。葬儀のときはその奥様と息子さんがお見えになったと聞きましたが、お会いしていません」

フォーカスの編集長だった田島が葬儀を取り仕切ったが、田島は前妻の参列自体を知らないという。

齋藤十一にはたしかに〝息子〟がいた。小川雄二という。一九三六（昭和十一）年十一月生まれだから、当年八十八歳になる。本人と会うことができた。受け取った名刺には「一般財団法人　オペラアーツ振興財団理事」と書かれている。音楽家である。小川姓は養子縁組した養母の小川富士枝のものだ。当人はなぜか齋藤のことをオジと呼んで、静かにこう話しはじめた。

「僕にとっては、森さんや新潮社の人たちが思われてこられたような畏れ多い人でも、怖い人でもありません。ベルリンに留学した僕に、あの当時、月々十万円の仕送りをしてくれた。オジは僕にすべてを与えてくれました……」

齋藤が築いた出版界の偉業に疑いの余地はない。なぜこんな鬼才が生まれたのか。そこについては、新潮社の幹部をはじめ出版関係者にとって大いなる謎というほかない。

「麻布中学時代から趣味になった音楽によって、独特の感性が磨かれた」

「早大時代に房総半島の寺で過ごした晴耕雨読の一年間、新潮社に入社して書庫係だったときの世界文学読破を肥やしにした」

取材してきた新潮関係者の分析は、概してそうだった。また草創期の週刊新潮を助ける元読売新聞の村尾清一は、こうも言った。

「齋藤さんは終戦時、仏文学者の河盛好蔵さんの家へ転がり込んで、文学を学んだ」

これまで見てきたように終戦の翌年に編集長に抜擢されて新潮の復刊を果たした齋藤は、その才能を発揮し、瞬く間に出版界を代表する編集者になった。となれば、齋藤十一という鬼才は、新潮の編集長になったときすでにできあがっていたのであろう。つまりその能力は、戦中から終戦間もないおよそ十年のあいだに形づくられたのではないだろうか。

齋藤は新潮社に入社した明くる一九三六（昭和十一）年三月、ひとのみち教団で知り合った小川富士枝と結ばれ、暮らし始めた。彼女は齋藤より二つ下の一六年一月東京生まれだ。偶然にも二人の結婚は、のちに養子になる小川の生まれた年でもある。

「僕がはじめてオジ夫婦に会ったのは、高校三年生のときでしたから、昔の二人の暮らしぶりはあとから母に聞いた話です。戦中、戦後のあの時代ですから、母は大変苦労しました。出版人としてのオジの仕事について、僕は詳しく聞いていませんので、実際のところは不確かです。ただ、オジにとって母の存在は非常に大きかったと確信しています」

齋藤の〝息子〟は古い齋藤家の写真に目を細め、懐かしそうに家の歴史について、そう語りはじめた。家族写真にある着物姿の齋藤富士枝は、まるで映画女優のような美しい顔立ちをしている。

齋藤十一には、決して出版界で見せなかった知られざる顔がある。

糟糠の妻

齋藤は戦中、戦火を逃れるため練馬区の大泉町に疎開し、そのまま住んだといわれてきた。だが、それは正確ではない。少なくとも終戦を迎えたとき一家は高円寺で暮らしていた。齋藤家には、明治生まれの年老いた父清之助と母志希以下、長女の初江、長男の十一、次女の后尾、三女の尚子、次男の栄二、四女の美佐尾、三男の昭三という七人きょうだいがいる。両親はもとより、終戦時は夭逝した次女の后尾と三女の尚子を除く、五人のきょうだいとその家族たちまでも同じ屋根の下で寝食をともにした。日本中が生活難に陥るなか、二人の弟たちは働き口すらない。すでに嫁いでいる姉や妹の夫も職にあぶれた。新潮社に勤める齋藤の稼ぎが、家族の唯一の定期収入である。小川がこう記憶をたどる。

「つまりオジ夫婦が、両親ときょうだいの齋藤一族全員を支えたんです。オジは新潮社で八十円ほどの月給をもらっていたといいます。ところが、その給料をろくに家計に入れなかったらしい。母の話によれば、当時百円したクラシックのLPレコードを店に掛け合って八十円に負けてもらい、次から次に買って家に持ち帰って来たといいます。日本中が食うに困っていた食糧難の時代なのに……」

終戦から一年経った四六年八月、内閣統計局（現・総務省統計局）が消費者物価指数を公表し始めているが、物価の変動があまりに激しく、現在の貨幣価値との正確な比較は難しい。百円が五万円の価値に相当するという試算もあるようなので、それで計算すると、クラシックレコードは五万円の貴重品という話になる。とすれば、齋藤の月給八十円は今なら四万円前後とかなり薄給に思えるが、この時代、職があるだけで幸せだったともいえる。

家長である齋藤が老舗文芸誌の編集長になったとはいえ、一家の暮らし向きは楽ではなかった。次男の栄二と四女の美佐尾の夫を新潮社に入れたことは前に書いたが、それは終戦から五年ほど経たのちのことである。おまけに月給の大半をレコード代に使い果たすような亭主を持った妻の富士枝の苦労は察するにあまりある。

齋藤と同年代の大正五年生まれである富士枝には富代、佐喜子、幸蔵という妹や弟がいた。四人きょうだいの長姉として生まれ、小川家に養女に出されて成人したという。この頃、養子縁組はさほど珍しくはなく、末弟の幸蔵もまた別の家の養子として育っている。富士枝は養女になった小川家でひとのみち教団の信者となり、齋藤と知り合った。しかし四人きょうだいの交流が途絶えたわけではなく、成人した妹弟たちは、長姉の嫁ぎ先である齋藤家が裕福になると、しばしば遊びに来ていたともいう。

小川が続けた。

「齋藤富士枝となったばかりの高円寺時代は、新潮社の給料だけではとても食べていけなかったようです。オジが会社に行っているあいだ、母が働いて食費を稼いだ。おまけに、終戦を迎えると、その高円寺の家に、河盛好蔵さんが転がり込んできたらしい。嫁入りのときに持ってきた着物や帯を農家に持って行って食料に取っ替えてもらい、河盛さんの食事をつくっていたといいます。母は『偉い人だから変な物を出せないでしょ、だから本当に大変だったのよ。それが（編集者の仕事に）必要なのだから、仕方なかったのだけど』と笑いながら話をしていました」

戦中、新潮社の社員たちが戦地に送り込まれるなか、会社に残った書庫係の齋藤は単行本の編集に携わるようになった。そこで仏文学者の河盛や哲学者の和辻哲郎たち、日本を代表する知識人と出会う。なかでも河盛との縁は深い。齋藤よりひとまわり上で一九〇二（明治三十五）年生まれの河盛は、昭和初期にフランスへ留学し、「フランス文壇史」で読売文学賞、「パリの憂愁」で大佛次郎賞などを受けている。八八年には文化勲章に輝いた。

もっとも小川の話は、以前に元読売新聞の村尾から聞いたエピソードとは、逆になっている。念のため村尾に確かめると、「僕は終戦後、河盛さんの家に齋藤さんが転がり込んでいた、と野平から聞きました」とやはり話は変わらない。どちらが正しいのだろうか。

齋藤が富士枝と結婚したのは戦前の一九三六年であり、村尾の話どおり、夫婦で河盛宅に居候したとすれば、かなり無理がある。また六歳違いの弟栄二は三三年に旧制中野中学（現・明大中野中）に入学しており、一家はその頃すでに高円寺あたりに住んでいたのかもしれない。終戦の翌四六年、新潮を復刊して編集長に就任した齋藤は、河盛を編集顧問に迎えている。となれば、小川が富士枝から聞いた話のとおり、高円寺の齋藤家で河盛の面倒をみたと考えたほうが筋は通る。富士枝は齋藤家の親きょうだいだけではなく、仕事上の恩人にいたるまで、甲斐甲斐しく世話をした。

戦後間もなく新潮の編集長になった齋藤は坂口安吾や太宰治をはじめ、矢継ぎ早に作家を掘り出し、新潮社の出版事業を軌道に乗せていく。それができたのは、編集顧問の河盛の手助けがあったからにほかならない。佐藤義亮の孫、陽太郎の言ったとおり、お気に入りの作家の一人、太宰に「斜陽」を書かせようとしたとき、齋藤は太宰を誘って酒を酌み交わしている。「太宰治の年譜」（山内祥史著）は、一九四六年十一月二十日の出来事としてこう記している。

〈（太宰は）牛込区矢来町七十一番地の新潮社を訪れ、「新潮」編輯顧問の河盛好蔵、「新潮」編輯長斎藤十一、出版部長の佐藤哲夫、野原一夫などと、神楽坂の焼跡の鰻屋で酒盃を傾け、「流行の進歩的文化人を罵倒し、世相を慨嘆して、軒昂だった」という。この日、「桜の園」の日本版を書きたい、自分の実家の津島家をモデルにして没落する旧家の悲劇を書きたい……〉

河盛は酒席の前、新潮社の応接室に鈍く斜めに射しこむ冬の夕陽を見て、「これだ」と言った。齋藤十一はこの河盛のセンスを盗み、「斜陽」を大ヒットさせた。

宗旨替え

齋藤家はこの時期、ひとのみち教団からカトリックに宗旨替えしている。新潮社の石井によれば、齋藤はひとのみち教団の青年行動隊長だったとしていた。だが、当人は実のところあまり熱心な活動家ではなかったようだ。齋藤家で最初にカトリックに入信したのが富士枝だった。ひょっとすると、それは教会から仕事を紹介してもらうためだったのかもしれない。小川が言葉を足す。

「オジからはひとのみちの話を聞いたことがありません。オジはのちに教会に寄付をしていましたけど、もともと本人は宗教にこだわりがなかったように感じます。母も戦前はひとのみちに入信していたけれど、オジに了解を得て教会に通ったと言っていました。母がどんな仕事をしていたのかはわかりません。齋藤家では、母のあと弟さん夫婦や祖父母もカトリックの洗礼を受けています。祖父の入信は亡くなる間際でした。オジひとりずっと興味がなく、洗礼も受けていません。祖父母はイタリア人のマンテガッツタという神父から洗礼を受け、亡くなったあと多磨霊園にあるカトリックの墓に葬られています」

終戦後の混乱期に大家族の生計を切り盛りしてきた富士枝は、齋藤家にとってこのうえなくできた嫁だった。齋藤の弟栄二の次男である章もとても感謝している。

「私は、祖父が初めにキリスト教に入信し、夭逝した二人の娘のために多磨霊園にカトリックの墓を建てたと聞いていました。伯母が先で、亡くなる間際に祖父が洗礼を受けたとは、知りませんでした。しかし、伯父の十一は齋藤家の人間が眠っているそのカトリックの墓に入っていません。それも、一般には不自然に映るのではないでしょうか」

齋藤家の長男として生まれた十一は、いうまでもなく齋藤家の家長であり、齋藤家の墓を守っていく立場にある。だが、当人は敢えてカトリックのその墓にはかかわらなかった。その理由は当人が離婚したせいだろう。美和との再婚が影を落としている。

齋藤は六四（昭和三十九）年に富士枝と別れ、明くる年に美和と再婚した。章が言葉を補う。

「伯父は鎌倉の伯母（後妻の美和）と再婚し、向こうの建長寺にお墓を買って、いっしょに入っています。つまり齋藤家には、祖父たちの眠る多磨霊園と鎌倉の建長寺に異なる二つの墓があって、祖父母とその長男である伯父が別々に入っているわけです。本当なら、多磨霊園の墓は齋藤家の家長である伯父が継ぐはずです。だから不思議なのですが、もっと異常なのは、別れた富士枝伯母が多磨にある齋藤家の墓を守り続けてきたこと。僕たちは富士枝伯母のことを大泉の伯母と呼んでいるのですが、彼女は伯父と離婚して小川姓に戻ってからも、ずっと長男の嫁として齋藤家の墓を守り、しかも齋藤家の誰もがそのことに異を唱えてこなかった。それは、齋藤家の人間がみな、富士枝伯母を信頼し、感謝してきた証だと理解しています」

もとはといえば、多磨霊園のカトリックの墓は木製の墓標だったが、齋藤は富士枝と離婚すると、御影石の墓碑に建立しなおした。このとき実弟の栄二に「あの墓を頼んだ」と伝えている。

栄二はのちに足立区内に新たな墓を建て、多磨霊園のカトリック墓は小川家の墓と改められる。その小川家の墓には、現在もなお齋藤の両親とともに富士枝が眠っている。

終戦間もなく新潮の編集長として頭角を現した齋藤を支えてきた富士枝に対し、齋藤家の誰もがこう口をそろえる。

「大泉の伯母がいなかったら、新潮社におけるあの伯父はありえなかったでしょう」

愛した〝息子〟との出会い

齋藤の〝息子〟である小川雄二が齋藤や富士枝と知り合ったのは、齋藤が高円寺から練馬区大泉町に家を建てて移り住んだあとである。齋藤は終戦から五年後にあたる一九五〇年に読む芸術雑誌を考案し、五六年には出版界ではじめて週刊誌を生み出した。小川は週刊新潮の誕生する少し前、齋藤と出会う。齋藤十一の名はすでに出版界に知れ渡っていた。

小川はもとの姓を松本といい、実父の義之は九州の熊本県に生まれている。義之は戦前、毎日新聞に勤めていた兄に誘われ、熊本から上京して毎日新聞の発送部に勤めはじめた。とみ子と結ばれて池袋に住んでいたが、義之が中国大陸に出兵している戦中、一家は空襲で焼け出された。そこでとみ子の実家のあった大泉へ越し、小川は五四（昭和二十九）年、たまたま十一、富士枝夫妻を知る。本人がこう振り返る。

「あの頃、大泉学園駅の南口から七、八分歩いたところに佐藤義亮さんの家があって、オジ夫婦は反対の駅の北口から十五分ほど歩いたところに大きな家を建てて住んでいました。母富士枝と義亮さんの奥様も知り合いで、義亮夫人は『私たちは齋藤家にずいぶん助けられてきて、足を向けて寝られない』とおっしゃっていただいていましたが、その意味は僕にはあまりわかりませんでした」

小川の住んでいた家が齋藤家から徒歩で十分ほどの距離だった。いわば小川は近所の好で齋藤夫妻と知り合ったようなものらしい。大泉から池袋の東洋高等学校音楽科（現・東京音楽大学付属高等学校）に通っていた頃、齋藤と初めて会ったという。

「僕が十八歳で高校三年生の頃でした。オジはもう新潮社の重役になっていて、オジの家の敷地は千五百坪もありました。その広い庭でシェパードを二匹飼い、住み込みのお手伝いさんが三人いました」

すでに終戦から十年近く経っている。小川が齋藤家との出会いを語る。

「僕との縁は教会の勉強会です。その頃、母富士枝は齋藤家にイタリア人神父さんを招いて近所の人を集め、『公教要理』というキリストのあり方を学ぶカトリック入門の勉強会をやっていました。僕は宗教音楽を勉強したかったので、小学校時代の同級生に誘われるまま、そこに参加したんです。母はすごく厳格な人で、いつも着物を着ていました」

太宰治や志賀直哉、谷崎潤一郎や川端康成たちが数え切れないほどのベストセラーを発表し、齋藤は新潮社の経営を立て直していた。この頃は三島由紀夫が文壇デビューしたあとでもある。出版事業の中核を担い、大泉に越した齋藤の生活は高円寺時代とは打って変わり、格段に裕福になった。十一は弟の栄二が結婚すると、家の敷地内に別宅を建設し、そこに新婚夫婦を住まわせたほどだ。齋藤十一は練馬区の高額納税者の五位にランクインし、長者番付の常連となる。

「齋藤家には応接室にすごく立派なオーディオがあって、カトリックの勉強会に参加した僕が余興で歌を歌いました。すると、オジはそれがいたく気に入ったようでした。オジ夫婦には子供がいなかったものですから、可愛がってもらえたのかもしれません」

齋藤に歌を見込まれた高校生の小川は、齋藤家でアルバイトをするようになる。

「オジは家で新潮社の編集長の顔なんかいっさい見せませんでしたので、出版関係のバイトではなく、いわゆる家の雑用です。あの頃、オジはピースの紙巻き煙草を一日五十本も吸っていたのですが、喘息持ちなので身体に悪い。それでパイプ煙草に代えました。銀座の菊水という煙草屋でダンヒルとかネイビーカットなんかを買うため、使いに行かされました。あるいはアメ横にゴルフボールを買いに行ったり。ゴルフは反復練習をして身体にスイングを覚え込ませなければならない、というのがオジの持論で、毎日二百発のボールを打つ。広い庭にネットを張り、ドライバーも使っていましたし、芝を植えバンカーまでつくって練習していました」

練習した二百発のゴルフボールを拾って来るのが二匹のシェパードだ。

「シェパードは、もともと帰宅の遅いオジが、『(母と二人のお手伝いさんの) 女性だけでは不用心だ』と言って飼いはじめたんです。『せっかく飼うのだからちゃんと仕込まなければ』と母が警察学校に一年間入れて訓練してもらいました。だから、ゴルフボール拾いなんか、お手のもの。二匹が庭を走りまわり、拾って来たボールをお手伝いさんたちがカゴに入れる。だから僕はあまりすることがなかったですね」

そうして音楽家を志した近所の高校生は、齋藤家に入り浸りになった。高校三年の頃、体調を崩して二年間静養を余儀なくされたが、小川はそれでも難関の国立音楽大学音楽学部を受験し、国立に通い始めた。

「おまえね、音楽家になるのはいい。けれど、貧乏じゃあなれないぞ。俺が面倒みるから思い切りやってみろ」

齋藤はそう言って音大に入った小川をバックアップした。小川はオペラ歌手を目指した。音域はバスとテノールのあいだのバリトンだ。

「イタリアオペラなんかが日本に来ますと、音大の学生たちは三日三晩、ホールの前にシートを敷いて並んで切符を買わなければならない。僕もそうしようと思ってオジに言いましたら『そんな無駄なことはやめろ、俺がチケットをとってやるから』と手配してくれました。大学三年生のときイヴ・モンタンが新宿で公演したときも、『しょうがねえなあ』としぶしぶチケットをとってくれました」

齋藤は文字どおりのパトロンだ。小川はオジと呼びながら、実の父親のような口調で、いかにも楽しそうに、齋藤の思い出を語る。

「オジはすごい努力家でした。家にいるときは決まったスケジュールどおりにしか動きません。六時に起きて朝食をとり、それからゴルフ練習。雨だろうが雪だろうが、庭に出て、ザルに入った二百発のゴルフボールを打つ。それが終わると、風呂に入って必ずレコードの裏表を聴く。それから出社し、夜十時頃に家に帰ってくる。すると、また『おい、レコード』と、僕も四枚ぐらいのレコードを立て続けにいっしょに聴かせられるんです。毎日がそれの繰り返しでした。オジの音楽、絵画は、すべて独学です。ただ、あらゆるジャンルの本をくまなく読んでいました。絵画ならルノワール、ゴッホ、ミレー……。『トルストイを読め』と言われた小林秀雄さんじゃないけど、オジの読書量はすごい。あの努力は真似できません」

ちなみにゴルフの腕前はハンデ十一だとか。小川もときどき付き合ったという。

「新潮社の佐藤亮一社長とも、二度ほど小金井カントリーでいっしょにまわりました。あの人はスポーツマンですから、ゴルフもお上手でした。志賀高原にあった新潮社のロッジでも佐藤社長とごいっしょし、スキーを楽しんだことを思いだします。そのときは母もいっしょでスキーは達者ですから、みなで滑った記憶があります。ただ、母はなにしろ陰でオジを支えるタイプですから、表にしゃしゃり出ることはありませんでした」

スケッチを持参した東山魁夷

齋藤は小川と出会う四年前の一九五〇年に芸術新潮を創刊しており、当人にとってクラシックレコードの鑑賞をはじめとした音楽に接するのは仕事の一環ともいえた。一方、小川は声楽家を志し、国立音大に入学する。その才能を認めていたのだろう。齋藤がいつもレコードを聴かせていたのは、音楽家として育てようとしたからにほかならない。齋藤は音大生の小川を全面的にバックアップした。小川はそんな齋藤に感謝するばかりだ。

「僕の家にはオーディオなんかなかったものですからね。オジは『レコードを聴かなきゃダメだ』と言って、僕の家にまでオーディオシステムをつくってくれました。クリスマスになると、神田のレコード社に注文して一度に二百枚ぐらいのLPを大量に持ってこさせ、そこから七十〜八十枚選んで買う。それで、『おい、これを正月までにぜんぶ聴いておくんだぞ』と命じられるわけです。オジが聴いて要らなくなったレコードも惜しげなく、プレゼントしてくれる。僕はあの頃、声楽のことを多少わかっていましたけど、オーケストラや弦楽ものは無知でした。オジから『そんなんで音楽家になるなんて、とんでもない。もっと勉強しろ』と、しょっちゅう怒られていました」

クラシックのLPを注文していた神田のレコード社の社長といえば、齋藤に五味康祐を引き合わせた人物だ。小川は齋藤の音楽仲間の一人である五味のこともよく覚えているという。

「そういえば、五味康祐さんが僕の家のオーディオでレコードを聴きたいと、いらっしゃったこともありました。五味さんは音楽に詳しかった。ちょうど五味さんが石神井公園の都営住宅に入居するために応募した抽籤に当たりましてね。石神井に住んでいた大泉学園と近いものですから、オジのところへよく一人で遊びに来ていたのです。そのついでだったのかな。本当はロマンティックな小説を書きたくて、それをオジに見せるため、大泉の家に持ってきていました。するとオジから『没、ダメだ。おまえの風体からしたら、時代ものだ』と無下に断られる。たしかに五味さんはちょっと汚い風体をしていました。でも、それであの週刊新潮の『柳生武芸帳』が生まれ、大当たりしたんです」

大泉の齋藤宅には、五味以外にもしばしば著名人が訪ねてきたという。小川はそれもよく覚えていた。

「僕の記憶の範囲ですが、大泉のオジの家で日本画の東山魁夷さんを二度ほど見かけました。オジが東山さんにオーディオのつくり方を指南していて、あの人もレコードをよく聴きにいらしたようです。すでに有名になっていた東山さんを最初に拝見したのは、朱と黒で書いたサイン入りの解説書付きスケッチを持参されたときでした。オジがあとで無造作に『これ、おまえにあげるよ』と言い、頂きました。それから僕にとってとくに印象深いのは、やはり吉田秀和さんです。吉田さんは芸術新潮によく書いていらしたので、しょっちゅう家にやって来ました。オジが買い求める新しい現代曲の輸入LPには、解説がついていませんのでレコードが出るたび、吉田さんを呼んだのです。大泉の家で、オジが吉田さんから『こう聴くんですよ』と説明してもらっていました」

一九一三(大正二)年九月生まれの吉田は、齋藤と同年代なので気が合ったのかもしれない。東京帝大の文学部仏文科を卒業し、日本で初めて音楽評論の全集を出した。クラシック音楽評論の草分けである。新潮社では芸術新潮への寄稿をはじめ、「音楽紀行」(五七年刊行)や「わたしの音楽室　LP300選」(六一年刊行)など、多くの著作を手掛けた。河盛と同じく、〇六年には文化勲章を受けている。

齋藤は好んで作家たちと交流をしなかった。担当編集者を通じて面談を希望する作家は多かったが、なかなか会おうとしない。それは、文芸や音楽、絵画や芝居、和歌や俳句などの作家や評論家との接点が、あまりに多すぎて、交友をこなせなかったからかもしれない。これと見込んだそれぞれの分野の第一人者との交友で精一杯で、むしろそれを大事にしてきた。戦中から戦後にかけては仏文学の河盛や哲学の和辻、戦後は文芸評論の小林や純文学の川端、日本画の東山、音楽では吉田……。作家嫌いといわれた齋藤は、その一方で彼らとは終生変わらぬ濃厚な付き合いをしてきた。

ベルリン留学「破格」の仕送り

オペラ歌手を目指した小川は、齋藤にとって特別な存在だったといえる。齋藤は小川に惜しみなく私財を投じ、小川は齋藤の期待に応えた。小川の通った国立音大には当時はまだ大学院がなかったが、優秀な者は卒業後に声楽の専攻科へ進むことができた。オペラ歌手を目指した小川は今でいう大学院の修士課程声楽専攻科へ進んだ。そこではおよそ百人の学生が二年間学ぶ。もっとも小川は一年目の試験でトップになり、そのまま首席で卒業した。そこから講師として大学に残り、文部省が定めた音楽留学制度の試験に合格してドイツのベルリンへ留学が決まる。当人はこうはにかむ。

「大学のあいだは、オジにたくさん贅沢をさせていただきました。大学四年で読売の新人演奏会に出演したときは、銀座の壹番館という洋服屋で燕尾服とタキシードの両方をあつらえてもらいました。当時の物価で一式十万円ですから、二着で二十万円もしました。オジは滅多にコンサートなどに行かない人でしたけど、初めて僕が（モーツァルト作曲の）戯曲『ドン・ジョバンニ』の公演に出ると、会場に足を運んでくれました。そして声楽科を卒業してベルリンに留学が決まりました。オジはものすごく喜んでくれましてね」

小川のドイツ留学にあたり、齋藤は旧知のクラシック評論家、吉田秀和に相談した。すると、吉田が留学前の小川の公演を観にやって来たのだという。

「上野の文化会館で開かれた東京労音のオペラ公演でした。実はその前にオジから『吉田に聞いてみて、おまえに見込みあると評価されたら、(留学の)カネを出してやるよ』と言われていました。それで、吉田さんが公演にいらっしゃったのだと思います。それは後日、聞かされた話です。吉田さんが栗山昌良という演出家の楽屋にとつぜん現れた。栗山先生は僕の師匠でした。で、栗山先生が吉田さんに『今日は何の御用で来られたのですか』と尋ねると、『実は新潮社の齋藤重役から、息子の歌を聴きに行ってくれ、と頼まれたんだよ』と言っていたそうです。オジは僕のことを息子と呼んでくれ、吉田さんは栗山先生に『留学おめでとう』と言い残して帰ったと聞きました」

音楽家の卵にすぎない留学生のためにわざわざ高名な評論家にその評価を頼むのだから、齋藤の入れ込みようは尋常ではない。おそらく齋藤は最初から留学費用を用意するつもりだったのだろうが、小川が吉田のテストに合格し、齋藤が留学費用の面倒をみる形をとった。わざわざそんな手間をかけるのもまた、照れ屋の齋藤らしい。齋藤は〝息子〟を新潮社の重役室に呼び出し、こう伝えた。

「吉田がいいと言ったから、カネを出すよ。しっかり勉強して来い」

齋藤は月々十万円という破格の仕送りを約束し、〝息子〟を送り出した。留学先はベルリン国立音楽大学である。

本人が留学時代を懐かしんだ。

「ただ困ったこともありました。ベルリン音楽大学への留学は通常五年制なのですが、あの頃の外務省の私費留学制度では日本からの外貨持ち出し枠規制がすごく厳しく、月々十万円分のマルクだとせいぜい三年分しか送れなかった。三年で（マルクの）持ち出し枠を使い切って仕送りが来なくなってしまうのでどうしようか、と思案していました。そんなとき、たまたま国立音大の声楽主任から『早めに留学を打ち切ってこっちで教えてくれないか』という打診があり、三年編入の卒業試験を受けることにしたのです」

小川はやはり優秀なのだろう。

「三年制への編入試験はけっこう大変でした。まず二年目に第二中間テストがある。そこで、暗記したオペラ三曲と楽譜を見ながらオラトリオ（聖譚曲）を十五曲、アリア（独唱曲）を一曲歌わなければなりません。それにパスして初めて三年制に編入が許される卒業試験を受けられるのです」

謙遜しながら、試験のシステムを解説してくれた。

「卒業試験は公開され、古典から現代まで歌のテストで合格すれば、卒業証書をもらえます。そこで僕は運よく合格できました。そうして三年半で帰国することができたのです。ベルリンに遊びに来た日本人に『もしマルクが余っているなら、融通してもらえませんか。帰国されたら東京のオジが返しますから』と頼んで、なんとか過ごしました。ベルリンから帰国する前、オジから『おまえの世話になった先生へ差しあげろ』と東山魁夷さんの『京洛四季』という英文サイン入りの分厚い画集を日本から送ってもらいました。海外の先生方にはいたく喜ばれましたね」

齋藤は評論家の吉田に小川のことを〝息子〟と呼んで相談したが、そこにはむろんわけがある。週刊新潮を創刊して雑誌を軌道に乗せた頃、齋藤は大泉の家を出た。

「富士枝を頼む」

小川がベルリンに留学する前の夏、齋藤は小川を新潮社の重役室に呼び出してそう告げた。

「六月だったかな、オジはすでに鎌倉に家を建てて大泉の家から去っていましたので、母も美和さんとのことはわかっていたと思います。母にオジの言葉を伝えてもいっさい泣き言は言わず、本当に毅然としていました」

小川はそう言う。糟糠の妻との別れは、齋藤にとって人生の大きな転機だったともいえる。

齋藤が小川に伝えた言葉は、まさに息子として妻を守ってほしい、という願いを込めたものだ。三年半後、ベルリンから帰国した小川は富士枝と養子縁組し、正式に彼女の息子となる。齋藤自身にとっての息子でもあった。

離婚の理由

齋藤は大泉の家から出ていったとき、富士枝のために二つの家を用意した。一つは蓼科の別荘だ。

「母は肺が弱く身体があまり丈夫じゃなかったものですから、空気のいい涼しいところで過ごさせようと、オジが建てたんです。滝の湯グランドホテル（蓼科グランドホテル滝の湯）の近くでとても立地がよく、オジのゴルフ仲間だった大成建設の人に頼んで設計してもらっていました。ヨーロッパのチロル風の建物で、なかなかモダンなつくりです。今も僕の家族が使っていますが、床面積が四十坪ほどあるのでかなり広い。二階へ吹き抜ける大きな部屋は十四畳くらい、雑魚寝をすれば二十人ぐらい寝られます。そのほかにも八畳、九畳、六畳といった部屋があり、部屋の押し入れがベッドにもなるので便利です。もう築六十三年経ちますけど、古さを感じません。別荘の所有名義は母でしたから、母のためにつくったものです」

となれば竣工は週刊新潮の創刊と同じ一九五六年なのだろう。齋藤夫妻はこのときすでに離婚を決意していた。小川はふと思い出したようにこうつぶやいた。

「夏になると、母は毎年そこで一週間ほど過ごしてきました。そういえば、母が蓼科に行っているとき、美和さんが大泉の家に二、三回遊びに来たことを覚えています」

齋藤は別れたあとの富士枝や小川の住まいを用意した。齋藤は別荘のほかにもう一つ、別れる妻のため、新たに国立に家を建てた。

「僕が音大に通っていたこともあって、オジは家を国立にしたのだと思います。この家の建設も大成建設に頼んだ。百坪の敷地で建築制限があるので三十三坪の床面積と大きくはありませんが、お茶をやっていた母のために茶室まで設置し、非常に贅沢なつくりになっています。国立の家を建てたあと、オジが僕を新潮社に呼び出しましてね。そのときにも『富士枝を頼む』と言い、『これで最後になるかもしれん』と五百万円の現金を渡されました。オジはすでに鎌倉に住んでいました。それまでも何かと入用なときにお金を受け取っていて、蓼科の別荘の増築のときにも三百万円を出してもらいましたが、美和さんの手前、大きなお金はこれで終わりだという意味だったのでしょう」

もっとも齋藤はこれ以降も小川のドイツ留学の仕送りをし、富士枝の生活費として月々三十万円を国立の家に届け続けた。

「あの頃、国立音大の講師の初任給が一万九千円でしたから、月三十万円というのはすごい金額だと思います」

と小川。

「僕がベルリンから帰国してしばらく経ったあと、齋藤家の人たちが提案し、僕の養子縁組のお披露目までしてもらいました。オジの意思ではなく、齋藤家へのお披露目です。母がすべて取り仕切りました」

富士枝が齋藤の両親の眠る墓を管理するようになるのも、そうした経緯があったからかもしれない。齋藤もまた、富士枝に対して愛情が薄れたわけではなく、感謝し続けた。六二年に芸術新潮の編集部員として配属された新入社員の木下によれば、齋藤のいない大泉の家に使いに出されたこともあったというが、このとき齋藤はすでに富士枝とは別居していた。後妻となる美和は週刊新潮が創刊して四年後の六〇年に新潮社を辞め、六五年に齋藤と結婚した。齋藤は鎌倉に家を建て、そこで美和を迎えている。齋藤はいったいなぜ、富士枝と離婚したのだろうか。そうストレートに小川に質問してみた。小川はやや困惑気味に言葉を選びながら、話した。

「少し言いづらいのですが、母やお祖母さん（齋藤の母・志希）の話では、原因は美和さんのお兄様らしい。週刊朝日のお偉い人で、『妹と結婚してくれなかったら、妹との関係を暴露するぞ』と怒鳴り込んできたとか。とくにお祖母ちゃんが怖がってどうしようもなかったみたいで、母が身を引くかっこうになった、と聞いています」

週刊朝日にいた美和の実兄と齋藤とのかかわりについては、美和自身も書いている。週刊新潮の創刊時、週刊誌をつくるとはけしからん、と怒鳴り込んできた兄に対し、齋藤が「うちはバイパスを行きますから、そんなにカッカしないで」とかわしたというエピソードである。だが、実のところ、それだけではなかったのかもしれない。芸術新潮編集部にいた木下には、かすかにその頃の記憶があるという。

「私が会社に入った頃（六二年入社）は、ひょっとしたら齋藤さんが鎌倉のおうちをつくっていた最中だったかもしれません。まだ大泉の家に、ご自慢のデッカが置かれていたのを覚えています。齋藤さんにはそのほかにも都内に仮のお住まいがあり、そこにも一度、お使いに伺ったことがあります。そこに美和さんがいらしたかどうか、記憶にありません。鎌倉の家ができてから、あちらにデッカを移したんだと思います。古い真空管のオーディオなので細かい故障がしょっちゅうあり、その度に英文のエアメールで部品の注文をやらされましたから、そこは覚えています」

デッカは世界屈指の英オーディオメーカーの社名であり、製品名ではない。製品名は「デコラ」といい、齋藤は雑誌記事を見て六〇年に発売されたばかりのデッカを代表するオーディオ装置の「デコラ」をほしくなった。欧州出張した五味康祐に頼んでロンドンのデッカ本社に立ち寄ってもらい、一九六四年に六十万円で輸入している。日本に三台しか輸入されなかったうちの一台である。齋藤は亡くなるまでこの名器を愛し、毎日聴き続けた。輸入された他の二台は廃棄されてしまったため、日本に現存するのは齋藤所有の一台のみだった。

皮肉にも、デッカが齋藤のもとへ届いた六四年は、まさに齋藤の離婚騒動が持ちあがっていた最中でもある。富士枝と別れた理由について、木下に心あたりを尋ね、無理やり記憶の扉を開けてもらった。

「そのへんの詳しいことは、私たち下々にはわかりません。ただ、あの頃はたしかにややこしいことがいっぱいありました。齋藤さんのスキャンダルを書いているアカ新聞があって、新潮社の社員でそれを買い占めたと聞きました。私は漏れ聞いただけで、買い占め役はしていませんから、本当のところはわかりませんけど、記事にはけっこうえげつなく齋藤さんのことが書かれていたのではないかしら。当時、齋藤さんは週刊新潮をつくって有名になっていましたから、足を引っ張ろうとした人たちがいたのかもしれませんけどね」

のち添いとなった美和は〇一年六月号の芸術新潮「伝説の編集者・齋藤十一　音のある生活」に自らこう書いている。

〈齋藤が生きている間、レコードもデッカも、決して私にはさわらせてくれませんでした。どんなときも、自分でレコードを（棚へ）取りにいき、デッカのスイッチを入れ、レコードをかける。その作業を私に任せることは一度たりともありませんでした。

齋藤は晩年、デッカのスピーカーの寿命を心配して、よくこう言っていました。

「デッカと僕と、どっちが先かなあ」〉

齋藤が新たに美和と住んだ鎌倉の家は、北鎌倉の駅から坂の小道を徒歩で十五分ほどのぼった高台にある。齋藤は家を建てるにあたり、国立や蓼科のときに頼んだ大成建設には任せず、清水建設の住宅部に依頼した。正倉院の屋根を模した瀟洒な日本家屋だ。

デッカの置かれた北鎌倉のその部屋は、天井の梁がむき出しになっていて薄暗い。齋藤は毎日、そこでひとり目を閉じてレコードを聴いた。終生、糟糠の妻に負い目を感じながら、俗物の編集者として生きてきたのかもしれない。

「僕の墓は漬物石にしてくれ」

齋藤は美和にそう言い残してこの世を去った。美和はその〝遺言〟を守り、齋藤の死後、実際に使っていた台所の漬物石をそのまま建長寺回春院の墓碑にした。

終章　天皇の死

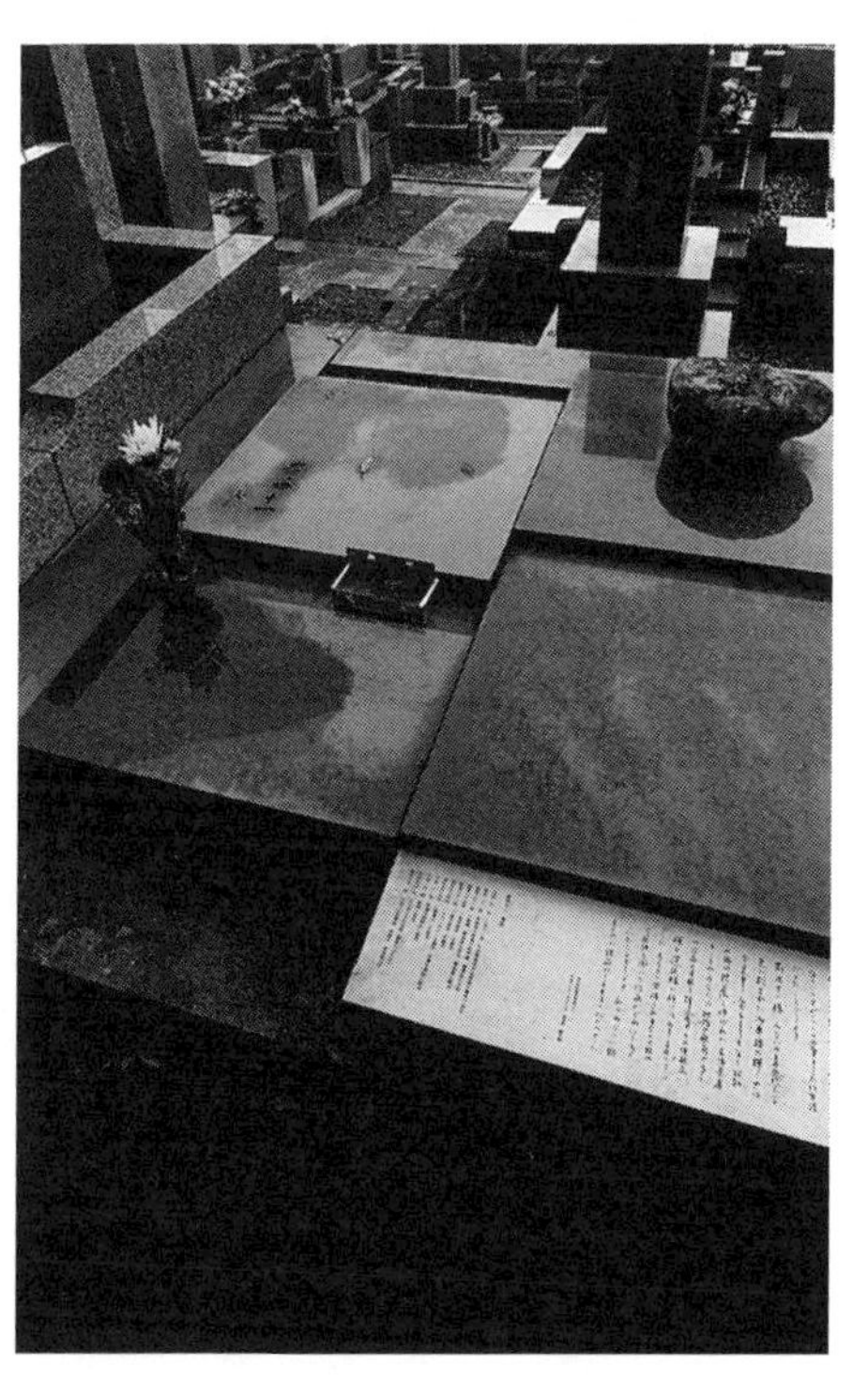

建長寺にある齋藤の墓

低俗なマスコミ

黒子に徹してきた齋藤十一は生涯で一度だけ、テレビに出演したことがある。二〇〇〇年十二月二十三日夜に放送されたＴＢＳのニュース番組「ブロードキャスター」だ。

「新潮社の方々は齋藤さんがこういう雑誌をつくろうって言ったとき、『ほんとに成功するんですか』って訊きますよね」

インタビュアーがそう水を向けた。天皇と恐れられ、部下を寄せ付けなかった当人に対する嫌みを込めたつもりなのだろう。すると、齋藤本人はその意図を読みとり、むしろふてぶてしく構えて答えた。

「いや、言わない。僕は、元来、独裁者だからねぇ。そういう文句を言うやつはいない」

生前唯一のテレビ出演にあたり、インタビュアーはフォーカスの創刊を大きなテーマとして取り上げた。齋藤はどのようにして写真誌という奇抜なアイデアを思いついたのか。新潮社の取締役、伊藤幸人はそこについてこう言った。

「じつはフォーカスは、週刊新潮のあるヌード写真が発案のきっかけだと伝えられています。美しくもない短髪の女性がヘアを見せながら裸で走っている写真を週刊新潮に載せたところ、完売したんです。ほんの一枚の写真だけで完売したのだから、これは行けると思った。細かい経緯は知らないけど、その直後に『写真だけの雑誌をやる』と齋藤さんが言い始めたようです。もともと週刊新潮には山本夏彦の写真コラムというページもあった。インパクトのある写真と短い文章を組み合わせると読まれると考えたようなんです」

もっとも一般には、創刊準備にあたり、編集幹部に「キミら人殺しのツラを見てみたくないか」と指示したとなっている。番組はやはりそこが気になったらしく、そう質問したが、齋藤は「知らない。うそだ」と答える。元フォーカス編集長の田島も否定していたので、実際そんな言葉は発していないのだろう。しかし、それでいて、齋藤本人はインタビューで、フォーカスにどんな写真を期待したか、と問われると、こう短く答えている。

「人殺しだよな。問題を起こした人間の顔を」

齋藤は「人間の顔に本性があらわれる」と考えてきた。そして新潮社の幹部たちへ、「写真で、嘘のない生々しい人間の本性を伝えろ」と采をとった。

創刊三年目にして発行部数二百万部を誇ったフォーカスは、そうして写真誌のいち時代を築く。齋藤自身は、フォーカスが軌道に乗ると、編集方針にほとんど口を挟まなくなった。フォーカスが二百万部を突破した八四年の十一月、講談社のフライデーが創刊され、瞬く間にフォーカスに肩を並べ、FFブームを巻き起こした。百七十万部に部数を下げたフォーカスを抜き去ったフライデーのヒットに、齋藤は「泥棒をして何が楽しいのか」と講談社に向けて毒舌を吐いた。写真誌は創刊ラッシュが続き、「FOCUS」「FRIDAY」「FLASH」「Emma」「TOUCH」の頭文字をとった3FETと呼ばれるようになる。

しかし写真週刊誌ブームはそう長く続かない。急成長した分、退潮もまた早かった。八六年に入ると、フォーカスは百万部を割り込み、そこへビートたけしのフライデー襲撃事件が追い打ちをかける。愛人報道に腹を立てたたけし軍団が十二月に講談社に殴り込み、当のたけしをはじめ十二人が現行犯で逮捕された。そこから写真誌の〝のぞき見〟批判が巻き起こり、どこも急激に部数を減らした。たけし事件のおよそ一年後の八七年末のフォーカスの部数は、前年比四割減の五十三万部に落ち込み、その年に文藝春秋のエンマが撤退、八九年には小学館のタッチが廃刊を決める。

残った3Fのうち、フライデーとフラッシュはその後、ヘアヌードブームで部数を回復させていく。反面、フォーカスはヘアヌードを掲載せず、独自路線を歩んだ。その分、部数の落ち込みは避けられなかった。

それでもフォーカスは九七年七月九日号（七月二日発売）に神戸連続児童殺傷事件で逮捕された少年Aの顔写真を掲載し、存在感を示した。雑誌の発売から二日後の七月四日、法務省が少年法を盾にとって新潮社にフォーカスの回収勧告を出し、販売を自粛する書店が相次いだ。だが新潮社は雑誌の回収を拒否した。すると、児童文学作家の灰谷健次郎による新潮社からの版権引き揚げ騒動に発展する。

前に触れたように、齋藤はこの神戸連続児童殺傷事件の起きた九七年の元旦をもって、新潮社の相談役から顧問に退いていた。しばらくは週刊新潮や新潮45の編集部に影響力を残したが、出社する機会もかなり減っていた。少年Aの顔写真騒動が起きると、雑誌の発案者として齋藤に取材が殺到する。九七年七月三十一日号の週刊文春では次のようなインタビューを受けた。

〈――『フォーカス』『週刊新潮』が被疑者の少年の顔写真を掲載しました。どうお考えですか。

「よくやったな。あれだけみんなにあれこれ言われたけれども、よくやったな、ということです。で、目隠しはまあ、ビックリ腰だな、ビックリ腰（笑）」〉

フォーカスは修整せずに堂々と少年Aの顔写真を掲載したが、週刊新潮は目線を入れて写真を掲載していた。週刊新潮に対し、「このへっぴり腰」と叱りつけたいところを抑え、敢えてビックリ腰と揶揄したのだろう。いかにも齋藤らしい、と週刊新潮の編集部にいた私たちはそう言い合った。

〝天の法〟が見えるのか

週刊文春のインタビューでは、「低俗な価値観に迎合している」という灰谷のフォーカス批判について、齋藤はこうも言い放った。

〈「低俗な価値観？　みんな低俗なんじゃないの。新聞、テレビ、高級な価値観で（意見を）出しているところ、日本にありますか。みんな低俗でしょ」〉

そしてさらに畳みかける。

〈「確かに今の報道はみんな、さっき言ったように〝売らんかな〟だよ。ただ、新潮社が今度やったように『法に抵触する』とかなんとか言われないようにやっているだけ。

俺も〝売らんかな〟だよ。でも、天が決めた法、〝天の法〟に逆らってまで売ろうという気持ちはないんだ」〉

齋藤だけに〝天の法〟が見えるのか、あまりに独善にすぎる、と非難する声もあがった。しかし、その天の法を探し求め、そこに従おうと追い続けてきた。それが、齋藤十一の出版人としての誇りだった。そこには創業者の佐藤義亮が遺した社訓に通じるものがあるように感じる。

「良心に背く出版は、殺されてもせぬ事」──。

フォーカスの退潮した原因について、齋藤はＴＢＳブロードキャスターでこう語った。

「つくる相手のレベルだよ。誰を対象につくるか。……（読者は）普通の人だよ。みんなに読んでもらいたかった。それなのに、お姉ちゃん相手につくったり、お兄ちゃん相手につくったりしてきやがったから、おもしろくないわけなんだよ」

フォーカスは発行部数を減らし続け、売れ行き低迷から脱することはできなかった。最終的に休刊が発表されたのは、番組出演から半年あまり経った〇一年七月三日のことだ。担当役員となっていた松田が会見を開いた。

「日本がいちばんおもしろかった時代に、おもしろい雑誌があった、と記憶に残る。それで満足できる」

齋藤がテレビ番組で言い残した「お姉ちゃん」「お兄ちゃん」はどのような人を指しているのだろうか。ある意味、それは「衆愚」に置き換えていいかもしれない。さらに「普通の人」は「民衆」あるいは「大衆」なのではないか。芥川龍之介は箴言集「侏儒の言葉」で衆愚を民衆の愚と表現してこう書いている。

〈民衆は穏健なる保守主義者である。制度、思想、芸術、宗教、——何ものも民衆に愛されるためには、前時代の古色を帯びなければならぬ。いわゆる民衆芸術家の民衆のために愛されないのは必ずしも彼らの罪ばかりではない〉

〈民衆の愚を発見するのは必しも誇るに足ることではない。が、我我自身もまた民衆であることを発見するのはともかくも誇るに足ることである〉

齋藤が自らを「俗物」と称したのも、これに近いかもしれない。大変な教養人でありながら、俗物を自任してきた。それは世間にへつらっていたわけでも、謙遜からでもない。小説家だ、ジャーナリストだ、編集者だ、などと気どっていても、しょせんは愚か者のバカである。大衆の一人にすぎないことを自覚し、その視点でものを書かなければならないのだ、と。

佐藤義亮が新潮社を日本を代表する文芸出版社に育て、齋藤十一は戦後それをさらに発展させた。書籍、雑誌を問わず、出版物に対する独特の指針を示し、成功させてきたのは疑いの余地がない。

そんな齋藤の志向は、概して体制に逆らわない保守、コンサバティブな発想と揶揄されてきた。あるいは思いこみの激しい独善、さらには人権を侵害する差別だ、と非難するムキもあった。

しかし、取材をしてみると、それらはあまりに浅薄な見方というほかない。革新的な構造変化を追い求めるラジカルな発想の持ち主とも違うが、齋藤は都合よく使われる民主主義や民衆の意見を疑い、誰もが信じる常識や社会通念に異議を唱えた。民主主義という綺麗な言葉の裏に隠された嘘を感じとり、衆愚という表現に代表されるようなポピュリズムや世論のいかがわしさを嫌った。

そして自ら携わった出版事業のすべてにその姿勢を貫いた。それを可能にしたのは、知識や教養の蓄積に加え、独特な感性があればこそであろう。その帰結として数々のベストセラーや週刊新潮を生み出したように感じる。

齋藤は日本共産党や日教組、創価学会を忌み嫌う一方で、天皇の戦争責任を訴えてきた。保守・右翼思想の持ち主だと思われがちだが、必ずしもそうではない。齋藤は天皇制に疑問を抱き、皇室を利用してきた児玉誉士夫や三浦義一といった戦中、戦後の右翼、暴力装置に食って掛かった。古くは一九五八年十二月二十九日号の「第四のチャンス——天皇退位説を探偵する」をはじめ、週刊新潮で多くの誌面を割いてきたのも、齋藤のなせるワザだ。齋藤にとっての出版事業は、人間をどうとらえるか、という壮大なテーマを追い求める作業だった。文学からジャーナリズムを学び、音楽や絵画によって感性を磨いた。

「二十一世紀なんて見たくない」

常々夫人の美和にそう言い続けてきた齋藤は、ブロードキャスターの放送を見てつぶやいた。

「老醜だ、もう死ぬべきだ」

あくる十二月二十四日朝、いつものように日本茶を飲み、そのまま脳梗塞に倒れ、四日後にこの世を去った。〇一年七月のフォーカス休刊は黄泉で知ったことになる。

昭和の滝田樗陰

残された美和たち数少ない遺族で二〇〇〇年のうちに通夜を済ませた齋藤の葬儀は、二十一世紀に入ったばかりの一月十三日におこなわれた。鎌倉の名刹、建長寺龍王殿にはマスコミはもとより、企業関係者も大勢参列した。鼠色の分厚い雲から、ときおり細かい雪が落ちてくるなか、はじめに瀬戸内寂聴が弔辞を読んだ。

「齋藤十一様　あなたの日本近代文学史に刻まれた御事跡の輝かしさは、今更申し上げるまでもなく、昭和の滝田樗陰と呼ばれた名編集者としてのあなたは、独特の触角で多くの才能を探りあて、その俊敏正確な選択眼に狂いはありませんでした。あなたに発掘され、自分の才能の可能性を開いた作家がどれほど多くいたことでしょう。私もあなたに鍛えられ、小説家にしてもらった一人でした」

反復するまでもなく、秋田市生まれの滝田樗陰は新潮の中村武羅夫と並び称される中央公論の名編集長である。夏目漱石の東京帝大時代の教え子であり、その縁で中央公論に「二百十日」など漱石の名作を寄稿させて、一級の文芸誌とした。人力車で作家の家に原稿の依頼をしてまわり、新人作家はそれを心待ちにした。谷崎潤一郎や室生犀星、里見弴や広津和郎などと縁が深い。スペイン風邪で瀕死の広津に無理やり原稿を書かせた様などは、齋藤と梶山季之の関係にも似ている。滝田は国家主義者と見られた時期がある一方、吉野作造を起用した大正デモクラシーを実現した。さらに中央公論に「中間読み物」というノンフィクションを載せ、総合月刊誌にしていった。そこも齋藤との共通点だ。改めて瀬戸内に聞いた。

「私は（週刊新潮で連載した芸者の物語）『女徳』のとき、齋藤さんと初めて気心が通じたように感じました。あの頃の週刊新潮に、無名の私が連載するなんて、大変な名誉でした。私は齋藤さんを信じたし、齋藤さんは私の才能を認めてくれた。だから齋藤さんのいうことを聞いていれば間違いないと思ってきました。齋藤さんは人の噂とか評判を気にしない。五味康祐さんが自動車事故を起こしたときも、大阪の山崎豊子さんが（盗作）問題を起こしたときも、齋藤さんは全然問題にしないで書かせました。自分の見方が正しいと思ったら、とことんやりとおす。非常にはっきりしています。私は晩年、どこかのパーティでお会いしたのが、齋藤さんに面と向かった最後でした。『あんたには何も言うことはない。思うとおり好きにやっていいよ』とおっしゃっていただきました」

瀬戸内に話を聞いたのは二〇一七年三月だ。九十五歳になる二カ月前だというのに、まだまだ健在だった。

「齋藤さんのお葬式に行ったとき、見かけた作家は私と山崎さんだけでした。それで久しぶりに会ってお互いに笑って話をしました。他の方々はすでに亡くなり、私と山崎さんしか残ってなかった。私は齋藤さんと二人きりでお目にかかったり、いっしょにご飯を食べたことは一度もありません。それでも、ずっと見張られている気がしていて、齋藤さんに見られて恥ずかしくないものを書こうとしてきた。齋藤さん何て言うかな、といつも思って仕事をしてきました。亡くなったあと、奥さん（美和）から『齋藤が好きで使っていたものです』と油壺のような陶器を頂戴しました」

齋藤が鬼籍に入ると、生前の言葉どおり、妻の美和は建長寺回春院の墓地に黒光りする御影石の台をつくり、そこに家で使っていた漬物石を置いた。かなり風変わりな墓ではあるが、御影石に瀬戸内の弔辞が刻まれており、洒落ている。その墓から少し離れたところに五味康祐の立派な墓碑が建っている。

「齋藤さん、今日まで私をお育てくださいまして、ありがとうございました」

葬儀で瀬戸内に続いて述べた山崎豊子の弔辞もまた謝意にあふれていた。車椅子で参列した山崎は、弔辞を読む段になると、立ちあがってマイクを握った。

「齋藤さんは、作家山崎豊子の恩人です。直木賞を受賞したばかりの私に対して、いきなり週刊新潮の連載小説をといわれたのです。

当時、五味康祐、柴田錬三郎さんたちが筆を揮っておられるなかに、新人の私が書くことなど、到底およばないことですと固辞を重ねたにもかかわらず、『あなたはおそらく生涯、原稿用紙と万年筆だけがあればいい人なんだ、臆せず書くことですよ』と、説得されたことを覚えています。それが職業作家としての私の出発点でありました」

担当だった出版部の寺島哲也は、葬儀のときも山崎に付き添い、そばで弔辞を聞いたという。ＪＡＬの御巣鷹山事故をモチーフにした「沈まぬ太陽」の単行本化を担っている。

「僕は単行本の担当編集者として、山崎先生の堺市のお宅に何度も訪問していました。ちょうど週刊新潮の『沈まぬ太陽』連載最終回の日もそうでした。打ち合わせを始めた矢先、玄関のチャイムが鳴り、一通の電報が届いた。山崎さんは『あ、齋藤十一さんからよ』と電報の発信元を見て、声に出して読み始めました。『ニホンデ　イチバ

ンノ　レンサイショウセツ　ガ　オワルコトヲ　ザンネンニ　オモイマス――。日本で一番の連載小説ですって』とそう言って相好をくずした山崎さんの表情は忘れられません。山崎さんにとって、齋藤十一は特別な存在なのだと実感した瞬間でもありました。弔電や祝電ではなく、齋藤さんは電報をこんなふうに使うんだと、編集者の真骨頂を垣間見た感じがしたものです」

戦友と恩人を失った

一九九一年に文藝春秋で連載していた「大地の子」が単行本化されたとき、山崎は齋藤のところへ挨拶に行った。山崎はその場面を葬儀の弔辞で再現してみせた。

「もうこれ以上の作品を書く自信がありませんから現役を退きたく、何をおいてもまず私をお育てくださったお方に長年のご恩を謝し、おいとまごいに参りました」

疲労困憊してそう申し出た山崎に対し、齋藤らしくこう諭した。

「芸能人には引退があるが、芸術家にはない。書きながら柩に入るのが作家だよ。ときに私の死期も近いから、私への生前香典として香典原稿を一作いただきたい」

山崎に代わり秘書の野上孝子が齋藤の亡くなった前後のことを振り返ってくれた。

「まさに齋藤さんのご推察どおりになりました。航空会社の労働組合委員長という主人公を見つけ出し、そこから『沈まぬ太陽』が週刊新潮で始まったわけです。でもそれも長くなって、やっと本ができてよかったと言っていると、重役として担当された山田さんが倒れて亡くなってしまわれた。その山田さんの葬儀のときは、山崎が齋藤さんに食ってかかりました」

日航機の事故をモチーフにした「沈まぬ太陽」が単行本として出版されたのが九九年だ。全五巻の最後ができあがったあとの十月三十日、山崎はJAL123便の墜落した群馬県の御巣鷹山を慰霊登山した。その夜、山田が癌で危篤だという一報が宿泊先のホテルにもたらされる。

「単行本ができたので事故遺族の皆様に霊を弔う意味でご報告するため、御巣鷹山に行っていました。山崎も私も山田さんのご病気のことはまったく知りませんでした。『沈まぬ太陽』ではJALが、連載中から機内に週刊新潮を置かない、と言い出し、取材が大変で、いろんなことがありました。山田さんからは『これ以上向こうがやってくるなら、第二組合の悪事を週刊新潮で書いて、書いて、書きまくりますからご安心ください』と励ましていただき、いっしょに闘ってこられた。そういうこともあり、ご自身の病気について山崎にはいらぬ心配をさせぬよう、伏せておられたんですね。それでいきなり危篤の知らせだったんです」

そうして翌三十一日朝、山崎は山田が入院している東京都内の病院にかけつけた。むろんそこには野上も同行している。

「山田さんがいよいよ危篤だと聞かされ、びっくりして病院に向かったんです。山田さんの奥様も教えてくださらなかった。山田さんはホスピス病棟にいらして、すでに意識がなく、昏睡状態で口を開き、大きな鼾をかかれていました。奥様は山崎が来るまで生命維持装置を外さずにいてくださり、山崎は『山田さん、山田さん』と泣きながら懸命に呼びかけました。でもやはり意識は戻りませんでした」

そのまま山田は息を引き取った。六十六歳という若さだった。山田の葬儀のときも山崎が弔辞を読んだ。だが、そこに齋藤の姿はなく、新潮社の社員はみな首をひねったものだ。野上が言葉を加える。

「山崎は、体調が優れないので齋藤さんが告別式にも出てこられないということを人づてに知り、ものすごく怒ったんです。『なぜですか、這ってでも葬儀に参列すべきです』とかなり激烈に電話で話していました。今まで畏れ多くて齋藤さんにそんなことを言えなかった山崎が、このときだけは違いました。話し相手の声は受話器から聞こえませんでしたので、齋藤さんがどう答えていたのかわかりません。でも山崎の怒りは収まらず、『十二年間も編集長として激務を課していてあんまりです。山田さんは戦死です。戦友を見捨てるなんて、どんな理由も通りません』とまで食い下がっていました」

結局、齋藤は山田の葬儀には参列しなかった。体調が悪かったのは間違いないようだが、本当のところの理由は今もって不明だ。山崎は齋藤の葬儀の弔辞をこうしめくくった。

「戦友が先年卒然として斃れ、今また恩人に逝かれてしまいました。次は私が原稿用紙と万年筆を持ってそちらへ参ると思いますから、ここでお別れの言葉は申し上げません」

もっとも、齋藤の死後もなお山崎豊子は小説を描き続けた。絶筆となった週刊新潮の連載「約束の海」を担当したのが、松田宏だ。野上が言葉を足す。

「齋藤さんが亡くなるのは山崎もある程度、覚悟はしていたと思います。『沈まぬ太陽』の後半ぐらいの頃から、かなり衰えられていたので、齋藤さんとはお会いすることもなくなり山田さんが前面に出て来られた。山田さんと齋藤さんというお二人の支えが亡くなり、『もう私には誰もいない』と山崎はしょんぼりしていました。でも今度は松田さんが出てきた。本当に文壇から足を洗おうと思っていたら、松田さんが現れ、『約束の海』が始まったわけです。松田さんと初めてお目にかかったのは『不毛地帯』のときで、朝日新聞が盗作だとやり始めた頃。松田さんの記者時代でしたが、『沈まぬ太陽』のときから、編集長としてお付き合いが始まりました。で、『約束の海』のときには、松田さんが大将として、固辞する山崎の説得にあたっていました。山崎はやっぱり書かずにはおれなかったんですね、最後は疼痛と闘いながらの挑戦でした」

大誤報の後始末

松田は山田亡きあとの山崎の担当役員となる。山崎は〇九年に沖縄返還を巡る日米安保上の外務省機密をスクープした毎日新聞記者をモデルにした「運命の人」を文藝春秋から上梓。さらに一三年八月二十九日号の週刊新潮から、旧海軍士官の父と海上自衛隊員の息子を主人公に据えた「約束の海」の連載をはじめる。連載そのものは翌一四年一月十六日号まで続いた。だがその連載途中の一三年九月、山崎は鬼籍に入った。まさに齋藤の言ったとおり「書きながら柩に入る」作家であった。野上に齋藤と山田や松田の違いについて尋ねてみた。

「それは難しい話ですね。齋藤さんそのものが、私にはわからない。はっきり言ってそれに尽きます。だけど、やっぱりすごい人だとは思います。あんなタイトルは誰も真似できない。松田さんもよく本を読まれていて、すごいとは思いますが、タイプが違うんだから比較しても仕方ないでしょう」

松田は担当役員として〇一年七月にフォーカスの休刊を発表すると、その翌八月、週刊新潮の編集長を早川清に譲った。〇四年六月に常務となり、一二年六月に相談役に退く。

早川は野平以来のプロパーの週刊新潮編集長となった。入社以来、週刊新潮に配属され、若くして将来の編集長候補と目されてきた。いわば齋藤の薫陶を受けた最後の編集長である。週刊新潮から新潮45に異動になり、出版企画部を経て新潮45の編集長に就任すると、顧問になって第一線から退いていた齋藤からたびたび電話を受けてきたという。

早川は新潮45の編集長時代に自民党の『中川一郎怪死事件』18年目の真実」(〇一年三月号)と題した大宅賞作家の加藤昭によるレポートを掲載し、話題を呼んだ。週刊新潮の編集長に就任すると、その加藤を起用し、「鈴木宗男研究」の追及キャンペーンを展開し、週刊新潮の部数を伸ばした。

折しも週刊新潮の連載渦中の〇二年、鈴木は小泉純一郎政権で外務大臣に抜擢されていた田中眞紀子と対立。議院運営委員長を更迭された鈴木は自民党を離党すると、当人がライフワークにしてきた北方領土返還に絡むさまざまな利権構造が浮かぶ。とりわけムネオハウスと称されたキャッチーな国後島の「日本人とロシア人の友好の家」が話題になり、東京地検特捜部が捜査を始めた。一連の事件では七件十二人が起訴され、〇四年十一月には鈴木本人に受託収賄・あっせん収賄・政治資金規正法違反・議院証言法違反により、懲役二年の実刑判決が下される。週刊新潮は鈴木を追い詰めた週刊誌として、齋藤亡きあとも健在ぶりを示した。

しかし、事態はそこから暗転する。きっかけは〇九年二月五日号の「私は朝日新聞『阪神支局』を襲撃した!」と題した特集記事だった。八七年五月、西宮市の朝日新聞阪神支局に何者かが侵入し、散弾銃を発射して二十九歳の小尻記者の命を奪い、もう一人の支局員に重傷を負わせた。「赤報隊」を名乗る犯行声明が残された謎の事件は、今もって犯人がわからない。報道に携わる者のみならず、社会を震撼させた。その赤報隊事件から二十二年目にして〝実行犯〟が名乗り出た。それが島村征憲だ。その実名告白が週刊新潮に掲載されたのだから、まさに驚愕の特ダネだった。週刊新潮は四回の続報を打った。

ところが、島村はこれ以前にもマスコミに接触しており、次第に「島村には虚言癖があり、偽物ではないか」と評判が立つ。そうして完全な誤報だったことが判明する。驚愕のスクープという評判から一転、新潮社は奈落に突き落とされた。世紀の大誤報と非難を浴び、会社の屋台骨が折れそうになったといっても過言ではない。私自身は〇二年末に新潮社を辞めていたので、社内の様子は仄聞したにすぎない。それでも聞くに堪えないほど混乱し、無残な状況に陥っているのが手にとるようだった。

週刊新潮はついに〇九年四月二十三日号で「島村に騙された」と誤報を認め、謝罪・訂正記事を掲載した。

むろん報道に携わっている者なら、誰もが情報元や取材先に騙され、誤報の危機に直面した経験はあるだろう。私なぞはしょっちゅうだ。敢えていえば、責めを負うのは、書き手にとって宿命のようなものかもしれない。しかし、だからといって責めを甘受するだけでは、読者は納得しないし、報道に携わる資格がない。責めをどう受け止め、どのように対処するか。それが最も肝心なのではないだろうか。

このとき新潮社内でも、記事の検証はもとより編集部の体制見直しについて、もっと徹底すべきだという意見があったと聞く。

「キミらは何をやっとるんだ」

松田宏が取締役会で編集幹部をそう怒鳴りつける場面まであったという。松田はフォーカスの幕を引いたあと、山崎豊子や渡辺淳一たち、旧知の作家との折衝窓口となってはいたが、週刊新潮の担当重役から外れ、もっぱら広告部門を統括してきた。そのせいもあるのか、松田の発言にはかつて齋藤が「新田君の不徳の致すところだな」のひと言で常務のクビを飛ばしたような破壊力はなかった。

新潮社は大誤報の結果として、記事で触れた関係者や読者に頭を下げただけで済ませている。とうぜん社内には不満が残る。週刊新潮の記者たちは、このあと取材先で赤報隊報道の誤報を持ち出され、取材を拒否されることもあったという。あげく週刊新潮編集部内の士気は下がった。そして新潮社は今もなお赤報隊事件の後遺症から抜け出せていないように感じる。

脱齋藤に舵を切った新潮社

「二十一世紀なんて見たくない」

そう言い残した言葉が現実になるかのように新潮社では、〇一年に入ってから編集者や記者の〝脱齋藤〟が進んだ。

「新潮社には齋藤十一のエピゴーネン（模倣者）や自称弟子たちがいっぱいいて、彼らが幅を利かせてきただけだ」

そう斜に構える幹部もいる。もともと新潮社には、直に齋藤の薫陶を受けた社員が少なく、限られた側近たちが感じてきた齋藤の色を伝えてきたにすぎない。したがってその色が薄まっていくのは仕方ない。だが、いまやまったく齋藤の色を感じない。果たしてそれがよかったのだろうか。

戦後の新潮社を齋藤十一抜きには語れない。それは出版界の共通認識でもある。四代目社長の佐藤隆信に聞いた。

「僕は社長になり、齋藤さんに（相談役から）顧問に退いていただきました。そこはやはり順番ですから。社内の若返りというか、のびのびやってもらいたかったので、『そろそろよろしいんじゃないでしょうか』とぴしっと伝えました」

改めてこうも話した。

「齋藤さんには週刊新潮に強い思い入れがありました。会社をお辞めになるとき、『長いこと世話になったね、ありがとう』とご挨拶され、最後に、『週刊新潮で毎週白ページが出るんじゃないか、という恐怖と闘ってきたよ』とおっしゃった言葉は今も強く印象に残っています」

その言葉は、書きものに対する齋藤の畏れにほかならない。

菊池寛をはじめとした文士が集まってつくった文藝春秋は別として、講談社にしろ、小学館にしろ、日本の老舗出版社は創業家が社長を務め、経営方針を決めてきた。むろん番頭格の優秀な編集者はいたが、あくまで補佐する脇役にすぎない。だが、齋藤は戦後の新潮社における主役であった。とすると、オーナーの佐藤家としてはおもしろくなかったのではないか、社内の齋藤色を薄めたかったのではないか。宗子として生まれた現社長の佐藤にそうストレートに質問してみた。こう言う。

「佐藤家の人間もそこまで馬鹿じゃないと思いますよ。佐藤家の集まりでも、そんなことを言う人間は一人もいませんでした。齋藤さんがいなければ、作家が会社から離れちゃうじゃないですか。おもしろくないどころか、佐藤家にとって齋藤さんは恩人だという意識しかない。もし齋藤さんがいなかったら、新潮社なんか、今ごろもう存在しないんじゃないですか」

齋藤の命日が近づくと、佐藤は美和から連絡を受け、毎年鎌倉の建長寺でおこなわれる法事に参列してきたという。

日本の出版界は先の大戦という出来事に直面し、大きく変貌を遂げてきた。齋藤十一という稀代の編集人は、その戦中、戦後の動乱のなかで生まれた。むろん、他社にも同じような人物はいる。たとえば戦後、菊池寛不在となった文藝春秋新社で社長を務めた佐佐木茂索もその一人だろう。もともと芥川龍之介に師事して小説家を志した佐佐木は、戦前九十編を超える著作を残したが、一九二九年に編集者に転じ、菊池寛の興した文藝春秋を支えるようになる。齋藤が新潮社に入社した三五年に「芥川龍之介賞」「直木三十五賞」を創設した立役者である。

戦中、中国大陸の陸軍視察団を結成し、戦犯に問われることになる菊池は、出版事業にやる気をなくしてしまう。終戦の翌四六年、いちど文藝春秋を解散した。佐佐木もまた菊池と同じように公職追放の憂き目に遭う。だが、佐佐木はやる気をなくした菊池に代わり、再起を果たすべく、文藝春秋新社を設立して社長に就任する。旧文藝春秋で専務だった佐佐木を社長に担いだのが、看板雑誌「文藝春秋」の編集長として戦後に名を挙げる池島信平だった。

齋藤はこの二人をライバル視していたと新潮社内で伝えられてきた。同時代に名を成した同業者として、本人が意識してきたのは間違いないだろう。

しかし、文士が集まって出版事業を始めた文藝春秋と新潮社では、おのずと出版社としての性格が異なる。なにより齋藤は作家を志したこともなく、一冊の本も描き残していない。一編の著作もなく、残っているのは名タイトルだけだ。

空洞化する言論界

とどのつまり齋藤は小説からノンフィクション、評論にいたるまで、その構想を示し作品を生み出すプロデューサーだったのである。編集者に徹してきたからこそ、ものすごい数の作家や作品を世に送り出せたのだろう。文芸誌「新潮」で二十年も編集長を務め、週刊新潮で四十年という長きにわたって誌面の指揮を執ってこられた。

しかし、その齋藤が会社を去ったあと、新潮社では二〇〇一年のフォーカスの休刊、〇九年の週刊新潮の誤報、一八年の新潮45の休刊、と受難続きだ。週刊新潮四代目編集長の松田は新潮45休刊のひと月前に亡くなった。生前、こぼしていた言葉を思い出す。

「もともと週刊新潮には齋藤がいて、その下に野平、その下が山田で、さらに下に松田がいた。二階建て、三階建て、四階建ての編集部がほかにあるか、と批判があった。それは知っているよ。齋藤さんに関しては、社内でも『八十歳を過ぎてまだ影響力を残しているのか』『誰かが首に鈴をつけて引導を渡さなければならない』と言われ続けてきたんだ。

しかし、週刊新潮編集部はそれぞれの役割でうまくまわっていたし、雑誌も売れていた。文春の佐佐木や池島など、他の出版社では時代に応じて優秀な編集長に代わる人材が現れ会社を支えてきた。だけど、うちは齋藤十一がいなくなったら、その下もいなくなり、誰もいなくなったんだ。そのくらいの空洞化があったんだよ。それをどう埋めていくか、会社として認識していたかどうか、そこが俺にはわからないんだ。齋藤がいなくなり、野平、山田、松田、みな編集部から消えてしまった。すると、あとは何も残らなかったんだ」

ある種、松田の言葉は齋藤のエピゴーネンゆえの愚痴に近いといえるかもしれない。松田は齋藤の真似をし、少しでも近付こうともがいてきた。当人もまた、それを隠そうとしない。松田自身、七十七歳で息を引き取る間際まで週刊新潮に未練を残してきた。

週刊新潮の編集部員たちが唯一想定してきた記事の読者である齋藤亡きあと、エピゴーネンたちもいなくなった。私なぞはさしずめエピゴーネンのエピゴーネンでしかないが、週刊新潮だけでなく、会社そのものが混乱し、迷走するのはやはり見たくない。

ただし空洞化しているのは、新潮社や週刊新潮だけではない。週刊誌に限らず、出版界、新聞、テレビにいたるまで、かつてのような記者や編集者がいなくなり、伝える中身がスカスカになっている。言論界全体が空洞化しているように感じるのは私だけではないだろう。

齋藤の〝息子〟小川雄二はあるとき唐突に「これを読め」と九鬼周造の「『いき』の構造」を手渡されたことがあるという。

〈生きた哲学は現実を理解し得るものでなくてはならぬ。我々は「いき」という現象のあることを知っている。しからばこの現象はいかなる構造をもっているか。「いき」とは畢竟わが民族に独自な「生き」かたの一つではあるまいか。現実をありのままに把握することが、また、味得さるべき体験を論理的に言表することが、この書の追う課題である〉（岩波文庫）

齋藤は京大哲学科の教授だった九鬼が一九三〇（昭和五）年十月に発表したこの短い哲学書を愛読してきた。齋藤自身、九鬼の著書に感銘を受けてきた、と小川は考えている。

「九鬼周造の『〝いき〟の構造』はいまだに京大の入試なんかにも出題されるらしいですね。オジはそれを『読め』というだけで、答えは教えてくれませんでした。ですけど、読んでみると、なんとなくわかるんです。オジはあの生き様に共感している、と。本人はけっして斜に構えている人生を送っているわけではなく、もっと素直に人間をとらえていたように思います」

齋藤は、出版界で語られてきたようなひねくれ者でも、斜めに構えた気障な編集者でもなかった。生涯編集人として人間社会の現実をありのままにとらえようとしただけではなかったか。物事の本質を感じてつかみとり、できる限り平易で簡潔に、そしてストレートに読者に伝えたい、それが齋藤の残してきた数々の名タイトルではなかったか。私は齋藤十一の足跡を振り返ってそう感じる。

齋藤の愛した妻と息子は建長寺でおこなわれた葬儀にも参列した。小川が言う。

「母が（齋藤の弟の）栄二さんから連絡をもらいましてね。母は躊躇したのですが、『ぜひ来てほしい』と懇願されたので、母の車椅子を押してうかがいました。葬儀ではもちろん栄二さんにお目にかかりました。だけど、私たちは他の齋藤家の方とも会わず、遺体にもお目にかかりませんでした。大きな広間の控室で読経に耳を澄まし、その場を離れました。プライドの高い母らしい振る舞いだと思います。母は美和さんとは一度も会ったことがありません。それは、私が齋藤十一をつくったんだ、という自負があったからではないでしょうか」

齋藤の前妻と息子は、新潮社の幹部や他の親族と言葉を交わすわけでもなく、その場を離れた。もっとも小川自身は、富士枝の亡くなったいまとなっては漬物石の置かれている建長寺の墓にも参りたいと願っているという。

「ただ、僕も歳ですし、このコロナでなかなか行けませんけどね」

そう白い歯を見せて笑った。

おわりに

「僕の墓は漬物石にしてくれ」

　齋藤十一が生前、妻の美和にそう言い残した鎌倉の建長寺の墓に参った。葬儀のあった龍王殿から十分近く歩くと、奥まった回春院の墓地に漬物石が鎮座していた。まさにどこにでもあるような本物の漬物石である。

〈これはひょっとすると、本人が自任してきた俗物を意味しているのではないだろうか〉

　焼香して墓石に手を合わせながら、ふとそう思った。あるいは、両親や前妻の眠るカトリックの墓には入れない、という齋藤の意思表示かもしれない。そんな気もする。

　武内篤美は親族の一人として齋藤家の行事に参加してきた。

「私の初対面は昭和五十三（一九七八）年、妻と結婚する直前に、十一叔父に『（私と）

会いたいから連れてこい』と言われ、北鎌倉のお宅に伺いました。それ以来、叔父にはずいぶん可愛がってもらいました」

武内は齋藤の姉である初江の次女康子と結婚し、齋藤家と縁を結んだ。義母の初江は前妻の富士枝と仲がよく、のち添いの美和が住んだ鎌倉の家には寄り付かなかった。初江が亡くなってから、齋藤は鎌倉に親族を呼び寄せるようになったという。武内が話した。

「十一叔父としても、長女の初江が怖くて、生きているうちはなかなか鎌倉に来いとは声をかけられなかったようです。ただ、もともと齋藤家の家長として親戚を大事にしたかったのでしょう。それで正月になりますと、親族を集めて鎌倉の家で新年会を開いていました。割烹『奈可川』から料理をとり、振る舞っていました。一族のなかには栄二さんや(四女の)美佐尾さんの夫である滝澤さんなど、新潮社に勤めている人がけっこういて、叔父にペコペコする。その人たちの前では叔父はいつも難しい顔をしていました」

武内は数々の日本の高級家屋を建築してきた「水澤工務店」の専務をしている。そのため生前だけでなく齋藤の死後も美和から鎌倉の家の修繕などを頼まれてきたという。また齋藤夫妻からゴルフにも誘われている。

「ゴルフは年に二回ぐらいでしょうか。美和叔母さんもはじめはいっしょにやっていました。私がたまたま茅ヶ崎に住んでいたので、近いから来いという。東急電鉄の経営する『スリーハンドレッドクラブ』に誘われました。美和叔母さんは手を痛めて途中からやらなくなりましたけど、叔父は毎週スリーハンドレッドに行っていました。でもメンバーではありません。ビジターなのになぜあんなことができたのか、好きな時間に行って好きな時間にスタートする。三ホールまわったらとつぜん『やめるぞ』と言い出すこともあるし、今日はここからだ、と途中からスタートすることもありました。スコアもつけない。本当に贅沢でリラックスでき、あれぞゴルフの醍醐味でした」

大泉に住んでいた頃の齋藤の〝ホームコース〟は都内の小金井カントリー倶楽部だったが、鎌倉に移ってから齋藤は東急のスリーハンドレッドクラブに通うようになった。小金井は田中角栄が好んだコースだが、スリーハンドレッドもまた、東急グループの二代目総帥五島昇が三百人の限定会員のために造成した優雅な名門コースだ。岸信介とアイゼンハワーによる六〇年日米安保談義の場として知られる。歴代総理大臣が会員で、生前の安倍晋三も休暇のたびに使ってきた。

「あそこはわがままが利く、特殊なゴルフ場なんです。運転手付きのカートで一人でまわっている人がいるので『あれ、誰ですか』と叔父に聞くと、『五島昇さんだよ』という。叔父さんも完全な顔パスで、お昼はサイコロステーキのガーリックライス。メニューなんか見ないでシェフが飛んで来て『いつものお食事でよろしいでしょうか』とたしかめるだけです」

武内は楽しい思い出しかないという。

「叔父は好きなものを好きなだけ食いたい人だから、行きつけのお店の人はどこへ行っても心得ています。『おまえたち鎌倉に来るのは大変だろうから、俺が出ていくよ』と言い出し、そのうち正月の集まりが鎌倉の家から赤坂の山王飯店になりました。円卓に二十人くらい集まり、美和叔母さんが『あんたはここね』と仕切っていました。決して安い料理ではなく、叔父の好物の上海蟹の紹興酒漬やフカヒレの姿煮もついている。けっこうな大盤振る舞いで、叔父はみなにお年玉を配っていました」

齋藤は戦中戦後から家長として一族の面倒をみてきた。それは生涯続けた。仕事の話はしないが、集まる齋藤家の者は緊張してきた、と武内が続けた。

「よく『俺はリビーのコンビーフが好きで弁当につめて学校に持っていった』と話していました。昔から食い意地が張っていたんでしょう。私も（高級日本家屋建築の）仕事柄、吉兆やなだ万、金田中、山茶花荘など、たいていの高級料亭との付き合いがありますけど、どこへ行っても齋藤十一のことを知っている。でも、本人は決して裕福に育ったゆえの食道楽ではなかったと思います。むしろ貧乏だったからリビーのコンビーフをいつまでも思い出し、お金をもってから、あっちに行こうこっちに行こう、ってなったのでしょう」

武内は齋藤の行きつけだった鎌倉のグルメマップを見せてくれた。そこには割烹料理の「奈可川」やてんぷらの「ひろみ」などが載っている。晩年の齋藤はのち添いの美和と仲睦まじくそれらへ通ったそうだ。「奈可川」の暖簾をくぐってみた。女将の中川久仁子と娘の弥生の母娘に会うことができた。

「齋藤さんは昭和四十九年に小林秀雄さんが連れてこられたんです。このへんは多く（作家が）お住まいですから、いろんな方がお見えになります。ただ齋藤さんがそういう方々をお連れになることはなく、小林さんとお二人でごいっしょにお見えになることもほとんどありませんでしたね」

女将の久仁子がカウンターで私の隣に座り、娘といっしょに昔話をしてくれた。

「齋藤さんはたいてい美和さんといっしょ。朝日新聞にいらした美和さんのお兄さんと三人でお見えになることもありました。フグが大好きで、三人前ぐらいペロリと平らげる。それとコロッケ。『コロッケは芋だけでいいんだ』とおっしゃるので、蟹なんか他の食材をいっさい使わず、シンプルなジャガイモだけの〝齋藤コロッケ〟を特別につくらされていました。お宅にはお手伝いさんが二人いるのですけど、正月にはここから大皿で料理を届けていました。そうそう、一度、お宅に誰もいないとき、醬油が見あたらない、というので、店から届けたことまでありました」

てんぷらの「ひろみ」にも寄ってみた。店主の佐藤正雄は、父親から店を継いだ二代目だ。齋藤のことを先生と呼んだ。

「うちがここに店を出したのは昭和三十三年六月で、先生との付き合いは少なくとも昭和三十五年からはあったと思います。その前に別の場所でやっていた頃から、永井龍男先生や林房雄先生においでいただいていて、齋藤先生もいらっしゃるようになりました。ただおいでになるのはたいてい奥様とごいっしょ。小林先生や永井先生は新潮社や文藝春秋の編集の方たちとお見えでしたが、齋藤先生と見えた覚えはほとんどありません」

むろん鎌倉文士との面識はあるが、個人的な交流はほとんどなかったようだ。

「齋藤先生はずっと新宿の『天兼』さんにお通いになっていたけど、『もう新宿まで行かなくて済むわ』とおっしゃって、月に一度くらいおいでになったでしょうかね。すごいオーラがあったというほかありません。小林先生や永井先生たちとは違った凄みがあり、本当に近寄り難い。うちの親父がずっとカウンターで（てんぷらを）揚げ、親父が死んだあと私に代わりました。私ははっきり言って、口をきくのが恐ろしかった。

城山三郎先生も茅ヶ崎に仕事場があって月に一度おいでいただいたんですけど、齋藤先生の話をしたら、『あの人はえばってるでしょう』とおっしゃる。城山先生も若い頃は相当にいじめられたんだな、と感じました。城山先生はお友だちの横山泰三先生などと月に一度『あおばん会』というゴルフコンペを開いていました。作家の方が集まり、帰りにうちに寄ってくださるのですが、齋藤先生はそこに参加されるようなタイプではありません」

横山泰三は実兄の隆一と同じく漫画家となり、週刊新潮で六コマ漫画を連載していた「プーサン」などのヒット作で知られる。むろん齋藤のことも知っているが、煙たい存在だったのだろう。齋藤は鎌倉文士たちに囲まれ、亡くなるまでこの地を愛してきたが、たまに会うのは小林秀雄と川端康成くらいだった。とりわけ新潮社から離れた晩年は、美和とともに街を散策し、静かに暮らしたようだ。

「昔からすごい大食漢なんです。天ぷらのコースを一とおり食べたあと、最後に普通サイズの天丼を二杯も召しあがる。グルマンというんですか。そういう人でした。それが亡くなる一年くらい前になると、すっかり食が細くなりました。『僕はだめなので、家内に好きなだけ食べさせてやってくれ』そう言って見えたのが、最後になってしまいました」

中央公論の滝田樗陰も並外れたグルメの大食漢として知られたが、齋藤もまた料理にこだわった。先の武内は亡くなる少し前の親族の集まりを思い起こした。

「叔父はいつしか『俺は八十になったら死ぬ、二十一世紀まで生きたくない』と口癖のように話すようになっていました。そうそう、亡くなる一年ほど前には、『次の週刊誌の案はもうできているんだ』とも言っていました。今にして思えば、それを伝えてからあの世に行けばよかったのに……」

謝辞

本書は二〇一六年九月から取材をスタートした。きっかけをつくってくれたのが、幻冬舎の編集者だった大島加奈子さんである。

「わたし、新潮社の齋藤十一さんにすごく興味があるんです。森さん、評伝をお願いできませんか」

人形町で食事をしながらそう頼まれ、戸惑った覚えがある。齋藤十一という出版界の巨人なんて、私の手に負えない、と。

といって、無下に断るのも角が立つので、週刊新潮時代の私の上司でもあった松田宏元編集長に書いてもらってはどうだろうか、と提案した。

「まずは松田さんに相談してみたらどうでしょうか、それから考えましょうよ」

そう大島さんに話し、赤坂の割烹料理屋「たいへい」で落ち合い、三人で会食した。松田さん自身、この頃はすでに新潮社の顧問に退き、編集現場にはほとんどタッチしていなかった。それで適任ではないか、と内心思っていた。だが、松田さんはいともあっさり断った。

「僕はまだ新潮社にいるんだから書けないよ。キミが書け。ウン、それがいい」

そうして迷いながら、齋藤さんと縁のある人たちに会っていった。すると、だんだん興味が湧き、ついのめり込んでしまった。はじめ、この企画に乗り気だと思えなかった幻冬舎の見城徹社長も、関心を持ってくれたようだ。

ところが、発案者の大島さんが昨年マガジンハウスに移籍してしまった。すると見城社長はそのまま続けろと言う。そこから幻冬舎の羽賀千恵さんが見事に編集を引き継いでくれ、いっしょに残りの取材を進め、鎌倉を散策した。

わけても新潮社の佐藤隆信社長には快く取材のご協力を賜り、佐藤陽太郎さんをはじめ社長室からさまざまな方をご紹介いただいた。おかげで松田宏、石井昂の両元取締役、伊藤幸人、早川清両取締役、OB、OGの諸先輩の方々、齋藤さんと縁の深い新潮社の方に貴重なお話をうかがうことができた。

また齋藤家では、甥の章さんや武内さん、小川雄二さんにひとかたならぬお世話になった。また、「サンデー毎日」坂巻士朗編集長、飯山太郎デスクのご厚意により、「鬼才・齋藤十一」と題したダイジェスト記事を八回連載させていただいた。

ご本人の希望や紙幅の関係により、ここにすべての方を紹介できず、心苦しい限りだが、おかげでようやくここまでたどりつくことができた。心より感謝し、お礼申し上げる。

活字離れをどう食い止めるか。新聞、出版、テレビ、インターネット問わず、本書がマスメディアのあり様を考えるうえで何らかの役に立てば、これ以上の喜びはない。

森功

二〇二〇年十二月

齋藤十一、新潮社 関連年表

1914年2月　北海道で生まれる。大森区（現・大田区）で育つ

1920年4月　大森の尋常小学校に入学。登下校中に聞こえてきたピアノの音に魅了され、音楽に目覚める

1927年4月　旧制麻布中学に入学。その後、早稲田第一高等学院へ入学

1932年4月　早稲田大学理工学部へ入学。大学を一時休学し放浪。その後、父・清之助の勧めで「ひとのみち教団」（現・PL教団）へ入団

1935年9月　早稲田大学を中退し、新潮社に入る。しばらくは書庫係を務める

1936年　小川富士枝と結婚

1942年　単行本の編集に携わりはじめる。

世の中の動き

1914年7月　第一次世界大戦が勃発

1918年11月　第一次世界大戦が終結

1922年4月　「週刊朝日」「サンデー毎日」創刊

1933年　日本が国際連盟を脱退

1935年　芥川賞・直木賞が創設される

1939年　第二次世界大戦（太平洋戦争）が勃発

創業社長・佐藤義亮が病に倒れる
1945年11月　文芸誌「新潮」復刊
1946年2月　取締役になると同時に「新潮」編集長兼発行人に就任。以来20年間務める。2代目社長に佐藤義夫が就任
1950年1月　「芸術新潮」創刊
1956年2月　「週刊新潮」創刊
1965年9月　大田美和と再婚。鎌倉に居を移す
1967年6月　佐藤亮一が3代目社長に就任

1945年　第二次世界大戦が終結
1948年6月　太宰治が自殺
1950年6月　朝鮮戦争が勃発
1956年10月　「週刊アサヒ芸能」創刊
1957年3月　「週刊女性」創刊
1958年12月　「女性自身」創刊
1959年3月　「週刊現代」創刊
1959年4月　「週刊文春」創刊
1963年4月　「女性セブン」創刊
1968年10月　川端康成が日本人初のノーベル文学賞を受賞
1970年　大阪万博が開催される
1974年12月　佐藤栄作がノーベル平和賞を受賞
1976年2月　ロッキード事件が勃発

1981年6月　専務取締役に就任
1981年10月　「フォーカス」創刊（2001年休刊）
1982年3月　「新潮45＋」創刊
1985年4月　「新潮45＋」を全面リニューアルし「新潮45」を新創刊（2018年休刊）
1989年6月　取締役相談役に就任
1992年3月　相談役に就任
1996年7月　佐藤隆信が4代目社長に就任
1997年1月　顧問に就任
2000年12月　鎌倉の自宅で倒れ、死去

1984年11月　「フライデー」創刊
1985年8月　日本航空123便墜落事故が発生
1986年11月　「フラッシュ」創刊
1990年5月　イトマン事件が勃発
1995年1月　阪神・淡路大震災が発生
1995年3月　地下鉄サリン事件が勃発
1997年　神戸連続児童殺傷事件が勃発

参考文献一覧

芥川竜之介／侏儒の言葉 文芸的な、余りに文芸的な／岩波書店／2003
岩川 隆／ノンフィクションの技術と思想／PHP研究所／1987
植田康夫／雑誌は見ていた。／水曜社／2009
江國 滋／語録・編集鬼たち／産業能率短期大学出版部／1973
梶山季之／トップ屋戦士の記録／徳間書店／1991
亀井 淳／写真週刊誌の犯罪／高文研／1987
亀井 淳／『週刊新潮』の内幕 元編集部次長の証言／第三文明社／1983
小林秀雄／小林秀雄全作品19 真贋／新潮社／2004
齋藤美和編／編集者 齋藤十一／冬花社／2006
佐野眞一／人を覗にいく／筑摩書房／2002
新谷 学／「週刊文春」編集長の仕事術／ダイヤモンド社／2017
新潮社編／新潮社一〇〇年／新潮社／2005
新潮社編／「週刊新潮」が報じたスキャンダル戦後史／新潮社／2006
杉森久英／滝田樗陰『中央公論』名編集者の生涯／中央公論新社／2017
A・スコット・バーグ／鈴木主税訳／名編集者パーキンズ（上）／草思社／2015
A・スコット・バーグ／鈴木主税訳／名編集者パーキンズ（下）／草思社／2015
高田 宏／雪日本 心日本／中央公論社／1988

高橋呉郎／週刊誌風雲録／文藝春秋／２００６
高橋秀晴／出版の魂 新潮社をつくった男・佐藤義亮／牧野出版／２０１０
武田 徹／日本ノンフィクション史／中央公論新社／２０１７
筒井康隆／みだれ撃ち瀆書ノート／集英社／１９８２
長尾三郎／週刊誌血風録／講談社／２００４
新田次郎／小説に書けなかった自伝／新潮社／２０１２
野上孝子／山崎豊子先生の素顔／文藝春秋／２０１８
野原一夫／太宰治 生涯と文学／筑摩書房／１９９８
野原一夫／人間 坂口安吾／新潮社／１９９１
本田靖春／我、拗ね者として生涯を閉ず／講談社／２００７
元木昌彦／知られざる出版「裏面」史 元木昌彦インタヴューズ／出版人／２０１６
元木昌彦／週刊誌は死なず／朝日新聞出版／２００９
山崎省三／回想の芸術家たち「芸術新潮」と歩んだ四十年から／冬花社／２００５
山内祥史／太宰治の年譜／大修館書店／２０１２
リリアン・ロス／古屋美登里訳／「ニューヨーカー」とわたし／新潮社／２０００
芸術新潮 二〇〇一年六月号／新潮社／２００１
週刊新潮 十一月十二日号 第一巻第四十号／新潮社／１９５６
週刊新潮別冊《「輝かしき昭和」追憶》1月27日号／新潮社／２０１９
週刊新潮別冊《創刊号復刻》2月22日号／新潮社／２０１６
セルパン 創刊五月號／第一書房／１９３１

解説

黒木 亮

森功氏は、『国商 最後のフィクサー葛西敬之』、『地面師』、『悪だくみ「加計学園」の悲願を叶えた総理の欺瞞』など、話題作を精力的に発表し、今や最も注目度の高いノンフィクションの書き手である。

氏の作品が支持を集める理由は、客観性とバランスに優れ、信頼度が高いことだろう。ノンフィクション作家の中には、右とか左といった個人的思想のフィルターを通して作品を書いたり、あるいは対象となる人や組織を必要以上に持ち上げたり、または逆に貶めたりと、自分の好悪の感情を隠さずに活字にする自我肥大型の人たちがいる。

しかし森氏の場合は、右でも左でもなく、対象に迎合することも、ことさらに敵対することもなく、自己の感情を極力排し、ひたすら事実を追究し、それを積み重ねることで、真実をあぶり出してゆく。こうしたアプローチができるのは、知的探求心が旺盛で、自己抑制力のある人柄であるとともに、地方新聞社や「週刊新潮」編集部での訓練と経験がいい意味で血肉となっているからだろう。

本書は、「新潮社の天皇」、「出版界の巨人」の異名をとった伝説の編集人、齋藤十一の生涯を描いたもので、これまで主に政治と経済の裏面をテーマにしたノンフィクションを書いてきた森氏の作品の中では、一見異色である。しかし、齋藤十一という人物を通して、その時々の社会や経済の裏面と実情がしっかり捉えられており、従来のラインナップ通りの読み応えのある社会派ノンフィクションになっている。また終戦の前後から二十世紀の終わりまでの半世紀強にわたる出版業界史であり、日本の戦後文化史でもある。

たとえば、『不毛地帯』で二度目の盗用騒ぎを起こし、朝日新聞を訴えた山崎豊子に齋藤が横浜のホテルニューグランドで会って「作家が裁判をして勝ったって仕方がないだろう」と諫め、最終的に山崎が和解に応じたことや、渡辺淳一が札幌医大整形外科学教室の講師という恵まれた職をなげうって作家に転身したのは、同大学の日本初の心臓移植手術を批判する「週刊新潮」の取材に実名でコメントするなどして協力したため、学内にいづらくなったのが理由だった等、知られざる文壇の裏面史も数多く伝えている。

なお渡辺が大学を辞めた別の理由は、東京に付き合っている札幌出身の女性がいたためで、そのことは本書や同氏の小説『何処へ』に書かれている。またその彼女とは別に、深く付き合った大学病院の看護師がいて、渡辺が別の女性と結婚することになったとき、その女性が渡辺の結婚相手の家や整形外科学教室の河邨(かわむら)文一郎教授(詩人でもあり『虹と雪のバラード』の作詞者)の自宅にまで行き、渡辺との仲を訴えたため、結婚相手の家に対する面目を失い、教授からは女にだらしないという烙印を押され、大学を辞める一因になったと、短編『風の噂』や自伝小説『白夜』に書かれているので、本書と併せて読むと面白い。

齋藤十一は、作家の作品に対する自分の見方を貫き、どんな有名作家の原稿でも、気に入らなければ没にしたという。本書にも、後に『柳生武芸帳』をヒットさせる五味康祐の原稿を読んで「貴作拝見、没」というメッセージだけを付けて何度も送り返したとか、すでに流行作家の仲間入りをしていた筒井康隆に週刊誌五〜六ページ分の原稿を依頼しておきながら、出来上がってきた原稿が気に入らなかったので没にしたとか、池波正太郎の連載『忍者丹波大介』を途中でいきなり打ち切ったとか、傍若無人といってもよい振る舞いが数多く紹介されている。

もちろん見立てが一〇〇パーセント当たる編集者などこの世に存在せず、齋藤といえども見込み違いはあった。たとえば新田次郎に依頼した連載原稿の大半を没にし、結局、書き手の長所を引き出せず、不本意な作品を書かせることになった。

このあたりは、野間宏の『真空地帯』、椎名麟三の『永遠なる序章』、三島由紀夫の『仮面の告白』などを世に送り出し、「新人錬成の鬼」の異名をとった河出書房の編集者、坂本一亀（かずき）（音楽家坂本龍一の父）が、後に経済小説の大家となる清水一行のデビュー作『小説兜町（しま）』の原稿を何年間も預かっておきながら出版せず、同作が三一書房から出版されて発売一ヶ月で十八万部を超える爆発的なヒットになったのに慌てふためき、二作目の『買占め』の原稿を奪うようにして出版したというエピソードを彷彿させる。

坂本も齋藤によく似た出版人だった。齋藤が新潮社のオーナーである佐藤家に仕える雇われ重役だったのと同様、大物編集長だった坂本も、河出書房のオーナーである河出家の雇われだった。既存の作家の名声にとらわれず、作品本位の姿勢を貫き、新人発掘に力を入れ、新人には厳しい態度で接した点なども共通している。

齋藤や坂本が、作家に対して強い態度で臨むことができた背景には、彼らが作品に対する慧眼を持ち、数多くのヒット作を生み出した有能な編集者だったことは当然ある。しかし、当時の出版業界の構造や、今とは比べものにならないほどの羽振りだった業界環境も見逃せない。

その昔は、新潮社、講談社、文藝春秋、岩波書店、中央公論社など、有力な出版社は数が限られていたので、それら出版社からの執筆依頼を断るのは、書き手としてまずあり得ないことだった。また「週刊新潮」がピークで百四十四万部も売れるなど、出版業界全体に勢いがあり、作家を売り出す資金力もあった。齋藤が一九五〇年に創刊した「芸術新潮」は、毎月の発売日に、現在の金銭価値で一千万円ほどをかけて朝日新聞に全五段の広告を打ってもいた。新潮社の話ではないが、バブルの頃、集英社の「プレイボーイ」編集部では、毎晩、百万円の札束を摑んで部員たちが銀座に繰り出していたという伝説もある。

ところが今や、規模も個性も様々な出版社が数多く現れた上、二一世紀に入るとウェブ媒体まで登場し、書き手にとって選択肢が多くなった。バブル崩壊以降、一作品の発行部数は坂道を転げ落ちるように減少し、二〇〇八年のリーマンショックで一気にほぼ半分になり、書き手が老舗出版社にかしずく必要もなくなった。紙媒体の原稿料がここ三、四十年変わらず、実質的に下落しているのに対し、発足当初は雀の涙だったウェブ媒体の原稿料が、紙媒体を凌ぐようにもなってきている。

現在では「週刊新潮」の販売部数は、約十三万七千部（二〇二二年一～六月）まで落ちた。新潮社の経営危機は二十年以上前から囁かれ、日経新聞に身売りするのではないかという噂も時々耳にする。ここ数年は、漫画部門を持っている講談社、小学館、集英社と他の出版社の差が一段と大きくなり、岩波書店は実質銀行管理下でリストラに喘いでいる。

齋藤十一という怪物を生み出した業界環境はもはや完全に過去のものとなったのである。

一方で、本書は、一般の読者はもとより、とりわけ出版人や書き手にとって、時代を超えて学ぶことの多い教科書でもある。

精神的貴族と俗物という相反する二つの関心を体内に併存させ、「書き物は教養に裏打ちされた俗物根性を満たさなければならない」という齋藤の考え方は、誰もが作品を書く上で、究極的な指針となり得るだろう。

齋藤が本や雑誌を売るため、いかにタイトルを重視していたかがわかるエピソードが本書に数多く出てくる。新潮社を訪れた山崎豊子とパイプをふかしながら「華麗なる一族はタイトルがいいねぇ」と話したり、「新潮」で連載していた井伏鱒二の『姪の結婚』を「このタイトルではもったいないから」と、途中で『黒い雨』に改題させ、世界的な名作にしたり、『二つの祖国』というタイトルを巡って山崎豊子と激しく対立したりしたことが紹介されている。まだ無名に近かった吉村昭が、三菱グループ系のPR誌に『戦艦武蔵取材日記』を書いているのを目にとめ、「新潮」で『戦艦武蔵』を書かせ、大ヒットにつなげたのも、このタイトルとテーマならいけるという読みがあったはずだ。

齋藤が、ジャーナリズムのみならず、音楽、絵画など、幅広い分野の知識を持ち、古今東西の有名な本の内容がびっしり頭の中に詰まっていて、それをいともたやすく引き出す能力があり、そうした知識を蓄え、常にアップデートするため、全国から山のような量の同人誌まで取り寄せ、丹念に目を通していたといった態度も見習うべきものだろう。

これら以外にも齋藤を天皇ならしめた独特の仕事ぶりや生き様が数多く紹介されており、たぶん著者の森氏自身も本書を書きながらいろいろなことを学んだはずだ。

著者も指摘する通り、齋藤の存在があまりにも大きく、かつ長期間にわたって君臨したため、他の出版社と違って、とって代われる人材が育たず、凋落に拍車がかかっている。出版業界と同誌の地盤沈下で、「週刊新潮」は文春砲に大きく後れをとり、齋藤が作った「見出し先行、中身は後から」というスタイルは、中身が伴わず、底意地の悪さとニヒリズムだけが空回りしているように見える。本書の後半で紹介される朝日新聞阪神支局襲撃事件に関する「週刊新潮」の二〇〇九年の大誤報なども、予算が削られて取材力が衰え、情報の検証をきちんとやらなかった結果だろう。

ノンフィクション作品の一つの面白さは、時代の変化によって、かつて隆盛を誇った人々や組織が翻弄されるさまが描かれ、それが読者に驚きを与え、心を鷲摑みにすることだ。皮肉ではないが、出版業界や新潮社の凋落によって、本書はそういった面白さも提供する結果になった。

ここ二十年ほどで「月刊現代」「新潮45」「週刊朝日」といったノンフィクションの発表媒体が次々と姿を消し、大手出版社でもかつては七千部程度あった単行本の初版部数は三千〜五千部まで減り、取次から返品の送料負担を求められるようになった書店が本の注文に慎重になったため、増刷もなかなかかからなくなった。かくして筆一本で食べていくのが年を追うごとに難しくなり、本書のような力のこもったノンフィクションを書ける作家はずいぶん減った。

代わって目立つのは、給料をもらって仕事をしながら本を書く新聞記者たちだ。彼らは、専業作家になりたくても、昨今の業界環境では筆一本で食べていく自信がなかったり（特に子供がいる場合）、フリーになれば新聞社の経費や名前を使って取材ができなくなるという不安を抱えたりして、二足の草鞋を履いているケースが多い。それはそれで仕方がないが、本業に身が入らず、会社の経費や支局の助手を使って副業にいそしんでいる姿を見ると、そろそろ潔く宮仕えから足を洗ったら、といいたくなる。

森功氏には、フリーのノンフィクション作家の旗手として、彼らに負けない、高貴な精神と俗物性を併せ持った、読み応えのある作品を今後も書き続け、我々読者を楽しませてほしいと思う。

――作家

写真提供　齋藤 章
共同通信社
朝日新聞社

この作品は二〇二一年一月小社より刊行されたものを加筆・修正したものです。

鬼才（きさい）
伝説の編集人 齋藤十一（でんせつのへんしゅうにん さいとうじゅういち）

森功（もりいさお）

令和6年3月10日　初版発行

発行人――石原正康
編集人――高部真人
発行所――株式会社幻冬舎
〒151-0051東京都渋谷区千駄ヶ谷4-9-7
電話　03(5411)6222(営業)
　　　03(5411)6211(編集)
公式HP　https://www.gentosha.co.jp/
印刷・製本―中央精版印刷株式会社
装丁者――高橋雅之

幻冬舎文庫

ISBN978-4-344-43367-0　C0195　も-18-2

この本に関するご意見・ご感想は、下記アンケートフォームからお寄せください。
https://www.gentosha.co.jp/e/